A Research on
Performance Targets Setting in
Executive Equity
Incentive Contracts:

MOTIVATION AND INCENTIVE EFFECTS

高管股权
激励合约中业绩目标设定研究：动因与激励效果

宋迪 著

团结出版社

图书在版编目（CIP）数据

高管股权激励合约中业绩目标设定研究：动因与激励效果/宋迪著. -- 北京：团结出版社，2023.7
　　ISBN 978-7-5234-0118-7

Ⅰ.①高… Ⅱ.①宋… Ⅲ.①上市公司－管理人员－股权激励－研究－中国 Ⅳ.①F279.246

中国版本图书馆 CIP 数据核字 (2023) 第 072819 号

出　版：团结出版社
　　　　（北京市东城区东皇城根南街 84 号　邮编：100006）
电　话：（010）65228880　65244790
网　址：http://www.tjpress.com
E-mail：zb65244790@vip.163.com
经　销：全国新华书店
印　装：天津盛辉印刷有限公司

开　本：153mm×220mm　16 开
印　张：18.25
字　数：200 千字
版　次：2023 年 7 月　第 1 版
印　次：2023 年 7 月　第 1 次印刷

书　号：978-7-5234-0118-7
定　价：35.00 元
　　　　（版权所属，盗版必究）

摘　要

在中国资本市场不断发展过程中，上市公司高管薪酬激励制度也在逐渐完善，其中，作为吸引、激励和留住人才的主要权益性工具，股权激励合约备受资本市场重视。通过对国内外相关制度和文献的回顾总结，本书发现，在以美国为代表的国外资本市场的上市公司，主要采用基于时间归属条款（Traditional Time-based Vesting Conditions）的传统型股权激励合约作为对高管进行薪酬激励的方式。近年来，随着学术界和实务界对股权激励制度研究的不断深入，部分学者发现，基于时间归属条款的传统型股权激励合约并不能对高管进行有效激励，相反，高管可以通过自身影响力来操纵股权激励的实施时间和进度，从而导致基于时间归属条款的传统型股权激励合约沦为高管谋求个人利益最大化的工具。因此，不断有学者提出，股权激励合约中应设置与业绩考核指标相关的条款（Performance-based Vesting Conditions），即设置业绩型股权激励合约。基于业绩型股权激励合约制度，只有当受激励的高管完成既定业绩考核目标后，才有资格行权或解锁股票。当前，越来越多的上市公司开始选择使用业绩型股权激励合约，其激励的有效性越来越受到学者们的关注。

由于中国股权市场噪音较大，上市公司股价波动较频繁且幅度较大，股价对高管行为的约束力不足。因此，不同于国外上市公司，中国A股上市公司的股权激励制度强制要求激励合约中明确激励对象行权或解锁股票所需要达到的条件，即设置具体的业绩考核体系和考核办法，并以财务业绩考核指标作为股权激励合约实施的核心条件。股权激励业绩目标是合约中的约束性条款，是高管获益的前提条件，其设定是否严格直接影响现有股东和高管间利益再分配效率。基于中国A股上市公司当前股权激励计划的实施现状，本书搜集了2006年至2017年中国A股所有成功实施股权激励计划的上市公司相关公告，获得了1392份股权激励合约公告。通过对股权激励合约所使用的业绩目标类型进行统计后，本书发现业绩目标设定以财务业绩目标为主，其中，净利润增长率和净资产收益率使用频率最高。

基于以上现实背景，一个重要问题在于，以财务业绩目标为考核标准的高管股权激励合约，究竟是能够产生正向激励效果，还是沦为高管谋取个人利益的新型方式？当前较少有研究对该问题进行深入探讨，从而为本书提供了研究契机。本书将从三方面对股权激励合约中业绩目标设定问题进行研究。首先，基于委托代理理论和最优契约理论，以薪酬委员会作为前置影响因素，研究其特征对影响股权激励合约中业绩目标设定的影响。根据股权激励相关政策，董事会下属薪酬委员会直接负责高管股权激励合约制定，是影响股权激励合约条款设置的主要因素，因此本书从薪酬委员会独立性、财务专业性以及社会地位三个特征研究其对股权激励合约中业绩目标设定的影响。接下来本书对股权激励合约业绩目标是否能够有效激励高管为提升公司价值和股东价值而努力进行探讨。基于最优契约理论和管理者权力理论,本书分别从公司投资行为和公司内部控制,即从业绩增长驱动力和风险管理能力两方面分别研究上市公司股权激励合约中业绩目标设定所引发的经济后果。

本书的研究结论如下:第一,以薪酬委员会中独立董事占比以及财务背景董事占比来反映薪酬委员会的独立性和财务专业性,本书发现,薪酬委员会中独立董事占比越高、具有财务背景的董事人员占比越高,可以显著提高股权激励合约中业绩目标设定严格度。此外,本书使用连锁董事人数占薪酬委员会总人数比例来反映薪酬委员会社会地位,发现当薪酬委员会社会地位较高时,即话语权和影响力更高,可正向促进独立性和财务专业性与股权激励业绩目标严格度的相关关系。在进一步研究中,本书首先基于薪酬委员会中独立董事实际参会比例进行分组,发现只有当薪酬委员会中独立董事实际参会比例较高时,薪酬委员会的独立性、财务专业性以及社会地位与业绩目标间的关系显著为正。其次,基于高管股权激励强度进行分组回归,当高管股权激励强度较高时,薪酬委员会的独立性、财务专业性以及社会地位与业绩目标间的关系显著为正。最后,基于机构投资者持股比例进行分组回归,发现当机构投资者持股比例较高时,公司薪酬委员会的独立性、财务专业性以及社会地位与业绩目标间的关系显著为正。

第二,本书分析了业绩目标与公司投资行为之间的关系,发现股权激励业绩目标越严格可有效提高公司的投资规模和投资效率,抑制非效率投资行为,支持了最优契约理论。并且,本书将公司投资行为划分为固定资产投资、长期股权投资和研发创新投资三种类型，发现当面临财务业绩压力时，高管更青睐固定资产投资和长期股权投资等稳健性的投资方式。由于公司研发创新投资风险较大、收益周期长、成本费用较高，股权激励并不能有效激励高管加大研发投入。基于不同公司情境，本书分别从股权激励类型、高管受激励强度和公司未来业绩展望三方面进行分析，发现使用限制性股票作为股权激励类型以及高管受激励强度更高时，股权激励业绩目标严格度更显著提高未来公司投资规模以及未来投资效率。而当公司未来业绩展望较为负面时，高管会降低新项目投资规模和投资效率，抑制了股权激励合约中业绩目标的有效激励。同时，本书对公司处于不同生命周期下的业绩目标的激励效果进行考察后发现，股权激励业绩目标在成熟型公司中激励效果最显著，而在衰退型公司中不存在显著激励效果。进一步地，本书检验了通过股权激励业绩目标设定的严格度激励高管提高投资规模和投资效率，最终是否能够保证业绩目标的顺利完成。结果表明，当股权激励业绩目标设定较为严格时，高管会通过提高投资规模和投资效率来完成业绩目标。当股权激励业绩目标设定较宽松时，并不能有效激励高管为提升公司价值而努力，反而高管会为了个人利益的实现，倾向于选择更为轻松的盈余操纵方式来实现业绩目标。

第三，本书对股权激励合约中业绩目标与公司内部控制之间的关系进行探讨。研究发现，股权激励实施后公司内部控制质量显著提高，有助于预期业绩目标的最终实现，表明高管在面临股权激励业绩目标压力时，会通过提升公司内部控制质量来保证预期业绩的顺利完成,从而获得股权收益。基于不同的合约特征,本书发现使用限制性股票作为股权激励类型以及高管受激励强度更高时,股权激励业绩目标严格度更显著提高未来公司内部控制质量。基于不同外部治理特征,当公司注册会计师审计质量越高、行业竞争程度越高以及地区法律监管越严格时,股权激励业绩目标严格度更显著提高未来公司内部控制质量。同时,由于当前关于内部控制研究的外延已从会计基础和审计进一步拓展到公司治理领域,因此本书不只局限于内部控制质量,进一步拓展到公司治理水平的研究,使用高管在职消费、公司信息透明度和公司违规反映公司治理水平。本书发现,股权激励业绩目标设定越严格,越能够有效降低未来高管在职消费水平,提升公司信息透明度水平,降低公司违规发生率,从而表明股权激励的实施使公司治理得到了改善。此外,本书还检验了通过股权激励业绩目标设定的严格度激励高管提高公司内部控制质量,最终是否能够实现业绩目标的顺利完成。结果发现,当股权激励业绩目标设定较严格时,高管会通过提高内部控制质量来完成业绩目标。而当股权激励业绩目标设定较低时,并不能有效激励高管改善公司内部控制质量,反而为了个人利益的实现,高管会选择更轻松的盈余操纵方式来实现业绩目标。

本书的学术贡献主要表现在以下几方面:(1)系统性地对股权激励合约中业绩目标设定问题进行研究,结合股权激励类型、高管受激励强度等股权激励合约其他条款,来对股权激励合约中业绩目标设定的有效性进行全面研究;(2)深化了对影响股权激励合约中业绩目标设定情况前置因素的研究，归纳了可以反映薪酬委员会特征，即薪酬委员会独立性和财务专业性，同时关注其社会地位，考察薪酬委员会特征如何影响上市公司股权激励合约中业绩目标设定情况；（3）详细考察了股权激励合约中业绩目标设定对投资规模和投资效率两方面的影响，并分别从固定资产投资、创新研发投资和长期股权投资三方面考察股权激励业绩目标的激励效果；（4）揭示了股权激励合约中业绩目标设定与公司内部控制的内在关系，为理解上市公司股权激励合约特征如何提升内部控制质量提供了新的证据；（5）扩充了关于股权激励合约中其他条款以及实施过程中内外部因素的影响研究，探究在不同严格度业绩目标前提下的激励效果，即公司投资行为和公司内部控制质量如何影响业绩目标的实现情况，从而全面考察了上市公司股权激励的整个实施过程。

本书从股权激励合约中主要条款——业绩目标设定为出发点，探索业绩目标设定的前置影响因素以及可能存在的激励效果，具有重要的理论意义和实践意义。从理论角度，一方面，本书基于中国情境扩充了业绩型股权激励的相关研究，直接探讨了业绩型股权激励合约中财务业绩目标设定的前置影响动因，并详细分析了薪酬委员会特征对股权激励合约制定的影响；另一方面，本书结合最优契约理论和管理者权力理论这两个竞争性理论，探讨股权激励合约中业绩目标设定如何影响公司投资行为和内部控制质量，从而揭开股权激励对公司价值影响的黑箱。从实践角度，一方面，为上市公司董事会在完善股权激励合约条款设置上提供重要的参考和帮助，有助于上市公司股东以及广大投资者准确识别出高管在股权激励实施后的受激励行为，进而识别哪些公司的股权激励合约设置更有效，对高管有更强的正向激励作用；另一方面，通过对激励有效性的研究，不仅有助于上市公司制定可有效激励高管的业绩目标条款，同时也为独立财务顾问和律师事务所在出具相关意见时提供重要借鉴。

关键词：业绩型股权激励　业绩目标设定　薪酬委员会　投资行为　内部控制

ABSTRACT

During the continuous development of China's capital market, the compensation incentive system for executives of listed companies is also gradually improving. Among them, as the main equity tool for attracting, motivating and retaining talents, equity incentive contracts have received much attention from the capital market. Through a review of relevant domestic and foreign related regulations and literature, my thesis found that listed companies in the foreign capital market, represented by the United States, mainly adopt traditional time-based vesting conditions in equity incentive contracts. In recent years, with the continuous deepening of research on the equity incentive contracts in academy and practice, some scholars have found that traditional equity incentive contracts based on time vesting conditions cannot effectively motivate executives. Instead, executives can use their power to manipulate the implementation time and progress of equity incentive contracts, the traditional equity incentive contracts based on time vesting conditions have become a tool for executives to maximize their personal interests. Therefore, many scholars continued to propose that performance-based vesting conditions should be set in equity incentive contracts, namely, performance-based equity incentive contracts. Based on the performance-based equity incentive contracts, executives would be eligible to exercise or unlock stocks, only after they achieved the pre-specified performance targets. At present, more and more listed companies have begun to choose performance-based equity incentive contracts, and the effectiveness of their incentives has attracted more and more attention from scholars.

Due to the noise of China's equity market, the volatility of the stock price of listed companies is high, and the stock price restriction on executives' behavior is insufficient. Thus, different from the related systems of foreign listed companies, the equity incentive system of Chinese A-share listed companies mandates that the equity incentive contracts should clearly specify conditions, especially the performance targets in order to exercise stock options or unlock restricted stocks. Performance evaluation indicators serve as the core conditions for the implementation of equity incentive contracts. The performance targets in equity incentive contracts are the binding clauses, which are the precondition for executives' benefit. The setting of performance targets directly affects the efficiency of interest distribution between existing shareholders and executives. Based on the current implementation of China's A-share listed companies' equity incentive contracts, "this book" collected the all announcements of Chinese A-share listed companies that successfully implemented equity incentive plans from 2006 to 2017, and obtained 1392 equity incentive contracts. After analyzing the types of performance targets used in equity incentive contracts, this article finds that the performance targets are set mainly on financial performance targets, among which the net profit growth rate and return on equity are used most frequently.

Based on the realistic background, an important question is whether executive equity incentive contracts with financial performance targets can effectively stimulate executives or just become a new way for executives to seek personal benefits? Few studies involve the discussion of this issue, thus providing research opportunities for my thesis. "this book" studied the performance target setting issues in equity incentive contracts from three aspects. Firstly, based on agency theory and resource dependence theory, "this book" studied the relationship between characteristics of the compensation committee and the performance targets in equity incentive contracts. According to the policies of equity incentive contracts, the compensation committee of the board of directors is directly responsible for the formulation of executive incentive contracts, so "this book" focused on three characters of the compensation committee, which are independence, financial expertise and social status, and how they influence the performance targets in equity incentive contracts. Next, "this book" discussed whether the performance targets of equity incentive contracts can effectively motivate executives to enhance the companies' valuation. Based on the optimal contract theory and the manager's power theory, "this book" focused on how the strictness of the performance targets in the listed company's equity incentive contracts influence the company's investment behavior and internal control, namely, the driving force of performance growth and control of risk management.

The conclusions of my thesis are as follows. First, the independence and financial expertise of the compensation committee are reflected by the percentage of independent directors in compensation committee and the percentage of financial background directors in compensation committee. "this book" found that compensation committee with higher proportion of independent directors, with higher proportion of directors with financial background can significantly improve the strictness of performance targets in equity incentive contracts. In addition, "this book" used the percentage of chain directors in compensation committees to reflect the social status of compensation committee. It is found that when the compensation committee has a higher social status, it can positively promote the positive relationship between independence, financial expertise and the strictness of equity incentive performance targets. Further research, based on the proportion of independent directors' personal participation in the compensation committee, "this book" found that the relationship between independence, financial expertise, social status and performance targets is significantly positive only when the percentage of independent directors' personal participation is high. Secondly, based on the strength of executive equity incentives, "this book" found when the executive equity incentives are high, the relationship between independence, financial expertise, social status and performance targets is significantly positive. Finally, based on the institutional investor's shareholding ratio, it is found that when the institutional investor's shareholding ratio is high, the relationship between independence, financial expertise, social status and performance targets is significantly positive.

Second, "this book" analyzed the relationship between performance targets and the company's investment behavior. It is found that the strictness of performance targets in equity incentives can effectively improve the company's investment scale and investment efficiency, inhibit inefficient investment behavior. The results support the optimal contract theory. Secondly, this article divides the company's investment behavior into three forms: fixed asset investment, long-term equity investment and R&D investment. It is found that when facing financial performance targets pressure, executives are more inclined to invest in moderate investment such as fixed asset investment and long-term equity investment. Because the risk of company's R&D investment is relatively high, the return period is relatively long, and the cost is high, equity incentive contracts cannot effectively motivate executives to increase R&D investment. Based on different company's scenario, "this book" further analyzed how equity incentive types, executive incentive strength and company's future performance prospect affect the relationship between performance targets and investment behavior. It is found that using restricted stock as equity incentive type and higher executive incentive strength can further increase the positive relationship between performance targets and investment scale and efficiency. And when the company's future performance prospect is relatively negative, executives will reduce the investment scale and investment efficiency of new projects, reducing the effectiveness of performance targets in equity incentive contracts. Then "this book" examined the incentive effects of performance targets in different life cycles of companies. "This book" found that equity incentive performance targets have the most significant incentive effect in mature companies, while there is no significant incentive effect in decline companies. Further, "this book" tested the strictness of performance targets could motivate executives to increase investment scale and investment efficiency, so whether finally they can guarantee the successful completion of performance targets. The results showed that when performance targets are relatively strict, executives will achieve performance targets by increasing investment scale and investment efficiency. When performance targets are loose, they cannot effectively motivate executives to work hard to increase the value of the company. Instead, for realization of personal interests, executives tend to choose an easy way – earnings management to achieve performance targets.

Third, "this book" focused on the relationship between performance targets and company's internal control. "This book" found that after the implementation of equity incentives, the quality of the company's internal control has improved significantly, which is helpful to the final realization of performance targets. The thesis showed that when executives face pressure from equity incentive performance targets, they will improve the company's internal control quality to ensure the achievement of performance targets, thereby obtaining equity profits. Based on different contract characteristics, "this book" found that using restricted stocks as the type of equity incentives and higher executive incentives can increase the positive relationship between performance targets and company's internal control. Based on different external governance characteristics, higher audit quality of the company's certified public accountants, higher degree of competition in the industry, and stricter the regional legal law can further increase the positive relationship between performance targets and company's internal control. Then, since the current extension of the research on internal control has further expanded from the basics of accounting and auditing to the field of corporate governance, my thesis was not limited to the quality of internal control, but further extended to the research of corporate governance. Using executive consumption, company information transparency and corporate violation to reflect corporate governance, "this book" found that the strictness of performance targets can effectively reduce the level of future executive consumption, increase the level of corporate information transparency and reduce the occurrence of corporate violation, indicating that the implementation of equity incentive contracts with strict performance targets has improved corporate governance. In addition, "this book" tested the strictness of performance targets could motivate executives to increase internal control, so whether finally they can guarantee the successful completion of performance targets. It was found that when the performance targets in equity incentives were relatively strict, executives would achieve the performance targets by improving the quality of internal control. When the performance targets are loose, they cannot effectively motivate executives to improve the quality of the company's internal control. Instead, for the realization of personal benefits, executives will choose an easy way — earning management to achieve performance goals.

"This book" contributes to the literature in several ways: (1) My thesis is the first systematic research on the performance targets setting in equity incentive contracts, combined with other terms of equity incentive contracts, including the types of equity incentives and the incentive strength of executives, to comprehensively analyze the effectiveness of performance targets in equity incentive contracts; (2) My thesis deepened the study of the pre-factors affecting performance targets in equity incentive contracts and summarized the characteristics of compensation committee, independence and financial expertise, also payed attention to the social status of compensation committee, and examined how the characteristics of the compensation committee affect the performance targets setting in equity incentive contracts of listed companies; (3) My thesis examined how performance targets affect investment scale and investment efficiency, also focused on three aspects: fixed asset investment, R&D investment and and long-term equity investment; (4) My thesis revealed the relationship between performance targets and internal control to understand how equity incentive contracts can improve the quality of internal control; (5) My thesis expanded other terms of equity incentive contracts, focused on internal and external factors during the implementation process, thereby comprehensively examining the entire implementation process of equity incentive contracts of listed companies.

  My thesis started from the main setting terms in equity incentive contracts—performance targets and studied the pre-influencing factors and possible incentive effects of performance targets. It has important theoretical and practical significance. From a theoretical perspective, on one hand, my thesis supplemented the research on performance-based equity incentive contracts based on China's special scenario, and directly explored the driving forces and incentive effects of setting performance targets in performance-based equity incentive contracts. On the other hand, my thesis combined the two competitive theories of optimal contract theory and manager's power theory to explore how the performance targets in equity incentive contracts affect the company's investment behavior and internal control quality, opening the black box of the impact of equity incentives on company value. From a practical perspective, on one hand, it provided important reference and assistance for the board of directors of listed companies in improving the strictness of terms in equity incentive contracts, thereby helping listed company shareholders and investors to accurately identify the incentives of executives after the implementation of equity incentives. Besides my thesis help to identify which companies have more effective equity incentive and have a stronger positive incentive effect on executives. On the other hand, through the study of incentive effectiveness, it will not only help listed companies to formulate effective incentives for executives. but also provide important references for independent financial advisers and law firms in issuing relevant opinions.

Key words: Performance-based equity incentive contracts; Performance targets setting; Compensation committee; Investment behavior; Internal control

目　录

第一章　导论 / 1
  1.1　研究背景、研究目的与研究意义 / 1
  1.2　研究内容、研究方法与研究框架 / 13
  1.3　研究创新与贡献 / 18
  1.4　本章小结 / 21

第二章　理论基础与文献回顾 / 23
  2.1　理论基础 / 23
  2.2　文献回顾 / 32
  2.3　本章小结 / 49

第三章　制度背景与现状描述 / 50
  3.1　制度背景 / 50
  3.2　现状描述 / 53
  3.3　本章小结 / 59

第四章　薪酬委员会特征对股权激励合约中业绩目标设定的影响 / 60
  4.1　引言 / 60

4.2 理论分析与研究假设 / 65
4.3 样本选择、模型构建与变量定义 / 69
4.4 实证检验分析 / 73
4.5 进一步研究 / 80
4.6 稳健性与内生性检验 / 95
4.7 本章小结 / 123

第五章 股权激励合约中业绩目标设定对公司投资行为的影响 / 126

5.1 引言 / 126
5.2 理论分析与研究假设 / 130
5.3 样本选择、模型构建与变量定义 / 133
5.4 实证检验分析 / 136
5.5 进一步研究 / 144
5.6 稳健性与内生性检验 / 166
5.7 本章小结 / 177

第六章 股权激励合约中业绩目标设定对公司内部控制的影响 / 181

6.1 引言 / 181
6.2 理论分析与研究假设 / 185
6.3 样本选择、模型构建与变量定义 / 188
6.4 实证检验分析 / 191
6.5 进一步研究 / 195
6.6 稳健性与内生性检验 / 215
6.7 本章小结 / 225

第七章 研究结论与展望 / 228

7.1 研究结论 / 228
7.2 政策建议 / 233

7.3 研究局限 / 236

7.4 研究展望 / 237

附表：变量定义 / 238

参考文献 / 241

第一章 导论

1.1 研究背景、研究目的与研究意义

1.1.1 研究背景

自 Jensen and Meckling（1976）提出代理理论以来，如何有效激励高管一直是个重要且被广泛讨论的主题。中国资本市场在不断发展中也逐步完善了上市公司高管薪酬激励制度。近年来，随着作为中国经济增长主要动力的"人口红利"逐渐消退，以"人口红利"为基础的劳动密集型产业已不再是中国经济发展的主要动力，而以"人才红利"为基础的技术密集型产业正在蓬勃发展。"人口红利"促进中国产业不断做大，"人才红利"则将引领中国产业不断升级，因此股权激励作为吸引、激励和留住人才的主要工具也逐渐受到重视[①]。历经多年的发展，股权激励已经从公司奢侈品演变成公司必需品。

通过对国外文献总结回顾，本书发现以美国为主的国外资本市场的上市公司，主要使用基于时间归属条款（Traditional Time-

---

① 西姆股权激励研究院 2017 年《中国上市公司股权激励年度报告》。

based Vesting Conditions）的传统型股权激励合约作为高管薪酬激励的主要方式，并受到广泛的运用与深入的研究。然而，近年来，已有学者对这种简单的股权激励合约提出质疑（Bebchuk and Fried，2004；Bebchuk and Fried，2005；Camara and Henderson，2005），认为基于时间归属条款的传统型股权激励合约并不能有效激励高管，反而高管可以通过自身控制力来操纵股权激励计划的实施时间和进度，导致股权激励成为高管谋求个人利益最大化的手段。由于传统型股权激励合约所暴露的缺陷，促使投资者、股东等利益相关者提出股权激励中需要包含基于业绩考核指标的条款（Performance-based Vesting Conditions），即设置业绩型股权激励合约。当前已有越来越多的非美国上市公司开始使用业绩型股权激励合约（Kuang and Suijs，2006；Kuang and Qin，2006；Carter et al.，2009），业绩型股权激励合约的激励有效性逐步受到学者关注。基于中国资本市场的政策背景，A股上市公司实施股权激励计划必须以业绩目标为考核依据，为本书研究业绩型股权激励合约的激励有效性提供了有利背景。

中国A股上市公司股权激励制度能够实施的前提，是股权分置改革的顺利完成。2004年国务院发布《国务院关于推进资本市场改革开放和稳定发展的若干意见》开启上市公司股权分置改革的序幕，A股市上市公司股东所持有的非流通股将逐步转化为流通股，成为股权激励制度顺利实施的基础。2005年12月中国证券监督管理委员会颁布了《上市公司股权激励管理办法（试行）》，规定已经完成股权分置改革的上市公司，可以根据管理办法开展股权激励计划的实施，从而首次明确了上市公司股权激励计划需要遵循的制度原则。其目的在于建立健全对上市公司高管的激励与约束机制，完善上市公司治理结构。2016年7月，中国证券监督管理委员会颁布了《上市公司股权激励管理办法》（第126号令）正式确定了上市公司股权激励计划实施规范。经过十多年的发展，股权激励制度已成为中国上市公司的重要公司治理机制。截止2017年底，已有977家上市公司成功实施了股权激励，占总体A股上市公司的29.78%，合计公布了1392份股权激励草案[①]。其中，来自于创业板和中小板实施股权激励的公司占比71%，上市年龄小于五年的公司占比62%，表明股权激励更受规模较小、成长性好但现金不充足的中小高科技企业青睐。

区别于国外公司股权激励制度，中国A股上市公司股权激励制度要求激励合约中需明确激励对象行权或解锁股票所须要达到的条件，以及需要设置具体的业绩考核体系和考核办法，并且以业绩考核指标作为股权激励计划实施的核心条件。为此，中国证监会于2008年又陆续出台了3个股权激励有关事项备忘录。其中，《股权激励有关事项备忘录1号》提出公司需要基于自身的盈利和经营能力情况设定行权或解锁指标，原则上保证股权激励所设定的业绩指标（如净利润增长率、加权平均净资产收益率、每股收益等）不低于历史水平。《股权激励有关事项备忘录2号》对公司股权激励采用的财务业绩指标进一步提出要求，即如果使用以利润为基础的财务业绩指标，需要基于企业会计准则使用扣除非经常性损益后的利润。《股权激励有关事项备忘录3号》则规定，"上

---

① 不包含未通过股东大会决议、暂停实施、终止实施的股权激励草案。

市公司股权激励计划在股票期权等待期或限制性股票锁定期内，各年度归属于上市公司股东的净利润及归属于上市公司股东的扣除非经常性损益的净利润均不得低于授予日前最近三个会计年度的平均水平且不得为负"。2016年7月，中国证券监督管理委员会颁布的《上市公司股权激励管理办法》（第126号令）要求股权激励业绩考核指标应包括公司业绩指标和受激励对象个人绩效指标，上市公司所设立的业绩指标可参考同行业可比公司相关指标或公司历史业绩指标。

  在各类政策逐步推进过程中，中国上市公司股权激励制度趋于完善。由于中国资本市场仍处于发展阶段，股权市场噪音较大、股价波动频繁并且幅度较高，上市公司股票价格无法有效准确反映公司经营收益和未来发展前景，对高管行为的约束力不足。因此，股权激励管理办法中强调了业绩考核目标的重要性，尤其是财务业绩目标，只有完成业绩目标后高管才能获得行权和解锁权力。与此同时，业绩目标是股权激励合约中重要的约束性条款，是高管能够获益的前提条件，其设定是否有效直接影响着现有股东和高管间利益再分配。基于本书所收集2006年至2017年的研究样本，对股权激励计划中所使用的业绩目标类型进行统计后发现，业绩目标设定以财务业绩目标为主，净利润增长率和净资产收益率使用频率最高，其中使用净利润增长率指标的草案1322个，占总样本比例为94.97%，使用净资产收益率指标的草案734个，占总样本比例为52.73%。另外，使用营业收入增长率指标的草案243个，占总样本比例为19.46%，其余使用每股收益、每股收益增长率、市值增长率、EVA等指标占比均不足5%，当前股权激励计划中主要使用净利润增长率和净资产收益率作为业绩目标。

基于上述现实背景,一个重要问题便应运而生,以财务业绩目标为考核标准的上市公司股权激励计划,是否能确实产生正向激励效果,还是成为高管谋取个人利益的新型方式?而关于此问题当前仍没有研究着重关注,从而为本书研究提供了契机。因此,本书将基于委托代理理论、最优契约理论、管理者权力理论和资源依赖理论,对影响股权激励合约业绩目标设定的前置因素,以及股权激励合约业绩目标设定是否能够有效激励高管为提升公司价值和股东价值而努力进行研究。

1.1.2 研究目的

本书选取 2006 年至 2017 年期间沪深两市 A 股已成功实施股权激励的上市公司作为研究样本,从三方面展开对股权激励合约中业绩目标设定问题的研究。

首先,通过对已有文献回顾,本书发现,以中国 A 股上市公司为背景的股权激励研究主要关注股权激励实施有效性,以及股权激励实施与否对公司风险承担、公司现金持有、资本结构、成本费用等方面的影响(陈效东等,2016;盛明泉等,2016;梁上坤,2016;刘井建等 2017)。同时,也有文献对股权激励类型、激励份额、激励有效期等合约基本条款设置进行探讨。但作为股权激励合约设置中的关键条款——业绩目标设定,却鲜有研究。吕长江等(2009)和吴育辉和吴世农(2010)首次关注了股权激励合约中业绩目标条款设置问题。通过将合约中设定的未来预计业绩目标与公司以前年度已实现的财务业绩做比较,发现股权激励业绩考核指标体系存在明显的高管自利行为，即业绩目标设定较宽松。宽松的业绩目标无法对高管起到有效激励作用，反而成为获取高管个人利益的手段，损害股东利益。因此，有效的股权激励合约需要有较为严格的业绩考核目标。但是鉴于吕长江等（2009）和吴育辉和吴世农（2010）的样本集中在 2005 年到 2008 年间，属于股权激励制度实施早期，有效样本量仅百余个，研究结果受到许多不成熟因素的影响，可能并不能有效反映当前股权激励合约设置现状。因此，本书在拓展研究期间以及研究样本的基础上，将深化对股权激励合约中业绩目标设定的研究。

另外，鉴于 2005 年颁布的《上市公司股权激励管理办法（试行）》和 2016 年颁布的《上市公司股权激励管理办法》中均明确规定"上市公司董事会下设的薪酬与考核委员会负责拟订股权激励计划草案"，薪酬委员会的职责即为拟定股权激励计划草案，因而其有确保股权激励合约中业绩目标设定严谨度的根本动力。有理由认为，董事会下属薪酬委员会对股权激励合约中业绩目标设定存在直接影响。因此，本书首先将探讨薪酬委员会特征如何影响股权激励合约中业绩目标设定严格度，以及薪酬委员会在制定股权激励合约业绩目标时会受到哪些内外部环境的影响。

其次，在明确薪酬委员会对股权激励合约中业绩目标设定严格度有显著影响后，又引发了下一个问题，股权激励合约中业绩目标设定严格与否是否会影响激励高管为公司利益最大化而努力的效果，即相对严格的业绩目标设定是否能够更有效激励公司高管。股权激励计划的主要目的是通过吸引和激励有能力的高管努力工作从而提升公司未来业绩增长和降低控制风险（吕长江和张海平，2011；李雪斌，2013）。受激励高管若想实现业绩目标获得权益收益，一方面是保证利润增长，另一方面是控制公司经营风险。投资行为是公司利润增长的原动力，内部控制则反映公司风险控制能力。本书则选择投资行为和内部控制两方面作为激励效果进行研究。基于最优契约理论假说，股权激励可以有效激励高管努力工作，从而提升公司价值；而管理者权力假说认为，当面临较大业绩压力时，高管为了实现自身利益，会从事一些损害股东和整体公司利益的行为。因此，本书主要基于以上两种竞争性理论，首先探讨股权激励业绩目标设定严格度对投资规模和投资效率的影响。投资是公司重要的财务行为，是公司不断发展的基础动因（吕长江和张海平，2011），而公司高管的动机与风险偏好直接影响其投资决策。给予高管有效的股权激励，以激励其进行有效投资，具有非常重要的理论价值和实际意义（Barton，2011）。同时，本书不仅停留于对公司投资规模和投资效率的研究，还对公司投资行为进行拆分，分别讨论股权激励业绩目标设定对公司固定资产投资、长期股权投资和研发创新投资的不同影响，以揭示股权激励计划实施效果的差异性。

最后，除了提高公司投资收益，股权激励的另一个目的是提高公司经营风险管理能力。如 2017 年上市的一品红药业通过实施股权激励计划，明确提出要继续推进管理模式创新，提高公司管理绩效是实施股权激励计划的一个重要初衷。本书最后从公司内部管理监督角度，探究股权激励合约中业绩目标设定如何影响上市公司内部控制质量。公司内部控制建设是公司高管团队的主要责任之一，需要高管发挥个人能力不断提升公司内部控制质量以应对不断变化的内外部环境（逯东等，2014）。同时，公司内部控制制度可通过影响成本费用、信用评级和融资活动以及财务舞弊风险等一系列途径最终影响到公司的股价和高管个人在股权激励中的收益（Indjejikian and Matejka，2009）。因此，本书将从内部控制角度，探讨股权激励业绩目标设定的严格度对公司内部控制质量的提升，并从公司内外部环境角度更全面细致的研究股权激励合约设置的激励有效性。

1.1.3 研究意义

上市公司股权激励计划一直是学术界研究的热点话题，然而股权激励合约的具体设置，尤其是业绩型股权激励中业绩目标设定的激励效果研究仍然是一个未打开的黑箱。在有关上市公司股权激励制度管理办法中要求公司在制定股权激励计划时需要设置明确的业绩考核指标，只有顺利实现业绩考核指标，受激励高管才可以成功行权或解锁股票。此制度为本书研究股权激励合约中业绩目标设定的前置影响因素以及其激励效果提供了良好背景。

上市公司股权激励制度作为中国新兴的高管薪酬激励手段，完善了公司治理机制。作为刚起步的薪酬激励手段，在合约设置时仍存在诸多问题，因此本书将从股权激励合约中主要的条款——业绩目标设定为出发点，研究业绩目标设定的前置影响因素以及激励效果，从理论和实践两方面均有重大意义。

1.1.3.1 理论意义

首先，通过对已有文献的总结整理可知，当前有关股权激励的研究主要基于传统型股权激励合约,关注股权激励合约的激励有效性以及对高管激励强度的研究。而近年来,随着学者们对这种传统型股权激励合约的激励效果逐渐提出质疑(Bebchuk and Fried,2004;Bebchuk and Fried,2005;Camara and Henderson,2005),越来越多的学者开始关注设置业绩考核条款的业绩型股权激励合约,并对业绩型股权激励合约的有效性进行研究。当前基于美国等发达国家为背景的业绩型股权激励研究仍然较少(Kuang and Suijs,2006;Kuang and Qin,2006;Carter et al.,2007),同时中国上市公司所实施的股权激励合约均为业绩型股权激励。因此,基于中国资本市场特征,本书对业绩型股权激励合约进行深入研究,尤其对以往文献中鲜有涉及的股权激励合约中业绩目标设定进行研究,将进一步丰富上市公司股权激励计划的研究体系。

其次,当前鲜有研究对股权激励合约中业绩目标设定的前置影响因素进行探讨。而董事会下属薪酬委员会作为主要负责制定股权激励合约的部门,目前对其研究仍较少。已有文献主要从薪酬委员会的人员构成,如独立董事占比和CEO是否在薪酬委员会任职等,以及专业背景,如拥有财务背景董事的占比等探讨薪酬委员会的对CEO薪酬制定(Newman and Mozes,1999;Anderson and Bizjak,2003;Vafeas,2003;Conyon and He,2004;谢德仁等,2012)、高管权益薪酬制定(Bebchuk and Grinstein,2010;Sun et al.,2009)、高管薪酬披露政策(Laksmana,2008)以及高管业绩薪酬敏感度(林乐等,2013)等方面的影响。基于中国上市公司背景,关注薪酬委员会对股权激励的影响,尤其是业绩型股权激励中业绩目标设定的研究仍鲜有涉及。因此,本书检验了薪酬委员会特征对股权激励合约中业绩目标设定的影响，丰富了有关薪酬委员会与股权激励关系的研究。

最后，已有文献主要是基于最优契约理论和管理者权力理论对股权激励计划实施在短期或长期窗口上对以公司股价为代表的公司价值影响的研究。而本书将结合最优契约理论和管理者权力理论这两个竞争性理论，综合并系统地分析股权激励合约中业绩目标设定如何影响对公司投资行为和内部控制的激励效果，揭开股权激励对公司价值影响的黑箱，丰富了股权激励经济后果的文献。

1.1.3.2 实践意义

本书通过对上市公司股权激励合约中业绩目标设定的前置影响因素以及激励效果的研究，对上市公司董事会、上市公司股东以及广大投资者、上市公司高管行为约束以及独立财务顾问等中介机构具有非常重大的借鉴意义。

首先，对于上市公司董事会，本书通过对股权激励合约中业绩目标设定的激励效果研究，对上市公司股权激励合约的设置主体——上市公司董事会，在完善股权激励合约条款设置上提供重要的参考和帮助。现阶段有关上市公司股权激励制度的管理办法要求股权激励业绩考核指标应包括公司业绩指标和受激励对象个人绩效指标。基于本书的研究样本，2006年-2017年，对股权激励合约所使用的业绩目标类型进行统计，发现业绩目标设定以财务业绩目标为主，其中净利润增长率和净资产收益率使用频率最高。其中，使用净利润增长率指标的草案有1322个，占总样本比例为94.97%，使用净资产收益率指标的草案有734个，占总样本比例为 52.73%。通过本书研究发现这种"一刀切"的业绩目标设定并不是最优的激励方案。由于业绩目标设定单一，受激励高管为实现业绩目标，可能会出现一些损害公司和股东利益的行为。上市公司董事会以及下设薪酬委员会应当根据公司发展阶段、产品特征、市场状况等方面，设置灵活并且有针对性的业绩目标。例如在创新投资较高的公司中，需要考虑创新投资的高风险性，而此时基于净利润的业绩目标设定会降低高管进行研发投资的积极性，因此董事会以及下属薪酬委员会在设置业绩目标时，可以剔除部分由于创新投资而产生的成本费用，或以非财务业绩目标作为考核激励标准。

其次，对于上市公司股东以及广大投资者，本书通过对股权激励合约中业绩目标设定的激励效果进行研究，从而可更准确识别高管在股权激励实施后的受激励行为，可辨别出哪些公司的股权激励合约设置更有效，对高管有更强的正向激励作用。由于股权激励计划由董事会下属薪酬委员会制定，报董事会和股东大会审议通过，因此股权激励合约的制定和实施过程存在严重的信息不对称，中小投资者对股权激励合约设置过程以及合理性、有效性无法通过股权激励公告草案获得详细信息。而通过本书的研究发现，只有当股权激励业绩目标设定更严格时，才能有效激励高管，达到预期目的，否则高管可能通过盈余管理等手段实现业绩目标并操纵股价，追求个人利益最大化。因此，公司股东，尤其是中小股东，应对股权激励草案设置，以及后续完成情况进行密切关注，尤其对业绩目标实现路径进行分析，以保证业绩目标实现的合理性，保证投资者个人利益。同时，公司也应详细披露股权激励计划草案中关于业绩指标的选取流程，业绩目标的制定依据，为完成业绩目标所应做出的努力，影响业绩目标完成情况的内外部因素等，从而帮助广大投资者做出更合理正确判断。

再次，对于上市公司高管层，本书通过对上市公司股权激励业绩目标设定的研究，发现当业绩目标设定较严格，同时较严格的激励目标与高管受激励股票或期权份额相匹配时，可有效激发高管提高公司的投资规模和投资效率，同时提高公司的内部控制质量。但也发现，高管有自利倾向，当通过投资行为或改善内部控制状况而实现业绩目标的风险较高时，高管会为了个人利益而选择风险规避，转而倾向于风险小收益稳健的投资，或通过盈余管理等损害公司价值的行为来实现业绩目标。因此，在制定股权激励合约时，董事会下属薪酬委员会需要对合约条款对高管的激励效果有明确的认识和预期，以保证高管的个人收益与其所承担的风险相匹配，有效激励高管在实现个人收益的同时为公司和股东价值最大化而努力。

最后，对于独立财务顾问等中介机构，根据股权激励制度实施的管理办法中的要求，上市公司可以聘请独立财务顾问，对股权激励计划的可行性、是否有利于上等方面发表专业意见。同时，上市公司需要聘请律师事务所对股权激励计划出具法律意见。本书对股权激励合约中业绩目标设定进行详细的研究结论，可以为独立财务顾问和律师事务所在出具相关意见时提供重要的参考。并且，独立财务顾问和律师事务所应具有较强的职业能力，在出具意见和建议时应具有较强的职业素质和风险意识，避免其作用流于形式。应对公司现阶段以及未来发展有足够认识，关注到股权激励合约制定过程以及实施过程中可能出现的风险，以保证股权激励合约设置的合法合理有效。

1.2 研究内容、研究方法与研究框架

1.2.1 研究内容

本书基于手工收集的 2006 年至 2017 年中国 A 股上市公司实施股权激励情况，包括股权激励草案中披露的业绩目标类型、具体数值，同时整理了股权激励总份额以及高管受激励份额等数据，对股权激励目标设置的前置影响因素以及激励效果进行全面的分析研究，本书将全文分为七章内容。

第一章为导论。本章首先阐述了研究背景，即本书所依赖的实践和理论现状，然后对研究目的和研究意义进行具体说明；接下来，对研究内容、研究方法和研究框架进行阐述；最后对本书的研究创新点以及对理论和实践的贡献进行总结。

第二章为理论基础与文献综述。本章首先阐述了本书所使用的理论基础，包括委托代理理论、最优契约理论、管理者权力理论和资源依赖理论。然后围绕业绩型股权激励、薪酬委员会、投资规模与投资效率和内部控制等相关领域进行文献回顾，为后续实证研究奠定基础。

第三章为制度背景和现状描述。本章介绍了中国上市公司股权激励制度的发展历程，并对现阶段已实施股权激励公司的板块、行业、地区等特征进行统计分析，同时通过描述性统计对当时已成功实施的股权激励合约中业绩目标设定情况进行详细分析。

第四章至第六章为本书的实证分析部分：

第四章探讨影响上市公司股权激励合约中业绩目标设定的前置因素，考察董事会下属薪酬委员会独立性、财务专业性以及社会地位对股权激励业绩目标设定严格度的影响，并且从薪酬委员会繁忙度、高管股权激励强度以及机构投资者持股比例三个方面对上述变量间关系做进一步分析。

第五章探讨上市公司股权激励合约中业绩目标设定的严格度对公司投资行为的影响，分别从投资规模和投资效率两方面考察。并对公司投资行为进一步划分，分别从固定资产投资、创新研发投资和长期股权投资三方面考察股权激励业绩目标的激励作用。此外，还分别从股权激励类型、高管股权激励强度和未来业绩展望等三方面对两者关系做深入分析，考察公司处于不同生命周期下，业绩目标的激励效果。最后，考察在不同业绩目标设定严格度下，公司投资行为对未来业绩目标实现情况的影响。

第六章探讨上市公司股权激励合约中业绩目标设定的严格度对公司内部控制质量的影响。此外，一方面，基于合约特征考察股权激励类型和高管受激励强度对业绩目标与内部控制质量关系的影响；另一方面，从外部治理特征，即注册会计师审计质量、行业竞争程度和地区法律监管等三方面深入分析两者关系。然后，从公司治理特征方面，考察股权激励业绩目标设定的激励作用。最后，考察在不同业绩目标设定严格度下，公司内部控制质量对未来业绩目标实现情况的影响。

第七章为研究结论与展望。本章首先对全文的研究内容进行了归纳总结，并在此基础上，对如何指导中国未来股权激励制度的完善提出建议，展开对研究结论的进一步讨论并形成参考性的政策意见，同时还就本书的不足与未来研究方向进行适当的阐释和展望。

1.2.2 研究方法

本书综合运用了公司财务学、管理学、计量经济学等多学科知识，采用了规范研究和实证研究的方法。

1.2.2.1 规范研究

规范研究方法适用于本书所关注问题的早期研究阶段，对研究问题进行初步了解与探索。因此，为完成本论文写作，首先，作者通过阅读国内外大量有关业绩型股权激励合约、董事会下属薪酬委员会、投资行为和内部控制质量等相关领域的文献，将国内外的研究成果进行归纳梳理并进行对比分析。在明确国内外制度差导致研究差异的基础上，发现了前人研究中可能存在的不足之处以及能够进一步拓展的空间。基于中国资本市场的政策背景，上市公司实施的股权激励计划均以业绩目标为考核依据，为研究业绩型股权激励合约有效性提供了有利背景。

其次，作者在明确国外传统型股权激励合约与中国业绩型股权激励合约在制度上存在差异的基础上，结合中国特色的制度背景和上市公司股权激励计划实施现状，以及政策制定部门出台的一系列政策条款和相关备忘录等，通过与实务界从业人士进行探讨，如上市公司董事、高管以及独立财务顾问等，深入探索和剖析业绩型股权激励合约设置的本质。由于在业绩目标设定当初未充分考虑市场、公司自身发展等因素，不合理的股权激励合约并未展现应有的激励效果。因而，实务界人士的观点和看法，便构成了本书研究的一种思路来源。

最后，作者在明确当前上市公司股权激励发展现状、存在问题以及通过与实务界人士进行访谈而了解的现实状况基础上，将前述理论和实务两部分进行结合分析，最终形成了值得深入分析并且具有现实意义的研究问题，从而能够有针对性地开展理论分析和研究设计。例如，有关股权激励计划是激励高管努力工作的手段还是高管个人福利的争论一直存在，然而此争论存在的本质在于当前研究未对股权激励合约的具体条款设计进行详细剖析，条款设置差异会直接影响股权激励合约的实施效果。因此，本书以此为起点，进一步明确研究问题，通过手工收集的2006年至2017年中国A股上市公司实施股权激励合约的设置情况，包括股权激励草案中披露的业绩目标类型、具体数值，同时整理了股权激励总份额以及高管受激励份额，对股权激励合约中业绩目标设定的前置影响因素以及激励效果进行全面的分析研究。

1.2.2.2 实证研究

本书所采用的实证研究方法，包括描述性统计、相关性分析、OLS模型、分组回归模型、Heckman两阶段模型、两阶段工具变量模型，并且在回归方程中加入与公司特征、外部特征相关的交互变量进行回归检验。以上方法在本书第4章至第6章的实证研究部分均有不同程度的应用。除了具体研究方法外，在数据处理工具上还有着不同程度的应用，例如，本书作者主要使用Excel对上市公司股权激励合约条款进行收集整理,在变量关系检验上,使用STATA14.0进行数据的统计与分析。

1.2.3 研究框架

本书首先基于上市公司股权激励合约理论研究和现实应用现状,提出研究问题。其次,结合已有的理论基础和对以往相关文献的综述,进一步细化研究问题,从前置动因和激励效果两个维度进行研究分析。最后,总结本书的研究结论,提出政策性建议,并对未来研究进行展望。本书的技术路线图如下:

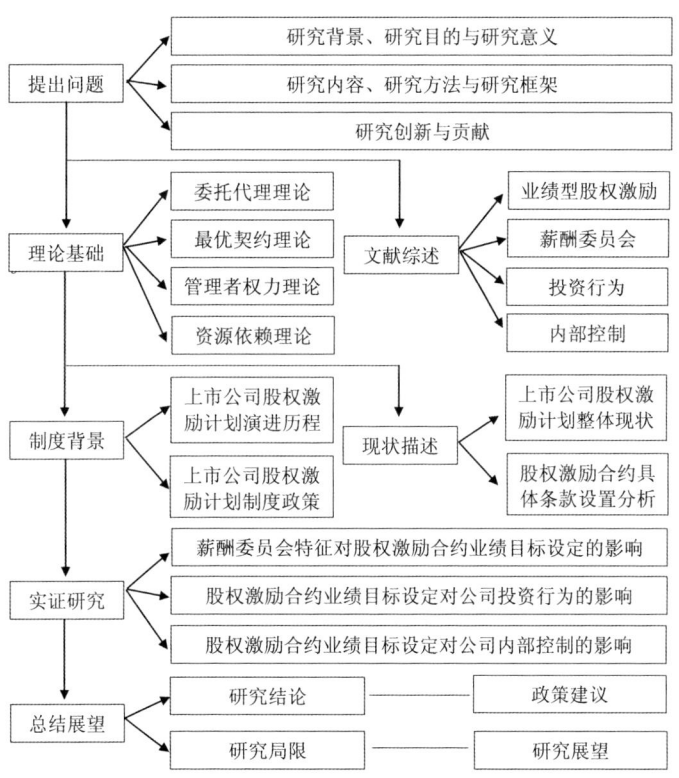

图1-1 研究框架

1.3 研究创新与贡献

本书立足于中国的政策背景,即强制要求上市公司实施的股权激励合约中设置且披露业绩目标,为本书研究提供良好基础,减弱了样本自选择问题。本书结合相关理论、已有文献以及现实情境,深入对股权激励合约中业绩目标设定问题的研究,包括前置影响因素以及后续激励效果。以期改善当前对股权激励合约设置研究不足的现状,同时在实践中,为政策制定部门、上市公司董事会、股东以及高管等相关人员提供相关补充经验。

1.3.1 系统性地对股权激励合约中业绩目标设定问题进行研究

由于国内外制度背景上存在较大差异,国外鲜有研究涉及股权激励合约中业绩目标设定对高管激励效果的影响。已有对业绩型股权激励合约进行研究的少数研究(Johnson and Tian, 2000; Camara, 2001; Arya and Mittendorf, 2005; Gerakos et al., 2007; Bettis et al., 2010)主要关注了是否使用业绩型股权激励对公司风险承担和公司价值方面的影响,以及从公司成长性、CEO 是否新任命等方面探讨了实施业绩型股权激励公司的普遍性特征,但并未进一步分析股权激励合约中业绩目标设定的差异对其激励效果的影响。我国证监会强制要求股权激励计划中设置行权或解锁的业绩目标的业绩型股权激励这一制度背景,为本书提供了良好的研究基础。基于此,本书从股权激励合约中业绩目标设定着手,系统性地分析股权激励合约中业绩目标设定的前置影响因素,同时检验业绩目标设定如何影响后续激励效果,并结合股权激励类型、高管受激励强度等其他条款,深入探讨股权激励合约中业绩目标设定的有效性。

1.3.2 深化了对影响股权激励合约中业绩目标设定情况的动因研究

股权激励计划在当前中国 A 股上市公司中属于新型的薪酬激励方式,在类型上以业绩型股权激励为主,这就导致中国 A 股上市公司很难从以往实践以及国外其他地区上市公司中取得经验。因此,如何能够制定出合理有效的股权激励合约便成为股权激励计划能够成功实施的首要问题。基于股权激励相关制度与管理办法,董事会下属薪酬委员会负责制定股权激励合约,因而直接影响股权激励合约中各项条款的设置。相较于对上市公司董事会或董事会下属的审计委员会的有关研究,目前关于薪酬委员会的研究仍显不足,这就为本书的研究提供了契机。由于股权激励合约由薪酬委员会直接制定,薪酬委员会特征上的差异势必会导致股权激励合约中具体条款设置的不同。本书在结合已有文献研究(Newman and Mozes,1999;Anderson and Bizjak,2003;Vafeas,2003;Conyon and He,2004;Laksmana,2008;Sun et al.,2009;Bebchuk and Grinstein,2010;谢德仁等,2012)的基础上,从独立性、财务专业性和社会地位角度关注了薪酬委员会特征如何影响股权激励合约中业绩目标的设定问题,深化了对股权激励合约中业绩目标设定情况前置影响因素的研究。

1.3.3 拓展了股权激励合约中业绩目标设定与投资行为关系的研究

当前关于股权激励合约的研究，主要是将股权激励合约作为一个整体开展分析，但却忽略了股权激励合约具体条款设置对其后续激励效果的影响，尤其是业绩目标作为受激励高管所承担的首要压力，势必会显著影响高管的投资行为。作为公司投资活动的主要决策者和执行者，高管的行为直接影响着公司投资规模以及投资效率，进而影响未来公司收益以及股东价值。目前，虽然有部分学者开始关注股权激励对公司创新的影响机制（田轩和孟清扬，2018；李强等，2018；刘宝华和王雷，2018），但仅局限于公司创新投资部分，而尚未全面考察公司的投资行为和投资效率，同时也未能对股权激励合约中业绩目标设定给予足够的重视。在当前已有文献的基础上，本书详细考察了股权激励合约中业绩目标设定对投资规模和投资效率的影响，并进一步划分公司投资行为，分别从固定资产投资、创新研发投资和长期股权投资三方面考察股权激励业绩目标的激励效果。

1.3.4 揭示了股权激励合约中业绩目标设定与公司内部控制的内在关系

内部控制作为公司内部管理的重要环节，一直受到实务界和学术界的广泛关注，然而却鲜有研究将股权激励与公司内部控制质量结合起来。基于此，本书除了考察股权激励合约中业绩目标设定的前置影响因素之外，还将股权激励业绩目标设定的激励有效性研究拓展到了内部控制领域。通过检验发现，上市公司股权激励合约的特征是影响公司内部控制有效性的一个关键治理因素，这表明，股权激励合约中业绩目标设定的激励有效性可显著影响公司内部控制质量。本书关于股权激励与内部控制质量的研究，能够为理解上市公司股权激励合约特征如何提升上市公司的内部控制质量提供了新的证据，从而揭示了股权激励合约条款设置特征能够产生激励效果的具体机制。

1.3.5 扩充了关于股权激励合约实施过程中内外部影响因素的研究

本书的研究不仅停留在对上市公司股权激励合约中业绩目标设定的前置影响因素以及激励效果的研究，同时还结合股权激励合约中其他条款设置，如股权激励类型、高管受激励强度等，以及公司内外部特征因素对股权激励业绩目标设定的前置影响因素以及激励效果的关系进行拓展研究。由于业绩型股权激励合约所具有的特殊性，关于股权激励的研究不应仅停留于对合约特征激励效果的探讨上，同时需要进一步分析不同激励效果最终是否确实促进业绩目标的实现。因此，本书的另一项创新在于扩充了股权激励的研究链条，探究在不同严格度的业绩目标前提下，激励效果即公司投资行为和公司内部控制质量如何影响业绩目标的实现情况，从而考察了上市公司股权激励实施全过程。

1.4 本章小结

本章首先从中国上市公司股权激励制度和实施现状着手，发现股权激励已成为上市公司激励高管的重要手段,从而介绍了本书的研究背景、研究目的和与研究意义;其次,在上述背景的基础上明确了本书的研究内容、研究方法和研究框架;最后,阐述了本书的研究创新与可能的贡献。

第二章 理论基础与文献回顾

2.1 理论基础

2.1.1 委托代理理论

委托代理理论是公司治理研究的基础理论，也是研究高管薪酬激励有效性问题的基础。Jensen and Meckling（1976）明确了代理成本概念，结合信息不对称以及产权理论等理论基础，探讨了在两权分离情境下，即所有权与控制权分离，代理成本产生的原因，并进一步分别讨论了债权和股权中的代理问题，指出委托人可以通过设置最优契约来监督和约束代理人行为，从而防止代理人的道德风险。进一步地，Jensen（1986）以20世纪60年代到80年代美国石油行业为背景，提出了自由现金流假说，认为当公司管理者控制过多的资源，即拥有过多自由现金流，为实现自身利益最大化，管理者会进行过度投资、过高薪酬支付等损害股东利益的行为。因此，股东与管理者之间存在利益冲突进而引发代理成本，股东可以通过减少管理者可以控制的自由流，如提高债务融资比例，来缓解两者之间的代理问题。Easterbrook（1984）发现，可以通过股利政策的调整来缓解代理问题，并且提出两类代理成本，一类是监督公司管理者的成本，另一类是风险规避成本。潜在股东更偏好高风险的股票，而管理者则会基于自己的职业生涯走向、未来薪酬收益等问题，偏好更低风险的投资项目。作者认为，连续并且高比例的现金股利支付政策可以迫使公司管理者前往外部市场进行融资，从而进行有价值的投资、维持公司的经营活动。在股权融资后，新股东、中介机构如投资银行、市场监管部门等会对公司进行监督和审查，促使公司管理层能够按最大化股东利益为原则从事经营管理，从而降低第一类代理成本。此外，通过股利支付和新融资，公司可以调整债务股权比率，提升公司风险承担能力，降低第二类代理成本。

在现代公司治理结构下的企业，由于所有权与经营权相互分离，造成管理者往往掌握着企业的实际控制权。因此，近年来，大量研究开始关注如何对管理者进行有效的激励和监督来降低代理成本。而管理者薪酬契约被认为是缓解股东与管理者之间代理冲突的重要手段。Jensen and Murphy（1990）基于代理理论认为，如果股东可以获得有关 CEO 活动和公司投资机会的全部信息，则可以设计出一个完美的合约来契合管理者行为，然而，事实是股东无法获得全面信息，因此基于代理理论，需要通过制定合理有效的薪酬政策来激励管理者。同时，为提高股东利益，薪酬契约应该与公司业绩挂钩，以保证激励有效性，作者提出通过对业绩薪酬敏感度的衡量来反映管理者薪酬激励有效性。实证分析发现，股东财富每增加 1000 美元可以带来管理者 3.25 美元的财富增加，其中，管理者财富包括现金薪酬、奖金和权益薪酬等。并且，作者认为，相较于现金薪酬，管理者的权益薪酬可以对管理者进行更有效激励，然而管理者可以获得的股权仍占比较低。Mehran

(1995)、Berger et al.(1997)、Yermack(1997)等均对业绩薪酬敏感度进行了深入研究,发现管理者薪酬与公司业绩的关系普遍较弱,管理者薪酬契约有效性普遍较低。为解决这一问题,学者们从不同角度给出答案。Bebchuk and Fried(2005)认为,基于业绩薪酬敏感度的管理者薪酬契约有效性的研究无法得出可靠一致的结论,可能是因为在不同情境下管理者薪酬激励效果有差异。因此,可以从最优契约理论和管理者权力理论两个角度来解释管理者薪酬契约有效性问题。接下来,本书对这两个理论进行详细阐述。

2.1.2 最优契约理论

根据经典代理理论,股东作为委托人,将公司日常经营活动中主要决策权下放给作为代理人的管理者,委托管理者经营管理公司。然而,由于股东与管理者在利益需求和形式方面存在不一致问题,管理者更倾向于追求个人利益最大化而非公司利益或股东利益最大化(Jensen and Meckling,1976)。管理者会利用其所拥有的决策权(Discretion)来为自己谋取更多利益(Shleifer and Vishny,1997)。例如,管理者热衷于建立自己的帝国大厦(Empire Building)(Williamson,1964;Hope and Thomas,2008);当自由现金流(Free Cash Flow)充裕时,会出现过度投资以及资金滥用现象(Jensen,1986);并且管理者经常会采用一些手段进行自我防御(Entrench)(Shleifer and Vishny,1989),从而避免在公司出现负面情况时其管理权力和地位受到动摇。而解决股东与管理者间严重代理问题的方法之一是高管薪酬(Executive

Compensation），通过合理制定高管薪酬，可有效激励管理者为股东利益最大化服务。高管薪酬主要分为两类，现金薪酬（Cash Compensation）（包括工资、奖金等）和权益薪酬（Equity Compensation）（包括限制性股票、股票期权等）。而对于高管薪酬激励有效性的研究，主要基于最优契约理论（The Optimal Contracting Theory）和管理者权力理论（The Managerial Power Theory）。

最优契约理论认为，董事会由股东大会选举产生，因此代表股东利益，并且董事会承担了制定并考核高管绩效薪酬的责任，从而其设计的高管最优薪酬契约要符合股东利益最大化需求（Murphy，1999；Guay et al.，2003；Bentley，2003；Edmans and Gabaix，2009），对管理者进行有效约束和激励。大量研究认为，无论从理论上还是实践上解决代理问题的一个有效办法是制定合理的高管薪酬合约，因此，最优契约理论认为股东与管理者间的代理问题可通过最优合约来解决。Jensen and Murphy（1990）通过实证检验的方法，首次验证了CEO薪酬与公司业绩之间的敏感度关系。以此文章为基础，随后大量学者对薪酬业绩敏感度进行研究，并且以薪酬业绩敏感度为最优薪酬的衡量依据。即当高管薪酬激励合约设计有效，则高管薪酬的变动率应该与公司绩效高度正相关。关于最优股权激励合约的设计，Pinto and Widdicks（2014）提出，需要权衡合约给予高管的利益、公司承担的成本、合约激励与公司业绩的敏感性，以及合约激励持续时间等问题。

近年来随着权益薪酬的兴起，高管股权激励合约作为缓解代理问题的有效方式，使得越来越多的学者开始关注对高管股权激励的研究。以最优契约理论为基础，已有研究主要从权益薪酬最优支付结构（Dittmann et al.，2010；Bhattacharyya and Cohn，2010；Walker，2011）、权益薪酬业绩敏感度（Hillman and Dalziel，2003；Kaplan and Strömberg，2004）、股权激励对高管人才筛选及能力提升的影响（Goergen and Renneboog，2011；Graham et al.，2012）以及对风险承担的激励作用（Hayes et al.，2012；Armstrong et al.，2013；Bolton and Mehran，2015）等方面进行分析研究，探讨如何使用高管股权激励合约来有效缓解股东与管理者间因利益不一致所引发的代理问题。并且基于已有研究基础的拓展研究也层出不穷，例如，Kedia and Rajgopal（2009）发现股权激励存在地区模仿效应，当公司使用股票期权作为激励方式时，同地区相邻公司也倾向使用股票期权而非限制性股票作为激励方式，同时，股票期权行权的股价指标设定也存在地区模仿效应。Armstrong and Vashishtha（2012）通过对股权激励与CEO风险承担关系的研究发现，以往关于股权激励提高CEO风险承担能力的研究并不准确。他们的研究发现，股权激励强度越大可以提高CEO非系统风险的承担能力，而与系统风险承担能力没有显著关系，因为非系统风险可以通过市场投资组合方法有效降低。Ladika and Sautner（2018）研究发现，股权激励有效期与公司投资行为有关系，短期股权激励会促使管理者更关注短期绩效，从而降低长期投资。并且在低竞争行业和证券分析师关注度较低的公司中，此关系更明显。而长期股权激励可以提高管理者长期投资行为。

2.1.3　管理者权力理论

然而，最优契约理论的潜在假设存在一个关键问题，即决定高管股权激励合约的董事会自身也可能存在代理问题，从而可能无法代表股东设计出最优激励方案。例如，当 CEO 作为董事会薪酬委员会或提名委员会的关键人物，与其他高管或潜在高管人选有利益关联，从而公司董事会很难保持独立性。在此情境下，高管薪酬不仅无法解决代理问题，还可能成为代理问题的一部分。当管理者有权决定自身薪酬合约时，薪酬合约便失去了激励职能，成为管理者寻租手段。因此，最优契约理论并不能完全解释股权激励合约的设计及其激励效果。

通过以往研究，管理者权力理论发现，一些薪酬合约反映了高管的寻租行为（Rent Seeking），而无法对高管进行有效激励（Blanchard et al.，1994；Yermack，1997；Bertrand and Mullainathan，2001）。依据管理者权力理论，当管理者在公司中权力较高，即当董事会没有效率（Core et al.，1999；Cyert et al.，2002）、没有较强势的外部利益相关者（Bertrand and Mullainathan，2000；Benz et al.，2001）、机构投资者较少（Hartzell and Starks，2002）等情况出现时，管理者更容易通过自身权力影响薪酬合约的制定。并且，Newman and Mozes（1999）认为当 CEO 本身是董事会下属薪酬委员会成员，则管理者会获取与业绩增长不符的超额薪酬，损害了股东利益。Eriksson（2005）发现管理者权力影响了其薪酬契约有效性。同时，当公司业绩较好时，管理者可以得到更高的薪酬，但当公司业绩不好时，管理者并没有受到相应惩罚而导致薪酬显著降低。并且当管理者权力越大时，业绩与薪酬的关系更显著。Tian（2004）研究发现，高管股权激励并非越多越好，股权激励已成为高管自利的一种手段。Efendi et al.（2007）指出当股权激励份额较高时，CEO 为了实现自身利益，存在财务报表舞弊行为，使得公司未来财务报表错报可能性增加。Garvey and Milbourn（2006）指出，管理者权力越大，以股权激励为基础的权益薪酬业绩敏感性越低，管理者主要通过操纵股价来实现获益（Peng and Roell，2008）。Heron and Lie（2007）则发现，高管通过对股权授予日的操纵来实现自身报酬的最大化。Chava and Purnanandam（2010）发现，相对于 CEO，CFO 的股权激励强度与公司盈余管理的关系更显著。Kim et al.（2011）发现，CFO 通过股权激励获得的超额收益越大则公司未来崩盘风险越高，而 CEO 的股权激励超额收益与股价崩盘风险的关系较弱。

2.1.4　资源依赖理论

基于代理理论，董事会及下属委员会的职责是持续并独立地代表股东监督高管，保证高管为股东利益最大化而努力，因此薪酬委员会需具备独立发表意见的能力（Hermanson et al.，2012）。有关董事会及下属薪酬委员会独立性的研究认为，独立董事主导的董事会比由管理者主导的董事会更能提高公司信息披露决策和程度，并提高了高管薪酬制定效率和激励效果（Chen and Jaggi，2000；Ajinkya et al.，2005；Karamanou and Vafeas，2005）。

除了代理理论，资源依赖理论从个人资源可获得性角度探讨董事会以及薪酬委员会的作用以及对管理者薪酬制定的影响。

Salancik and Pfeffer（1978）基于组织学与社会学，认为组织获得并保持资源的能力是其生存与发展的前提条件。资源依赖理论具有三个前提假设：（1）组织的核心是生存与发展；（2）组织需要通过不断获取资源来维持生存与发展；（3）组织所依赖的外部环境是不断变化的，因此需要与外部环境不断互动以获取资源。基于资源依赖理论，董事会的职能之一是提供可用于公司日常经营和战略决策的个人资源。董事可以从四个方面为公司提供资源，其一是为公司经营和决策提供财务、法律、金融等方面的意见；其二是由于一些独立董事当前或过去在政府、高校等地方担任职务，从而可以为公司树立正面积极的形象；其三是通过董事，公司高管与股东等相关利益方建立良好的沟通渠道；最后，通过董事可以更容易获取融资、技术创新等方面信息（Hillman and Dalziel，2003；Pfeffer and Salancik，2003）。管理者薪酬制定是激励高管的一个重要机制，董事会下属薪酬委员会对高管薪酬合约的有效性负有重要责任，需要确保薪酬合约是最优合约，并且公司业绩可以合理反映高管薪酬。因此，薪酬委员会中的董事需要有更丰富的经验，并且为维护自身声誉，会愿意做出更好的管理者薪酬决策。

Ferris et al.（2003）研究发现，当公司任命了同时在其他公司任职高管或董事的独立董事，则公司有显著的积极市场反应，从而说明独立董事的经验和声誉对公司有积极影响。Hermanson et al.（2012）基于对美国上市公司董事会中薪酬委员会成员的实地访谈，作者对薪酬委员会权力和义务、日常工作流程、主要议题以及主要问题进行了梳理。通过访谈，作者发现"公平"和"平衡"

是薪酬委员会的核心思想。一方面，由于管理者和股东之间存在代理问题，薪酬委员会需要公平对待两个群体。另一方面，薪酬委员会需要平衡管理者与股东的利益分配。并且，基于资源依赖理论，董事会下属薪酬委员会更重视董事的经验、专业性、个人资源等，以保证薪酬委员会可以为管理者薪酬制定提供必要资源和信息，从而制定出公平的薪酬激励机制。

然而，也有研究提出相反结论。虽然在其他公司兼任高管或董事可以提高董事的声誉和经验，但是董事在过多公司任职会使其过于忙碌，分配给每个公司的时间减少。Lipton and Lorsch（1992）和 Forbes and Milliken（1999）的研究发现，兼职董事无法投入更多时间和精力去履行职责，这个问题对于在多家公司兼职的独立董事更为明显。因此，当一个公司的董事会中大部分董事均在其他公司兼职时，则董事的平均履职时间会降低，从而可能提高公司财务欺诈风险（Beasley，1996）、支付 CEO 过高薪酬（Core et al.，1999），降低公司绩效（Fich and Shivdasani，2006）。Laksmana（2008）基于薪酬委员会特征对公司披露高管薪酬方案详细度的影响发现，董事过于繁忙，对公司投入时间过少，以及董事会规模较小会降低公司信息透明度，从而高管薪酬方案披露越粗略。

委托代理理论、最优契约理论、管理者权力理论和资源依赖理论分别从不同角度对影响管理者薪酬有效性的本质原因进行了探讨。基于中国上市股权激励制度背景，哪种理论可以解释影响股权激励设置尤其是股权激励业绩目标设定的前置因素，以及股权激励业绩目标设定如何有效激励高管，要结合公司所处的外部制度环境和内部治理结构安排来具体分析。因此，基于以上理论，本书将对中国的股权激励合约制定尤其是业绩目标设定影响因素以及后续激励效果，展开全面的讨论。

2.2 文献回顾

2.2.1 业绩型股权激励文献回顾

作为解决股东和管理者间代理问题的重要手段——股权激励合约已被广泛应用和研究，然而其激励效果越发受到质疑（Gerakos et al., 2007; Morse et al., 2011），进而促使投资者、股东等利益相关者提出股权激励中需要包含基于业绩考核指标的条款（Performance-based Vesting Conditions），从而达到强化高管薪酬与公司价值间关系的目的（Gerakos et al., 2007; Bettis et al., 2010），也使得众多学者开始关注业绩型股权激励合约（Performance-Vested Stock Option）的研究。中国证监会颁布的《上市公司股权激励管理办法》，要求上市公司实施股权激励合约必须设定相匹配的财务业绩考核目标，当公司实际业绩达到预设业绩目标时，高管才可以行权或解锁股票。因此，基于中国股权激励制度，上市公司所实施的股权激励需要强制性设置业绩目标条款，从而也为本书提供了良好的研究基础。当前关于业绩型股权激励的研究主要从两个角度出发，一方面以业绩型股权激励为整体，对比研究实施业绩型股权激励和传统型股权激励的激励效果差异；另一方面对业绩型股权激励的具体合约设计进行深入分析，研究不同业绩指标设计的影响因素。因此，本章也从这两方面对业绩型股权激励文献进行回顾。

2.2.1.1 业绩型股权激励实施效果研究

已有文献通过对比业绩型股权激励和传统型股权激励的实施效果，发现业绩型股权激励合约可更有效激励高管。Johnson and Tian（2000）通过与传统型股权激励合约对比，发现业绩型股权激励合约可以更加显著地提高公司股票价值，同时提高公司的风险承担能力。Camara（2001）认为，与传统股型权激励方式相比，有相对业绩门槛的业绩型股权激励并不能显著提高股东利益，但确实可以提高公司的风险承受能力，以及降低薪酬激励成本。Arya and Mittendorf（2005）认为业绩型股权激励可以用于筛选有能力的高管。当公司聘任新 CEO 后，更倾向授予业绩型股权激励，从而激励 CEO 为公司实现更高收益。由于公司价值和股权激励的行权可能性与 CEO 的能力有关，因此，只有具备较高能力的 CEO 才乐于接受风险较高的业绩型股权激励合约。Gerakos et al.（2007）通过对业绩型股权激励的激励效果研究，发现影响以业绩目标为基础的股权激励实施与否的主要因素为股价波动性和市账比，股价波动较小、市账比较低的公司更倾向使用业绩型股权激励。并且使用业绩型股权激励可以提高高管的风险承担能力，吸引并激励有能力高管，安抚机构投资者，降低公众对高管薪酬制定的负面情绪，但对公司价值的提升并不显著。Bettis et al.（2010）在 Gerakos et al.（2007）的研究基础上扩大样本量，对业绩型股权激励合约重新分析。发现业绩型股权激励的实施与新 CEO 任职和独立董事占比正相关，与过去股票收益率负相关。从而说明，实施业绩型股权激励可以吸引有能力的 CEO，同时只有公司治理环境较好且股价波动不明显的公司更倾向实施业绩型股权激励。并且通过对实施业绩型股权激励公司前后主营业务收入和股票收益进行对比分析后发现，业绩型股权激励可以提高公司价值，反对 Gerakos et al.（2007）的研究结论中认为业绩型股权激励只是对投资者的安抚。

通过已有研究可知，总体来说业绩型股权激励合约可更有效激励高管，筛选有能力高管，完成公司既定业绩目标。但同时，不同学者的研究结论仍有差异，其中的一个原因可能是业绩型股权激励合约的具体设置条款也会影响激励效果。因此，接下来更多学者对业绩型股权激励的具体条款设置进行研究。

2.2.1.2 业绩型股权激励合约设置影响因素研究

进一步深入研究，学者们开始关注影响业绩型股权激励合约设置条款的因素。早期 Murphy（1999）对 CEO 薪酬研究进行了系统回顾，其中在对美国 177 家公司 1996-1997 年股权激励计划中业绩目标设定类别进行分析时发现，多于一半的公司使用两个及两个以上的业绩考核指标，并且大约 91% 的企业会使用至少一个财务指标，包括营业收入、净利润、息税前利润、经济增加值或是每股收益、营业收入增长率等。同时，作者还发现制造业企业还会使用大量非财务指标，如客户满意度或公司战略目标（引入新的信息化系统、增加厂房数量、降低从生产到出售的时间等）。此外，作者还对业绩考核基准进行统计，发现 68% 的公司使用一个业绩考核基准，如预算数指标、前一年实际指标、同行业其他公司的指标等。基于此，本书认为对于业绩型股权激励业绩目标设定的研究也可分为两个方向,分别是业绩指标使用类别和业绩目标实现难易度。

从业绩指标使用类别角度,Gerakos et al.(2007)将业绩型股权激励的业绩指标分为三类:股票指标型、财务指标型和其他绩效指标型。其中,股票指标型是指股票价格或收益率作为业绩指标,财务指标型是指以每股收益作为业绩指标,而其他绩效指标型是指使用相对业绩指标或非财务指标。作者通过实证分析发现,股价波动性与是否使用股票型指标负相关,与其他绩效指标类型正相关;公司股权中养老基金占比份额与是否使用财务指型标正相关;并且在受管制的行业,公司更倾向使用财务型指标;同时,当新任CEO是从外部聘任,则更倾向使用股票型指标作为业绩考核指标;而CEO若从公司内部提拔,则倾向使用财务型指标作为业绩考核指标。Carter et al.(2009)通过对以股价、股利和市账比三类为基础的相对业绩指标研究发现,在实施业绩型股权激励时,是否使用相对业绩指标(Relative Performance Evaluation)作为业绩考核指标受到公司过去股利分配和业绩表现的影响,并且与过去公司风险承担能力正相关,与行业竞争度负相关,与高管薪酬负相关,并且与外部监督程度正相关。同时,使用相对业绩指标的公司,其业绩目标的实现相对较为容易,并且股权激励授予份额较大。

从业绩目标实现难易度角度,Bettis et al.(2010)研究发现业绩型股权激励的业绩目标设立均较为严格,即业绩目标实现有一定难度,并且行权或解锁成功率也低于传统型股权激励合约。同时文章以股价作为业绩型股权激励的主要业绩目标进行研究,发现公司规模较大、董事会规模较小、独立董事较多、业务多元化、有较高对外投资的公司其业绩目标设定更高。并且使用股价指标比使用财务指标作为业绩目标对公司价值提升更显著。Abernethy et al. (2015) 以 1997 至 2004 年的 220 家大型公司为样本，以每股收益作为业绩型股权激励的业绩目标衡量标准，分别检验了第一个行权期的每股收益、行权期内平均每股收益以及分别扣除预期每股收益后差额与 CEO 权力的关系，结果均显著负相关。从而发现 CEO 权力对公司业绩型股权激励合约设置有影响，CEO 权力越大所设置的股权激励业绩目标越不具有挑战性，并且这种行为不利于股东的价值提升；同时发现，CEO 权力与业绩型股权激励实施时间正相关，说明 CEO 权力越大越倾向于更早实施股权激励，因为 CEO 更容易控制行权期的行为，同时也可作为对监管机构和公众的回应。

2.2.1.3 国内研究文献回顾

自 2005 年底中国证监会颁布《上市公司股权激励管理办法（试行）》以来，国内相关研究也逐渐增多。一方面，有研究认为，中国上市公司股权激励计划无法有效激励高管，只是一种高管的福利计划。吕长江等（2009）通过对股权激励合约激励条件和激励有效期的判断，将股权激励方案分为福利型和激励型两类。激励型股权激励有更严格的业绩目标和更长的激励有效期，并且通过单变量分析发现，相较于福利型股权激励，激励型股权激励在草案公布时有更显著的正向市场反应。吴育辉和吴世农（2010）以 2006 年至 2008 年的股权激励事件作为研究样本，通过对包括指标数量、质量、性质和标准等股权激励绩效考核指标的统计分析，发现 87.8% 的股权激励使用 1—2 个考核指标；超过 80% 以上的公司使用会计利润指标（净利润增长率和净资产收益率占比最高）；90.24% 股权激励使用历史绩效考核指标，只有 7.32% 使用相对绩效指标。作者通过对包括净利润增长率和净资产收益率在内的会计考核指标数值大小的具体分析，认为相较于公司以往的财务状况，已实施的股权激励合约中所设定的业绩目标考核标准仍相对较低，明显反映出高管的自利行为。肖淑芳等（2013）以股权激励中股票期权作为研究样本，发现合约中设置的业绩目标以净利润增长率为主，并且认为显著偏低，使得股权激励计划缺乏激励性。同时考核基期的净利润增长率也显著偏低于历史业绩，即为了降低未来行权业绩达标的难度，高管会通过真实活动盈余管理方式对行权考核基期的业绩进行向下盈余管理。支晓强等（2014）研究认为公司为保证股权激励方案顺利通过，公司更倾向于模仿同行业或同地区其他公司的情况从而增强合法性。通过实证分析，作者认为在股权激励方案设计方面，包括股权激励份额、激励有效期和激励形式，公司会模仿同行业或同省份已采纳股权激励制度的上市公司的股权激励方案。刘志远和刘倩茹（2015）研究认为由于管理者从股权激励中获得的收益十分有限，因此管理者对行权期的股票期权价值预期越小，行权期对应的考核年度的业绩达标情况越差。以上研究认为，股权激励并没有对高管起到有效的激励作用，高管通过对合约设置的直接干扰或是盈余管理等方式，降低了业绩达标的难度，从而股权激励更倾向于是对高管的一种福利。

而另一方面，也有大量学者认为股权激励确实起到正向激励作用。谢德仁和陈运森（2010）通过计算股权激励计划草案公告后的累计超额收益率，发现市场对股权激励实施有显著正向的市场反应，说明市场潜在投资者认为股权激励可以为公司带来正向的财富效应，并且经过行业中位数调整后的股权激励业绩目标设定严格度与累计超额收益率显著正相关。但股权激励强度、股权激励有效期和股权激励对象的选取并未对累计超额收益率有显著影响。吕长江和张海平（2011）研究发现公司实施股权激励制度可以有效提高公司对外投资效率，既抑制过度投资又缓解投资不足问题，有助于提升公司整体价值。从而说明股权激励计划可有效缓解高管和股东之间的代理问题。宗文龙等（2013）发现实施股权激励确实可以降低高管变更的概率，但不管采用限制性股票或股票期权的激励方式，并未对高管变更概率有显著影响。卢闯等（2015）认为股权激励计划的实施可以有效提高高管风险承担能力，因此相较于未实施股权激励的公司，实施股权激励的公司未来投资规模显著提高。梁上坤（2016）发现高管股权激励强度可以显著降低公司费用黏性，同时股权激励的有效期会影响费用黏性降低效果，有效期长的股权激励具有更显著作用。刘井建等（2017）发现高管股权激励计划可降低公司超额现金持有，当使用股票期权进行激励并且有持续激励的公司表现出了更强效应。因此表明，股权激励可以抑制公司现金持有所引发的代理问题。肖曙光和杨洁（2018）发现高管股权激励计划可以显著促进企业产业升级。田轩和孟清扬（2018）通过使用倾向得分匹配和双重差分模型，从公司创新角度检验了股权激励的实际效果。文章发现，股权激励对公司创新投入和产出有显著的促进作用，并且当股价与行权或授予价差异越小时，股票期权能更显著激励高管进行公司创新投资。

通过以上文献回顾可知，国外对业绩型股权激励的研究较少，并且主要集中于与传统型股权激励的对比，而未深入对实施业绩型股权激励的前置影响因素以及后续激励效果开展详细讨论。而从国内已有文献的总结分析可知，当前对于股权激励的意义产生较大分歧，较早发表的文章主要认为股权激励是高管的新型自利手段，而近期发表的文章主要认为股权激励可以有效激励高管。产生此分歧的原因，可能是由于从 2006 年才开始有上市公司正式实施股权激励计划，而较早期文章所能获得的数据量并不多，同时实施股权激励的公司经验不足，因此会存在高管通过股权激励来获利的现象。随着时间推移，股权激励机制越来越完善，公司有更多可借鉴经验，从而股权激励的激励作用逐步显现。

2.2.2 董事会下属薪酬委员会文献回顾

有关中国上市公司董事会下属薪酬委员会的设定，在 2002 年 1 月由中国证券监督管理委员会和国家经济贸易委员会联合发布颁布的《上市公司治理准则》中已明确规定，上市公司董事会应设立薪酬委员会，在薪酬委员会中独立董事应占多数，并且由独立董事担任召集人。该委员会主要职责是制定和审查高级管理人员薪酬政策与方案，然后报董事会批准执行。中国证监会 2005 年 12 月颁布《上市公司股权激励管理办法（试行）》以及 2016 年 7 月颁布的《上市公司股权激励管理办法》（第 126 号令）均有明确要求，上市公司股权激励计划由董事会下设的薪酬委员会负责拟定。因此，薪酬委员会需要建立完善的股权激励合约制定规则，并且草拟后的股权激励计划需要提交董事会以及股东大会审议。另外，在证监会2007年12月颁布的《公开发行证券的公司信息披露内容与格式准则第2号＜年度报告的内容与格式＞》（2007年修订）中，进一步要求在财务报告中需要披露薪酬委员会的详细履职情况，并做汇总报告，其中应包括关于"公司股权激励计划实施过程中的授权是否合规、行权条件是否满足的核实意见"。从相关政策可知，中国上市公司董事会中薪酬委员会主要由独立董事构成，并且对高管股权激励初步制定、授权以及行权解锁流程是否合规承担主要责任。薪酬委员会作为董事会下属拥有较高独立性的部门，在股东授权下制定公司高管薪酬激励计划，对高管的业绩完成度进行监督与考核，并向董事会和股东大会披露与薪酬有关的重要信息。并且鉴于薪酬委员会独立性和专业性特点，其能够更好地履行决策和监督职能。然而，虽然已有研究关注到了薪酬委员会（Newman and Mozes，1999；Anderson and Bizjak，2003；Vafeas，2003；Laksmana，2008；Sun et al.，2009），但是总体来说远少于对董事会或审计委员会的研究（Klein，2002）。

2.2.2.1　董事会下属薪酬委员会理论基础

关于薪酬委员会的理论主要从两个角度出发，代理理论（Agency Theory）和资源依赖理论（Resource Dependence Theory）。基于代理理论，董事会以及下属薪酬委员会代表股东利益，其职责是独立并且持续地对管理者进行监督，以降低管理者的自利行为（Jensen and Meckling，1976）。因此，薪酬委员会主要由独立董事构成，重视董事的独立性、专业性以及全局性，以保护股东利益为中心，制定合理有效的管理者薪酬激励合约，不应过度激励管理者。同时薪酬委员会要着重考虑薪酬激励风险以及管理者道德风险。

将组织理论与社会学结合，Salancik and Pfeffer（1978）首先提出了资源依赖理论，该理论突出强调了董事会职能的发挥依赖于某些关键资源。资源依赖理论强调了董事会以及下属薪酬委员会的建立、生存和发展需要从外部环境中获取资源。董事可以为公司提供必要资源、信息，从而更好的做出决策（Hillman and Dalziel，2003；Pfeffer and Salancik，2003）。因此，薪酬委员会更重视董事的经验、专业性、个人资源等，从而制定公平的薪酬激励机制。

2.2.2.2 董事会下属薪酬委员会研究

已有研究主要集中于薪酬委员会特征对高管薪酬制定、信息披露等方面的影响。Newman and Mozes（1999）发现当内部董事任职薪酬委员会时，CEO可以获得超额薪酬，并且当高管所面临相同业绩目标时，内部董事在薪酬委员会占比越高的公司，CEO在未来可获得更多薪酬。然而，Anderson and Bizjak（2003）基于SEC颁布的关于薪酬委员会应全部由独立董事任职政策，研究薪酬委员会独立性是否能提高股东利益，发现薪酬委员会独立性与高管薪酬并无显著关系。并且CEO是否在薪酬委员会任职也不能显著提高高管薪酬。Vafeas（2003）基于这一政策对薪酬委员会与

CEO 薪酬关系进行研究，未发现两者间稳健的显著相关关系，因而无法确定 SEC 的政策是否有效。Conyon and He（2004）研究发现，当薪酬委员会董事持有本公司股份的比例大于 5%，则会显著降低 CEO 现金薪酬，而提高 CEO 权益薪酬。而当薪酬委员会现金薪酬较高时，显著提高了 CEO 的现金薪酬而降低权益薪酬。Laksmana（2008）主要研究了薪酬委员会特征对公司披露高管薪酬方案详细度的影响，即当以薪酬委员会代表的公司治理结构越好，则高管薪酬方案披露越详细。文章使用薪酬委员会人员任职连锁公司数量和参会次数衡量薪酬委员会的忙碌程度，而薪酬委员会规模用于衡量董事的资源投入，认为薪酬委员会投入的时间和资源与薪酬披露详细度显著正相关，并且认为当薪酬委员会独立性越强时（独立董事占比、CEO 是否在薪酬委员会），倾向于披露更多薪酬政策细节。研究发现，当 CEO 对董事的选聘过程影响较弱时，则薪酬政策披露的越详细、越透明。这是因为，当面临与管理者意见不合时，董事可以更加独立自主做出决策。此研究结果与以往研究结果保持一致，由独立董事主导的董事会比由管理者主导的董事会更能提高公司信息披露决策和程度（Chen and Jaggi，2000；Ajinkya et al.，2005；Karamanou and Vafeas，2005），同时指出董事过于繁忙，对公司投入的时间过少，以及薪酬委员会规模较小，会降低公司信息透明度。经常开董事会有利于董事之间对公司相关问题的充分讨论与理解，薪酬委员会人数较多有利于任务分担。Sun et al.（2009）检验公司未来业绩与 CEO 的股票期权关系是否会受到薪酬委员会质量的影响。薪酬委员会质量由六个变量组成，后任职于 CEO 的董事占比，服务董事会超过十年的董事占比，在其他公司兼任 CEO 的董事占比，持有公司股份比例，同时兼任三家以上董事的人数占比和薪酬委员会规模。研究发现，当薪酬委员会质量较高时，其更有能力设计和实施薪酬计划，从而对高管进行有效激励，降低 CEO 等高管的寻租行为，从而 CEO 股票期权与未来业绩的正向关系更显著。Bebchuk and Grinstein（2010）研究发现，薪酬委员会独立性越强，可以降低股票期权授予时的机会择时行为。Hermanson et al.（2012）基于对美国上市公司董事会下属薪酬委员会成员的实地访谈，对薪酬委员会权力和义务、日常工作流程、主要议题以及主要问题进行了梳理。通过访谈，作者发现"公平"和"平衡"是薪酬委员会的核心思想。一方面，由于管理者和股东之间存在代理问题，薪酬委员会需要公平对待两个群体；另一方面，薪酬委员会需要平衡管理者与股东间的利益。

国内研究中，关于薪酬委员会的研究也较少。谢德仁等（2012）基于经理人辩护假说发现，在国有企业中，当高管兼任薪酬委员会成员，则公司高管薪酬业绩敏感度更高。因此，高管兼任薪酬委员会成员的国有控股上市公司，其代理成本并未提高，反而降低。林乐等（2013）通过对私人控股上市公司研究发现，当实际控制人以董事身份兼任薪酬委员会成员时，则高管薪酬业绩敏感性更高，从而说明实际控制人在私人控股公司中对公司治理起到积极作用。

基于中国上市公司研究背景，目前对薪酬委员会的关注仍然较少，没有全面对薪酬委员会进行剖析，为本书研究提供了机会。因此，在实证部分，首先本书将探讨薪酬委员会特征将如何影响股权激励业绩目标设定。

2.2.3 高管薪酬与投资行为文献回顾

目前国内外已有较多文献探讨了高管薪酬与投资行为的关系，总体来说可以从三个方面对公司投资行为进行研究：第一是公司风险承担能力以及投资效率；第二是公司的创新投资行为；第三是通过管理费用等反映公司投资行为。

首先，大量国外文献研究高管薪酬对公司风险承担的影响，从而说明如何制定高管薪酬可以有效激励高管进行投资。Agrawal and Mandelker（1987）检验了持有限制性股票和股票期权的高管如何选择投资机会。研究发现，当公司对外公告的投资规模越大时，公司股价收益越高，即高管可通过权益型薪酬获得更高收益，从而说明限制性股票和股票期权可有效激励高管进行对外投资，提升股价，缓解股东与高管间的代理问题。接下来，一系列文章进一步探讨的股权激励对公司风险承担和投资效率的影响。Coles et al.（2006）研究发现当CEO薪酬与股价波动率敏感度较高时高管更倾向实施高风险投资决策，例如进行更多的创新研发投资，而减少固定资产投资，并提高资产负债率。Armstrong and Vashishtha（2012）发现，当高管股票期权与股价波动率和收益率敏感度较高时，公司的非系统性风险比系统性风险提升更高。出现这种情况是因为，公司非系统风险的增加可以由CEO通过交易市场投资组合来对冲，并且基于股价收益率的CEO薪酬并未显著提高公司系统性风险。从而作者认为，股票期权并不能有效激励CEO投资系统性风险更高的项目，而更愿意投资非系统性风险相对较高的项目，从而有效降低个人未来收益不确定性风险。Gormley et al.（2013）通过实证模型计算了公司的重大风险，并发现当重大风险提高时，高管薪酬与股价波动性与收益率的敏感性降低，进而高管会降低创新研发投资、降低资产负债率，但实施更过多元化并购。Heron and Lie（2016）研究发现，期权授予会增加高管的风险偏好，同时拥有股票期权的高管更加倾向于提高公司的非系统性风险，但是高管的行权可能性会随着标的股票回报高波动性而降低。

国内研究主要通过对公司投资效率的研究，来检验股权激励的有效性。吕长江和张海平（2011）研究发现，上市公司实施股权激励制度可以有效提高公司对外投资效率，既抑制过度投资又缓解投资不足问题，有助于提升公司整体价值，从而说明股权激励计划可有效缓解高管和股东之间的代理问题。陈效东等（2016）基于行权或解锁价格以及相关条件，首先将股权激励分为激励型和非激励型股权激励，并且发现只有使用激励型股权激励的公司，其非投率投资显著减低；相反，非效率股权激励的实施提升了公司的非效率投资。陈效东和周嘉南（2016）将非激励型股权激励进一步划分为赎买型动机和福利型动机股权激励，重点研究赎买型动机和福利型动机下的非激励型股权激励的效果。研究发现，实施赎买型股权激励的公司更倾向于外部并购，而实施福利型股权激励的公司则更倾向于内部投资。

其次，越来越多学者从高风险投资——创新投资角度，探讨了股权激励的有效性。田轩和孟清扬（2018）通过使用倾向得分匹配和双重差分模型，从公司创新角度检验了股权激励的实际效果。文章发现，股权激励对公司创新投入和产出有显著的促进作用，并且当股价与行权或授予价差异越小时，股票期权能更显著激励高管进行公司创新。李强等（2018）利用 Fama-MacBeth 截面回归发现，创新研发投资与股票预期收益率有正向相关关系，并且高管股权激励对创新研发投资与股票预期收益率的关系有显著的正向调节作用。宋迪等（2018）通过对高管股权激励合约中业绩目标设定的研究，发现当以净利润增长率和净资产收益率为主要代表的业绩目标设定相对较高，即高于实施股权激励公司所在行业前三年实际业绩指标均值的中位数时，可有效激励公司的创新投入和创新产出。并且，相比限制性股票，实施股票期权的公司可进一步提升股权激励业绩目标与公司创新行为的显著关系。

最后，有少量学者通过对管理费用等可以反映公司投资行为的费用，来探讨高管薪酬对投资行为的影响。Banker et al.（2011）以基于财务业绩为考核标准的高管股权激励为切入点，发现当投资项目未来可以产生较高收益时，股权激励强度越高可以激励高管提高相关项目的费用支出。而当投资项目并不能带来显著未来收益时，高管会降低相关资源的费用支出，从而当高管股权激励有业绩目标时，高管会倾向于降低无关费用支出。

从上述文献回顾可知，目前关于股权激励合约具体条款设置，尤其是业绩目标设定对投资行为影响的研究仍较薄弱，未全面深入讨论股权激励合约业绩目标设定与公司投资的关系，从而为本书提供了研究机会。在实证部分，本书将讨论股权激励业绩目标设定对公司投资效率、投资规模以及不同投资方式的影响，从而更细化股权激励与投资的研究。

2.2.4 高管薪酬与内部控制文献回顾

自 2008 年 5 月 22 日财政部联合证监会、审计署、银监会和保监会五部门发布《企业内部控制基本规范》以来,上市公司的内部控制越来越受到公司管理人员和监管部门的重视。在学术界,关于内部控制有效性影响因素的研究非常广泛。从公司治理特征的角度看,董事会的审计委员会中会计财务专家的数量和公司财务报告质量对内部控制质量有着显著的正向影响（Krishnan,2005；Goh,2009）,而重大缺陷的披露与较小的董事会规模以及更多的董事会会议次数之间也存在相关性（Zhang et al.,2007）；董事会综合能力越强,公司内部控制存在重大缺陷的可能性就越低（Hoitash et al.,2009）。当高管权力较大时,尤其是 CEO 权力较大,则可能会基于自身利益考虑,降低内部控制有效性从而实现会计信息操纵等行为（Feng et al.,2010）；并且,在两职合一情境下,即 CEO 同时兼任董事长,内部控制有效性会进一步下降,从而内部控制会失效,无法对公司会计信息质量的提升产生积极作用（刘启亮等,2013）。

进一步分析,以公司治理中高管薪酬角度作为切入点,逯东等（2014）基于国有上市公司样本发现,公司内部控制有效性的提升可以通过给予 CEO 适度的超额薪酬激励和股权激励来实现。Wang（2010）以 SOX 法案 404 强制披露条款为研究背景,发现相比于内部控制质量好的公司,在内部控制质量较低的公司,CFO 的薪酬也会更低,同时被动离职率更高。Hoitash et al.（2012）研究发现，当公司存在重大内部控制缺陷时，CFO 的薪酬显著较低，并且在公司治理水平较高以及财务报告错报成本较高的公司，两者关系更显著。Henry et al.（2011）以代理理论和高管权利理论为基础，将 CFO 薪酬分为两部分，一部分是正常薪酬，另一部分是超额薪酬。将 CFO 薪酬与公司特征变量，如公司规模、过去财务业绩等进行回归，可解释部分为正常薪酬，残差部分为超额薪酬。最终结果发现，正常薪酬与公司内部控制质量正相关，而超额薪酬与公司内部控制质量没有关系。表明正常薪酬代表 CFO 能力，其越高越有利于提升公司内部控制质量，而超额薪酬代表给予 CFO 的溢价部分，不能反映 CFO 能力，因此与内部控制质量无关。Kobelsky et al.（2013）考察了 CEO 和 CFO 业绩型薪酬与股价的敏感性对内部控制缺陷的影响，并发现两者有负相关关系。说明 CEO 和 CFO 为了实现个人薪酬最大化更注重短期绩效，从而存在粉饰报表、盈余操纵等行为，保证股价稳定上升，因而没有动力去提升内部控制质量。Balsam et al.（2014）认为，虽然公司较弱的内部控制质量为管理者提供了操纵公司盈余的机会，有利于管理者达到绩效考核要求并因此获益，但是管理者还要考虑当出现重大内部控制缺陷时所需要承担的巨大损失。文章通过对 CEO 和 CFO 的股权激励强度进行分析，发现股权激励强度与内部控制重大缺陷存在负相关关系，即当股权激励越强，CEO 和 CFO 越有动力提升公司内部控制质量。分别研究 CEO 激励和 CFO 激励强度后，发现 CFO 激励强度与内部控制缺陷的负向关系更显著，并且将重大缺陷分为公司层面和财务层面重大缺陷后，发现股权激励强度对公司层面的重大缺陷的负向影响更显著。因此文章证明，当公司出现内部控制重大缺陷时，管理者所遭受的损失较大，超出使用操纵盈余等手段而获得的收益，因此管理者更有动力提高内部控制质量，从而获得较高的权益收益。余海宗和吴艳玲（2015）研究发现，上市公司股权激励的实施可以提高内部控制有效性，并进一步研究股权激励强度和激励类型的影响，发现股权激励强度与内部控制有效性是正U型关系，即随着股权激励强度增加，内部控制有效性先提高后降低。另外，此关系在公司使用限制性股票时更显著。

通过以上文献回顾可知，当前已有大量文章验证了股权激励与内部控制质量的关系，但是当前研究主要以传统型股权激励方式为核心，仅停留于是否实施股权激励上，而对业绩型股权激励的研究则需要从具体合约设置上进一步细化。尤其是关于股权激励合约业绩目标设计的经济后果以及高管股权激励合约设计产生的激励效果是否会影响到公司内部制度的研究不足。因此，本书在实证部分还从内部控制质量来研究股权激励中业绩目标设定的激励有效性。

2.3 本章小结

本章首先介绍了本书所涉及的委托代理理论、最优契约理论、管理者权力理论和资源依赖理论，并分别从不同角度对影响管理者薪酬有效性的本质原因进行探讨；然后，本章又回顾了业绩型股权激励合约、董事会下属薪酬委员会、投资行为和内部控制等领域的研究，从理论和文献角度为股权激励合约中业绩目标设定的前置影响因素以及激励效果的研究奠定了基础。

第三章 制度背景与现状描述

3.1 制度背景

由于中国资本市场的特殊性，上市公司股份通常分为流通股和非流通股两种类型，前者为股东所持有的能够在证券交易所公开上市交易的股份，后者则为禁止在证券交易所公开上市交易的股份。流通股和非流通股的存在，导致中国上市公司长期存在股权分置的情况。然而，随着资本市场的不断完善，上市公司股权分置所引发的问题层出不穷，极大地阻碍了资本市场的良性发展和上市公司治理的有序进行。为解决由股权分置导致的问题，规范资本市场健康发展，制度政策层面开始探索实施系列措施。2004年1月31日，国务院发布《国务院关于推进资本市场改革开放和稳定发展的若干意见》，明确提出"积极稳妥解决股权分置问题"，针对资本市场上广泛存在的股权分置情况提出原则性的指导方向。在此基础上，2005年中国证监会进一步提出"股权分置改革"，其目标是要消除上市公司的股权分置现象，在具体的改革手段上，原持有非流通股股份的股东向原持有流通股股份的股东进行现金补偿或者股份补偿，从而让其所持有的非流通股股份获得流通权，能够在证券交易所公开上市交易，解决中国资本市场上市公司相关股东之间的利益平衡问题。制度政策层面的系列改革措施，使得股权分置改革逐渐受到二级市场的认可，中国资本市场也以上市公司股权分置改革为主要标志，开始步入快速发展时期。而资本市场的健康良性发展和上市公司治理的规范有序进行，为上市公司股权激励制度的实施奠定了基础。

2005年12月，中国证监会出台《上市公司股权激励管理办法（试行）》，首次提出了有关股权激励的制度要求，其目的在于建立健全上市公司激励与约束机制，完善上市公司治理结构。在具体的探索实施上，鼓励已完成股权分置改革的上市公司，根据证监会出台的管理办法实施股权激励计划。在股权激励计划实施的内容上，强调要明确激励对象的获授权益或行权条件，并且设置相应的业绩考核体系和考核办法，其中要以业绩考核指标为核心条件。在实施对象上，制度政策层面也进行了相应的探索。2006年9月，国务院国资委联合财政部颁布《国有控股上市公司（境内）实施股权激励试行办法》，进一步细化了国有上市公司的股权激励办法。该试行办法指出，国有企业实施股权激励的政策性更强、实施难度更大，不仅需要满足一般股权激励计划实施要求，同时要报批地方国资委或国务院国资委进行审核。历经十年的探索，2016年7月，中国证监会颁布了《上市公司股权激励管理办法》（第126号令），正式确定了上市公司的股权激励计划的相关规范。其中，要求股权激励业绩考核指标应包括公司业绩指标和受激励对象个人绩效指标，并且指出，在上市公司业绩指标设置上，可参考同行业可以公司的相关指标或公司历史业绩指标。

为持续推进股权激励计划在中国上市公司中的实施，中国证监会于 2018 年又陆续出台了 3 个股权激励有关事项备忘录。其中，《股权激励有关事项备忘录 1 号》提出公司设定的行权或解锁指标需要考虑公司的实际业绩情况，原则上实行股权激励后的业绩指标（如净利润增长率、加权平均净资产收益率、每股收益等）不低于历史水平，同时还鼓励公司设定市值指标或同行业比较指标。《股权激励有关事项备忘录 2 号》对公司股权激励采用的财务业绩指标进一步提出要求，"绩效考核指标如涉及会计利润，应采用按新会计准则计算、扣除非经常性损益后的净利润。"《股权激励有关事项备忘录 3 号》则规定，"上市公司股权激励计划在股票期权等待期或限制性股票锁定期内，各年度归属于上市公司股东的净利润及归属于上市公司股东的扣除非经常性损益的净利润均不得低于授予日前最近三个会计年度的平均水平且不得为负"。

2019 年 2 月，中国人民银行、国家外汇管理局联合发布了《关于印发＜境内上市公司外籍员工参与股权激励资金管理办法＞的通知》，对外籍员工参与股权激励办理相关跨境收支、资金划转及汇兑业务等事项进行了明确规定，解决了落实境内上市公司外籍员工股权激励的一大关键问题。2019 年 6 月，科创板正式开板，在科创板政策中，常用于人才激励的股权激励制度有了更大的突破与创新：扩大了激励对象的范围，持股人数突破 200 人的限制，激励价格操作更加灵活，扩展了股权激励的比例上限，允许企业带期权上市。

在逐步推进的过程中，中国上市公司股权激励制度日趋完善，业绩目标设定在股权激励制度中的重要性不断显现，同时业绩目标设定类别和标准也更加多元化，公司的自主性不断提高。基于此，本书以股权激励合约中业绩目标设定为研究重点。

3.2 现状描述

中国上市公司股权激励政策的演进历程以及陆续出台的各项监管政策，都反映出股权激励如火如荼的整体现状。本章基于 Wind 数据库的数据，对截止 2017 年 12 月 31 日前已公告股权激励实施草案的中国 A 股上市公司的基本情况进行统计。统计主要分为两部分，一部分对实施股权激励的上市公司特征进行统计分析，另一部分对股权激励合约的具体设置情况进行统计分析。

基于股权激励的整体实施情况，本章统计了中国上市公司成功实施股权激励的总体现状，即不包含未通过股东大会决议、暂停实施、终止实施的股权激励情况，如图 3-1 所示。截止 2017 年底，共计公告 1392 份股权激励草案，有 977 家公司成功实施股权激励计划，占总体 A 股上市公司的 29.78%。

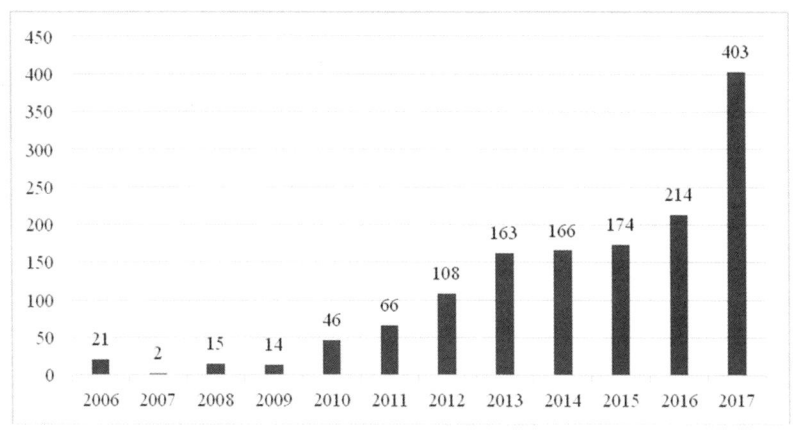

图 3-1　各年度股权激励草案公告数量

其中，有 922 个草案使用限制性股票模式，占总股权激励草案数量比例达到 66.24%；有 470 个草案使用股票期权模式，占总股权激励草案数量比例达 33.76%。不同于国外公司主要使用股票期权作为激励模式（Johnson and Tian，2000；Camara，2001；Arya and Mittendorf，2005），限制性股票成为上市公司实施股权激励的首选模式。一方面，限制性股票的授予价格可设定为股权激励草案公告前一段期间价格的 50%，未来收益空间大，降低了相较于股票期权授予价格与行权价格"股价倒挂"，导致无法行权的风险。另一方面，限制性股票需要先出资购买股票，因此受激励对象需要承担初始成本，受激励对象会更努力工作，并增加其愿意留在公司的意愿。

总体股权激励草案中，国有上市公司公告的草案数量 92 个，占总样本比例为 6.61%。国有企业股权激励实施严重滞后，主要受限于国有企业股权的特殊性质，同时股权激励计划的审批流程也更加繁琐，需要国务院国资委或地方国资委的审核，以防止国有资产流失。而当前随着混合所有制改革的不断深入，国有企业有望在未来逐步提高实施股权激励计划的比例。

接下来，本章进一步对实施股权激励公司的所在板块、行业、地区等特征进行统计分析。从图 3-2 可知，实施股权激励的公司主要以创业板和中小板为主，占比共计 71%，说明股权激励更受规模较小、成长性好，但现金并不十分充足的中小高科技企业青睐。从图 3-3 的统计结果也可知，所有实施股权激励的公司中，上市年龄小于五年的公司占比 62%，进一步表明实施股权激励的公司以年轻成长型公司为主。这类公司成长性高，但当前利润和现金持有可能不令人满意。为了留住有能力的高管，股权激励是较为合适的薪酬激励方式。股权激励合约一方面激励高管努力工作从而提升公司股价,另一方面股价上涨直接提高了受激励高管的个人收益,将公司价值与高管利益直接联系起来。

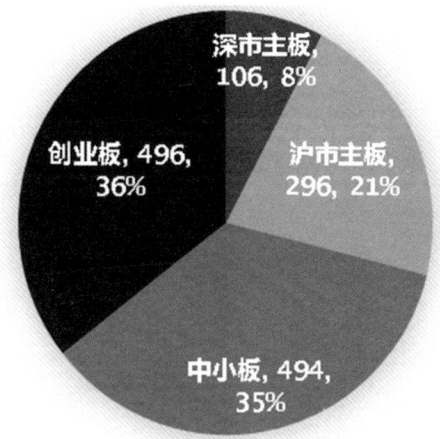

图 3-2 各板块股权激励草案公告数量

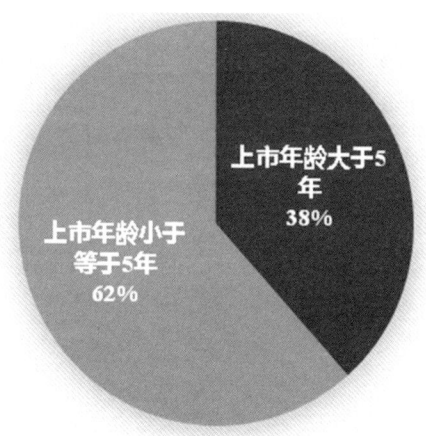

图 3-3 各上市年龄股权激励草案公告数量图

图 3-4 对实施股权激励的公司分区域进行了统计,处于经济较为发达的地区,广东省、北京市、浙江省、江苏省和上海市实施股权激励的公司较多。图 3-5 对实施股权激励的公司分行业进行了统计,属于制造业和信息传输、软件和信息技术服务业的公司最多。其中,制造业公司占比 67.03%,信息传输、软件和信息技术服务业公司占比 15.88%。在整体 A 股上市公司中,属于制造业行业的公司占比 63.64%,属于信息传输、软件和信息技术服务业的公司占比 6.74%。因此可知,信息传输、软件和信息技术服务业公司更倾向于使用股权激励方式来激励高管,同时也与前两个统计图表数据相符合,即属于高成长性的信息技术和创新行业公司更多使用股权激励。

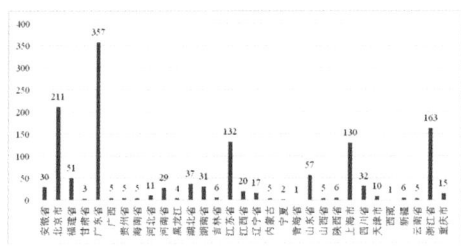

图 3-4 各省份股权激励草案公告数量

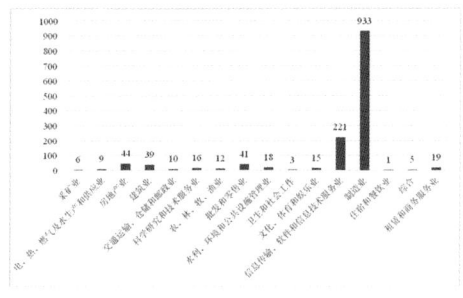

图 3-5 各行业股权激励草案公告数量

最后,本章对股权激励合约的具体构成进行描述性统计分析,结果如表 3-1 所示。由于股权激励管理办法要求总股权激励份额不得超过公司总股份的 10%，因此股权激励股份占总股份比例小于 10%。同时，股权激励主要激励对象为公司高层管理者、中层管理者以及核心员工。总体来看，中层管理者和核心员工的股权激励份额通常大于高层管理者，主要是由于中层管理者和核心员工受激励人数较多。接下来，分别对 CEO 和 CFO 作为受激励对象的股份数额进行统计。CEO 作为受激励对象的样本明显少于 CFO 作为激励对象的样本。但 CEO 受激励份额明显较高。激励有效期以 4 年有效期居多，股权激励管理办法也要求股权激励有效期不得超过十年。激励有效期较短，容易造成激励对象为了可以成功行权或解锁而实施短视行为，从而导致对公司长期发展不利。但是有效期过长，由于经济环境、业务模式等可能发生波动，业绩目标又难以匹配未来公司发展，行权或解锁的不确定性加大，从而使得以 4 到 5 年为主的中长激励期更受青睐。

表 3-1 股权激励合约具体条款描述性统计

变量	最小值	25 分位	中位数	75 分位	最大值	平均值	标准差
激励总股份（万份/万股）	5.000	315.100	674.100	1454.000	44838.000	1421.000	2800.000
激励股份占总股份比例	0.000	0.011	0.020	0.031	0.100	0.024	0.018
高管激励比例	0.000	0.058	0.151	0.296	1.000	0.211	0.213
中层管理者、核心员工激励比例	0.000	0.616	0.761	0.870	1.000	0.711	0.226
CEO 激励比例	0.000	0.000	0.000	0.039	0.802	0.031	0.067
CFO 激励比例	0.000	0.000	0.017	0.037	0.170	0.028	0.053
激励有效期	2.000	4.000	4.000	5.000	10.000	4.387	0.857

进一步对股权激励业绩目标的设置情况进行初步统计,结果如表3-2所示。通过对股权激励草案公告中业绩目标数据的手工整理,本书发现业绩目标设定以财务目标为主,其中净利润增长率和净资产收益率使用频率最高,使用净利润增长率指标的草案有1322个,占总样本比例为94.97%;使用净资产收益率指标的草案有734个,占总样本比例为52.73%。另外,使用营业收入增长率指标的草案有243个,占总样本比例为19.46%,还有使用每股收益、每股收益增长率、市值增长率、EVA等指标,占比均不足5%。因此,本书以净利润增长率和净资产收益率为主要研究对象。由于实施股权激励的公司会分年度设置多个行权或解锁考核期,每个考核期均有业绩目标。因此,为了方便统计,本书统计了以下几个指标:FNIP为股权激励第一期净利润增长率指标,ANIP为股权激励设定的行权期或解锁期内净利润复合增长率。FROE为股权激励第一期净资产收益率指标,AROE为股权激励公司设定的行权期或解锁期内加权平均净资产收益率。从表3-2的统计结果可知,FNIP和ANIP的均值分别为63.2%和96.8%,中位数分别为20%和48.3%。FROE和AROE的均值分别为10%和10.8%,中位数均为10%。相比于吴育辉和吴世农(2010)、肖淑芳等(2013)文章中对两指标的统计,本书统计的数值相对较高,说明随着时间推移,更多公司开始使用股权激励合约,股权激励业绩目标设定也趋于严格。若想成功实现行权或解锁股票,受激励对象需要完成一个相对较高的业绩目标。

表 3-2 股权激励合约业绩目标设定描述性统计

变量	最小值	25分位	中位数	75分位	最大值	平均值	标准差
FNIP	0.050	0.100	0.200	0.500	12.020	0.632	1.628
ANIP	0.073	0.245	0.483	0.897	14.330	0.968	1.962
FROE	0.007	0.075	0.100	0.120	0.200	0.100	0.039
AROE	0.013	0.080	0.100	0.122	0.240	0.108	0.044

通过对实施股权激励上市公司特征和股权激励合约具体设置情况进行统计分析可知，新上市、高成长性、创新型的公司更倾向使用股权激励、对高管和核心员工进行激励；股权激励合约以中长期激励为主，重视公司的长远发展。同时也净利润增长率为核心业绩考核指标，也突出了实施股权激励的公司更重视自身发展。通过对股权激励现状的初步统计，可知股权激励的核心目的是激励高管为提升公司价值而努力。接下来，本书将以此为出发点通过实证研究进一步探究股权激励是否真正实现了其核心目的。

3.3 本章小结

本章介绍了上市公司股权激励的制度背景和当前现状，在制度背景上梳理了有关股权激励的演进历程以及监管部门出台的法规政策。在现状描述中，从上市板块、公司年龄、行业特征、地区特征等方面对股权激励实施公司进行初步统计，同时对股权激励合约的条款设置，包括激励份额、激励有效期、业绩目标设定等方面进行详细统计。

第四章　薪酬委员会特征对股权激励合约中业绩目标设定的影响

4.1　引言

第三章通过对中国股权激励计划实施现状的描述性统计可知，越来越多的上市公司开始使用股权激励计划作为激励和约束高管的薪酬机制。截止 2017 年底，上市公司共计公告 1392 份股权激励草案，有 977 家公司成功实施了股权激励计划，占总体 A 股上市公司数量的 29.78%。不同于国外上市公司，中国 A 股上市公司实施的股权激励合约设置面临着政策约束。根据 2005 年颁布的《上市公司股权激励管理办法（试行）》、2008 年陆续推出了 3 个股权激励有关事项备忘录以及 2016 年颁布的《上市公司股权激励管理办法》，股权激励合约中需要对激励对象的范围、拟授出的权益数量以及业绩考核目标等方面进行详细的说明。这意味着，中国上市公司实施的股权激励属于业绩型股权激励，股权激励考核期间内公司必须达到预定业绩目标，高管才有资格行权股票期权或解锁限制性股票。而且，通过第三章的描述性统计可知，当前已实施股权激励的公司设定的行权或解锁条件以财务业绩目标为主，如净利润增长率、加权平均净资产收益率。因此，财务业绩目标是上市公司股权激励合约的重要约束条款，是反映股权激励有效性的重要指标。从而如何制定出合理有效的业绩目标，即哪些因素影响股权激励合约中业绩目标设定也就成为本书首要的研究问题。

当前已有关于影响股权激励合约制定因素的研究，主要分为经济影响因素和制度影响因素两个方面。从经济影响因素角度，公司股价波动性（Gerakos et al., 2007）、股票收益率（Bettis et al., 2010）、CEO权力（Abernethy et al., 2015）、是否聘请新CEO（Arya and Mittendorf, 2005）、独立董事占比（Bettis et al., 2010）对股权激励合约设置有显著影响。另外，从制度影响因素角度，由于中国上市公司存在着薪酬管制，公司为保证股权激励方案顺利通过，会模仿其他公司的股权激励合约设置以增强合法性（支晓强等，2014）。当前关于股权激励合约的具体条款设置研究，仍停留在对是否实施股权激励、股权激励类型、激励份额等一般条款的关注，而对于影响中国A股上市公司股权激励合约中业绩目标设定的因素仍未有研究。吕长江等（2009）和吴育辉和吴世农（2010）通过对上市公司股权激励合约业绩目标设定的统计分析，发现财务业绩目标的设定并未显著高于公司以往年度已实现的财务业绩，认为业绩考核指标较为宽松，股权激励绩效考核指标体系存在明显的高管自利行为；宽松的业绩目标不仅无法对高管起到有效激励作用，反而会使得股权激励成为高管个人福利，损害了股东利益。因此，有效的股权激励合约需要设定较为严格的业绩考核目标。但是鉴于吕长江等（2009）和吴育辉和吴世农（2010）的样本集中在2005年到2008年间，属于股权激励制度实施早期，有效样本量仅几十个，研究结果受到许多不成熟因素影响，并不能有效反映当前股权激励合约设置现状。因此，本书在拓展研究期间以及研究样本的基础上，将深化对股权激励合约中业绩目标设定的研究。如何制定出严格有效的业绩目标，进而有效激励高管努力工作是本章重点关注的问题。

另一方面，2005年颁布的《上市公司股权激励管理办法（试行）》和2016年颁布的《上市公司股权激励管理办法》中均明确规定"上市公司董事会下设的薪酬与考核委员会负责拟订股权激励计划草案"。因此有理由认为，董事会下属薪酬委员会对股权激励合约中业绩目标设定有直接影响。然而，目前关于薪酬委员会的研究仍较少，主要从薪酬委员会的人员构成，如独立董事占比、CEO是否在薪酬委员会任职等以及专业背景，如拥有财务背景董事的占比等探讨薪酬委员会的对CEO薪酬制定（Newman and Mozes，1999；Anderson and Bizjak，2003；Vafeas，2003；Conyon and He，2004；谢德仁等，2012）、高管权益薪酬制定（Bebchuk and Grinstein，2010；Sun et al.，2009）、高管薪酬披露政策（Laksmana，2008）以及高管业绩薪酬敏感度（林乐等，2013）等方面的影响。然而，基于中国A股上市公司背景，关于薪酬委员会对股权激励的影响，尤其是业绩型股权激励合约中业绩目标设定的研究仍鲜有关注。因此，本章将从薪酬委员会特征角度探讨其如何影响股权激励合约中业绩目标设定的严格度。

代理理论和资源依赖理论是当前学术界研究薪酬委员会特征的主要理论依据（Hermanson et al.，2012）。基于代理理论，薪酬委员会的职责是持续并独立地代表股东监督高管,保证高管为股东利益最大化而努力,因此薪酬委员会需具备独立发表意见的能力。基于资源依赖理论,薪酬委员会需要拥有专业能力和资源,以保证做出正确有效的决策。本章结合已有文献研究(Newman and Mozes,1999;Anderson and Bizjak,2003;Vafeas,2003;Conyon and He,2004;Laksmana,2008;Sun et al.,2009;Bebchuk and Grinstein,2010;谢德仁等,2012),使用薪酬委员会独立性和财务专业性来分别反映代理理论和资源依赖理论的观点,从这两方面研究对股权激励合约中业绩目标设定严格度的影响。本章基于2006年至2017年已成功实施股权激励计划的上市公司为样本,综合以往有关董事会及其下属委员会的研究,分别使用薪酬委员会中独立董事占比和财务背景董事占比代表薪酬委员会的独立性和专业性。通过实证分析发现,薪酬委员会中独立董事占比越高,具有财务背景的董事人员占比越高,可以显著提高股权激励合约中业绩目标设定严格度。从而,当薪酬委员会独立性较高并具备丰富财务专业能力,股权激励中业绩目标设定更严格,可更有效激励高管努力工作。另外,根据 Badolato et al.(2014)对审计委员会的研究,审计委员会不仅需要具备专业财务能力,同时需要拥有较高的社会地位。社会地位是能力和权威的象征,使审计委员会成员在制定决策时有更强话语权。因此,具备专业财务能力同时有较高社会地位的审计委员会可降低公司盈余管理和错报行为。同理,本章使用连锁董事人数占薪酬委员会总人数比例来反映薪酬委员会社会地位,研究发现,当薪酬委员会社会地位较高时,可进一步提升独立性和财务专业性与股权激励业绩目标严格度的正相关关系。较高的社会地位使薪酬委员会在制定股权激励合约时更具话语权和权威，不受高管层权力制约，使业绩目标更严格，激励更有效。

进一步研究，首先，虽然社会地位提高薪酬委员会的权威能力，但连锁董事占比较高也会使薪酬委员会中董事更加忙碌，没有充裕时间关注一家公司的具体事务（Beasley，1996；Core et al.，1999；Fich and Shivdasani，2006）。从而，本章基于薪酬委员会中独立董事实际参会次数占应参会次数的比例均值进行分组研究，发现只有当独立董事实际参会比例较高时，即有充裕时间参与到公司事务决策，独立性、财务专业性以及社会地位与业绩目标间的关系才显著为正。其次，从股权激励合约本身考察，股权激励合约设定的行权或解锁价格和高管受激励份额是影响高管总收益的重要指标，本章基于高管股权激励强度进行分组回归，当高管股权激励强度较高时，薪酬委员会独立性、财务专业性以及社会地位与业绩目标间的关系才显著为正，说明虽然高管会面临较高业绩压力，同时也会获得较高潜在收益。最后，公司的经营能力和未来发展较高时会吸引机构投资者的投资，并且机构投资者可有效提升公司内部治理水平、信息披露质量等，对公司进行有效监督。本章基于机构投资者持股比例进行分组回归，发现当机构投资者持股比例较高时，公司薪酬委员会独立性、财务专业性以及社会地位与业绩目标间的关系才显著为正，说明机构投资者的有效监督可提升薪酬委员会制定股权激励业绩目标的严格度。最终通过固定效应模型、更替主检验变量、竞争性解释检验、工具变量等稳健性和内生性检验，回归结果与假设检验一致，支持本章研究结论。

4.2 理论分析与研究假设

通过第二章文献回顾可知，目前鲜有文献关注董事会中薪酬委员会所发挥的机制作用，而股权激励计划的实施为薪酬委员会研究提供了良好契机。上市公司股权激励合约由薪酬委员会直接制定，薪酬委员会特征将影响股权激励合约中各条款的设置，从代理理论和资源依赖理论出发，本章将考察薪酬委员会独立性和专业性对股权激励合约中业绩目标设定严格度的影响。

首先，根据中国证监会的规定，上市公司薪酬委员会主要由独立董事构成，目的是为重视董事的专业性和全局性，以保护股东利益为中心，制定合理有效的高管薪酬激励合约，那么董事会及其下属薪酬委员会的独立性是影响其职责是否有效履行的关键。Laksmana（2008）认为薪酬委员会需要有独立能力来做出决策，不受高管层影响。当薪酬委员会中独立董事占比较高时，高管薪酬政策披露的越详细，越透明。Sun et al.（2009）通过使用薪酬委员会中后任职于CEO的独立董事人数占比来衡量薪酬委员会独立性。研究发现，当薪酬委员会独立性较高时，其更有能力设计和实施薪酬计划，对高管进行有效激励，降低CEO等高管的寻租行为，CEO股票期权与未来业绩的正向关系更显著。Bebchuk and Grinstein（2010）研究发现，薪酬委员会独立性越强，可以降低股票期权授予时的机会择时行为。

基于以上文献研究结论可总结出，薪酬委员会的独立性是影响股权激励合约中业绩目标设定的关键因素。本章以薪酬委员会中独立董事人数比例来衡量独立性。一方面，独立董事比例较高的薪酬委员会可以进行独立决策，降低高管层对其行为的影响。Bruynseels and Cardinaels（2014）的研究发现当审计委员会成员和CEO之间存在亲密关联时，则会降低审计委员会的监督能力。同理，由于CEO有较大权力和影响力，并且代表高管层利益，当薪酬委员会独立董事占比较低时，非独立董事成员会受到CEO的影响，会丧失薪酬委员会应有的独立性，进而降低股权激励合约中业绩目标设定的严格度，不利于对高管进行有效激励。另一方面，在中国上市公司中，独立董事以保护股东利益尤其是中小股东利益为核心责任，因此在独立董事人数比例较高的薪酬委员会将通过薪酬合约的设置有效约束并激励高管，避免薪酬合约成为高管个人福利，损害股东利益，进而在设定股权激励合约中业绩目标时会更加严格。基于以上分析提出假设：

假设1-1：给定其他因素，薪酬委员会独立性与股权激励业绩目标严格度正相关。

其次，基于资源依赖理论（Hillman and Dalziel 2003；Pfeffer and Salancik 2003），董事会以及薪酬委员会的建立、生存和发展需要从外部环境中获取资源。董事可以为公司提供必要资源、信息，以便更好做出决策。因此薪酬委员会需要重视董事成员的经验，才能制定公平合理的薪酬激励机制，其中专业能力是提供丰富资源的重要渠道。已有关于审计委员会的研究对委员会专业性进行了探讨，Krishnan（2005）研究发现有财务背景的审计委员会成员占比较高可有效提高内部控制质量。萨班斯法案强调了审计委员会财务背景专业性对财务报告质量的重要性，具有财务专业背景的董事可以根据以往经验为公司提供专业的内部控制设计意见和建议，以保证内控流程的合理有效。Badolato et al.（2014）发现审计委员会财务背景专业性较高可有效降低公司盈余管理行为，具有财务背景的董事可有效影响公司中与财务会计有关的行为。Cohen et al.（2014）发现，当审计委员会中既包括财务背景成员又包括行业专业背景成员时，审计委员会对财务报告流程监督更有效。

　　类比审计委员会，薪酬委员会需要具备专业的财务知识才能制定合理有效的股权激励合约。一方面，股权激励合约中的业绩目标主要由财务业绩指标构成，包括净利润增长率、净资产收益率等。具有丰富财务经验的薪酬委员会成员对财务指标类型的选取、数据的计量以及未来实现情况的估值更加合理。因此，在设定业绩目标时，基于公司以往的业绩情况，薪酬委员会可更准确更有效地设定具体财务考核指标，对公司未来收益以及指标实现程度有更准确地把握，从而保证对高管激励进行有效激励。另一方面，由于薪酬委员会中以独立董事为主，独立董事有较高话语权，而独立董事并不参与公司实际运营，因此独立董事需要具备丰富的财务经验才能在有限时间和信息资源内制定出合理有效的财务业绩指标。因此，本章认为当薪酬委员会中财务背景人员的占比较高时，可有效制定具有严格业绩目标的股权激励合约。基于以上分析提出假设：

　　假设1-2：给定其他因素，薪酬委员会财务专业性与股权激励业绩目标严格度正相关。

最后，关于董事社会地位的研究发现，虽然董事的独立性和财务专业能力可以通过提供专业独立的财务信息来提升财务报表质量，但并不足以制止公司违规行为。董事会威慑作用是在与高管层互动过程中形成的，而这种威慑作用取决于董事会的社会地位（Pollock et al.，2010）。根据 Badolato et al.（2014）对审计委员会的研究发现，审计委员会不仅需要具备专业财务能力，同时需要拥有较高的社会地位才能有效降低公司盈余操纵行为。社会地位是能力和权威的象征，使审计委员会成员在制定决策时有更强话语权。同时，审计委员会具备较高社会地位会积极主动行使监督权力并可获取公司全面信息。

本章借鉴 Badolato et al.（2014）的研究方法，使用薪酬委员会中连锁董事人数占比来衡量薪酬委员会社会地位，作为交互项。连锁董事是指在两家或以上公司同时任职董事。一方面，当薪酬委员会社会地位较高时，其在公司的威慑力和权威性更高，在制定股权激励合约时有更强话语权，可准确有效表达个人想法，避免受制于 CEO 或其他高管。另一方面，社会地位较高的薪酬委员会也反映其较高的社会声誉（Fama and Jensen，1983）。为了保证个人声誉不受损害，薪酬委员会董事成员会更加专注认真地对待公司各项事务，保证高管薪酬合约制定的严谨性。因此，只有当薪酬委员会社会地位较高时，具有较高话语权和权威性，其独立性和财务专业能力才可在制定股权激励决策时更好地发挥出来。基于以上分析提出假设：

假设 1-3：给定其他因素，薪酬委员会社会地位较高可进一步提升独立性、财务专业性与股权激励业绩目标严格度的正相关关系。

4.3 样本选择、模型构建与变量定义

4.3.1 样本选择

本章选择 2006 年 –2017 年期间的沪深两市 A 股已成功实施股权激励计划的上市公司作为研究样本。基于第三章的现状分析可知，当前成功实施股权激励计划的总样本 1392 个。作者手工收集了股权激励合约中业绩目标设定、股权激励方式以及公司高管获得的激励份额等信息。以上述收集整理数据为基础，作者根据实证研究常见的筛选原则，对样本予以筛选：（1）剔除金融业的上市公司；（2）剔除薪酬委员会成员信息缺失样本；（3）剔除停止实施股权激励的上市公司，包括未通过股东大会决议、停止实施和延期实施；（4）剔除相关信息或财务数据缺失的样本。

经过上述筛选，本章获得了 1322 个股权激励实施样本。最后，在回归分析中，剔除了国有上市公司样本 88 个，最终回归样本为 1234 个。本章对于上市公司股权激励计划的研究主要关注民营上市公司，因为国有上市公司实施股权激励计划受到更多政策性影响，从而更多呈现的是国企改革的象征意义（Chen et al., 2013）。同理，刘志远和刘倩茹（2015）研究中关于上市公司股权激励计划样本的筛选，剔除国有上市公司样本。在后续回归分析中，为了降低数据极端值的影响，本章对连续变量进行上下各 1% 水平的 winsorize 处理。

4.3.2 模型构建

基于本章基础假设，首先检验薪酬委员会特征对股权激励合

约中业绩目标设定的影响。为此，作者构造回归方程（1-1）以检验假设1-1和1-2，构造方程（1-2）以检验假设1-3，具体方程如下：

$$Hurdles_{t+1} = \alpha + \beta_1 cc_t + \sum \beta_i Controls_t + Year + Industry + \varepsilon \quad (1-1)$$

$$Hurdles_{t+1} = \alpha + \beta_1 cc_t + \beta_2 cc_t * Social_t + \beta_3 Social_t + \sum \beta_i Controls_t + Year + Industry + \varepsilon \quad (1-2)$$

回归方程（1-1）和（1-2）中，$Hurdle_{t+1}$为第t+1期实施的股权激励合约中设定的业绩目标。如第三章样本描述性统计所述，股权激励合约中的业绩目标主要采用净利润增长率指标和净资产收益率指标两类财务指标，且两部分样本不完全重合，因此在接下来的检验中，作者分别对净利润增长率（$ANIPDI_{t+1}$）和净资产收益率（$AROEDI_{t+1}$）进行检验。CC_t代表第t期公司薪酬委员会特征，包括薪酬委员会独立性（IND_t）和薪酬委员会财务专业性（FIN_t）。方程（1-2）中$Social_t$代表第t期公司薪酬委员会社会地位。在研究中还需要控制住其他影响公司股权激励业绩目标设定的因素，综合以往研究，以公司规模、资产负债率、公司成长性、第一大股东持股比例、高管薪酬和高管持股比例等变量等作为控制变量，具体变量介绍在变量定义表中列示。在方程（1-1）和（1-2）中以Controls概括。另外，方程（1-1）和（1-2）中Year和Industry分别为年度和行业虚拟变量。

同时，本章使用第t期薪酬委员会特征对第t+1期股权激励业绩目标设定的影响，为缓解互为因果所引发的内生性问题，即薪酬委员会的成员可能是为了股权激励业绩特定设计而选聘的问题，本章在控制变量中控制了薪酬委员会规模特征。

4.3.3 变量定义

（1）股权激励合约的业绩目标。基于第三章对股权激励合约中业绩目标设定情况的统计，本书主要关注了两个最具有代表性的业绩目标，分别是净利润增长率和净资产收益率。另外，股权激励合约有效期以四到五年为主，在设置业绩目标时一般会涉及三年或以上业绩考核期，同时每个业绩考核期的业绩目标数值是逐年递增。因此，本书使用业绩考核期内净利润复合增长率以及加权平均净资产收益率，来反映股权激励合约中业绩目标设定的增长趋势。同时根据股权激励相关政策制度，净利润增长率和净资产收益率均为扣除了非经常性损益后的指标。

并且，由于不同行业、不同板块以及不同时期所处的行业发展状况、公司成长前景等有较大差异，上市公司薪酬委员会在设定股权激励合约的业绩目标时也会存在差异。例如，处于不同行业或板块的两家公司虽然设置了相近的业绩目标但传递的信息可能有较大差异。因此，为加强实施股权激励公司之间的可比性，本书对业绩目标进行调整，扣除股权激励公司实施前一年的同行业、同板块（主板、中小板和创业板）实际业绩均值，从而得到的业绩目标是相较于历史基准的相对目标值。在后续的稳健性测试中，本书还会使用实施股权激励计划公司过去三年实际均值对股权激励合约中的业绩目标进行调整。

（2）薪酬委员会特征。本章基于代理理论和资源依赖理论，分别从薪酬委员会的独立性和财务专业性两个角度考察薪酬委员会特征对上市公司股权激励合约中业绩目标设定的影响。薪酬委员会独立性使用薪酬委员会中独立董事人数占比来衡量（Sun et al., 2009; Bebchuk and Grinstein, 2010），独立董事占比越高说明薪酬委员会独立性更强。薪酬委员会专业性用薪酬委员会中具有财务和金融背景的董事人数占薪酬委员会成员总人数来衡量（Krishnan, 2005; Badolato et al., 2014; Cohen et al., 2014）。基于姜付秀等（2016）研究，财务背景不仅包括财务或会计从业经历，还应包括基金、证券、投资等金融行业从业经历。因此基于董事个人简历，作者统计了薪酬委员会中每位董事的财务和金融从业经历。最后，本章使用薪酬委员会中连锁董事比例来衡量薪酬委员会社会地位，当公司薪酬委员会中连锁董事比例高于行业中位数，则说明薪酬委员会的社会地位较高，否则社会地位较低。

（3）控制变量。现有文献表明，股权激励的实施以及合约的设置会受到公司特征的影响，包括公司规模、负债情况、公司盈亏状态、公司治理特征等方面（Krishnan, 2005; DeFond et al., 1994）。因此，综合已有研究，本书以公司规模、资产负债率、公司成长性、公司业绩波动率、第一大股东持股比例、公司年龄、独立董事占比、高管薪酬和高管持股比例等作为控制变量，以控制住影响股权激励公司合约设计的其他因素。同时，参照 Feng et al.（2011）的研究，在控制变量中加入应计盈余管理指标（DA_t）和真实盈余管理指标（RM_t），控制住因盈余管理对业绩目标设定所产生的影响（肖淑芳等，2013）。变量的具体定义描述见变量定义表。

4.4 实证检验分析

4.4.1 描述性统计和相关性分析

从表 4-1 描述性统计可知净利润增长率指标（$ANIPDI_{t+1}$）和净资产收益率指标（$AROEDI_{t+1}$）的均值分别为 0.8580 和 0.0028，中位数分别为 0.4090 和 0.0000，说明实施股权激励公司所设置的未来业绩目标略高于当前同行业、同板块业绩的实际均值，表明股权激励合约中业绩目标设定普遍较严格。其他变量的描述性统计结果也未见异常。

通过表 4-2 的相关性分析可知，股权激励业绩目标与薪酬委员会独立性和专业性均有显著正相关性，初步证实本章假设。同时其他控制变量间不存在多重共线性。

表 4-1 描述性统计

变量	最小值	平均值	中位数	最大值	标准差
$ANIPDI_{t+1}$	-14.4800	0.8580	0.4090	25.1900	4.5280
$AROEDI_{t+1}$	-0.2200	0.0028	0.0000	0.2230	0.0755
IND_t	0.0000	0.6460	0.6670	1.0000	0.1080
FIN_t	0.0000	0.4650	0.4710	1.0000	0.2500
$Social_t$	0.0000	0.4820	0.0000	1.0000	0.4998
$Size_t$	18.9500	21.5300	21.3600	25.7200	1.0870
Lev_t	0.0495	0.3330	0.3110	0.9480	0.1910
$Growth_t$	-0.6380	0.2220	0.1790	2.2350	0.3240
Dev_t	15.4700	19.1400	19.3100	23.4900	1.3340
$Top1_t$	0.0854	0.3400	0.3180	0.7490	0.1460
$TMTstock_t$	0.0000	0.2770	0.2830	0.6790	0.2320

续表

变量	最小值	平均值	中位数	最大值	标准差
$TMTpay_t$	11.7600	14.2300	14.2000	16.0000	0.6690
$Independent_t$	0.3000	0.3800	0.3640	0.5710	0.0579
Age_t	2.1930	3.0950	3.1880	3.9450	0.4620
DA_t	−0.3480	0.0086	−0.0045	0.4150	0.1400
RM_t	−0.9000	−0.0183	0.0379	0.8910	0.2940
$CCboard_t$	2.0000	3.6650	3.6690	8.0000	1.0610

表 4-2 相关性分析

变量	$ANIPDI_{t+1}$	$AROEDI_{t+1}$	IND_t	FIN_t	$Social_t$	$Size_t$
$ANIPDI_{t+1}$	1.0000					
$AROEDI_{t+1}$	0.589***	1.0000				
IND_t	0.109***	0.112***	1.0000			
FIN_t	0.332***	0.250***	0.0270	1.0000		
$Social_t$	0.0420	0.077**	0.0890	0.0410	1.0000	
$Size_t$	−0.0180	0.0430	−0.0020	0.0060	0.0210	1.0000
Lev_t	0.0110	0.0350	0.0280	−0.0220	0.0280	0.552***
$Growth_t$	0.0260	−0.064*	−0.050*	−0.0170	−0.0170	0.089***
Dev_t	−0.124***	−0.076**	−0.0070	−0.0420	0.0300	0.492***
$Top1_t$	−0.0380	−0.0120	−0.0080	0.0090	0.065**	−0.0130
$TMTstock_t$	−0.0100	0.0030	0.0120	0.0240	−0.0270	−0.363***
$TMTpay_t$	−0.0460	0.0440	0.059**	0.048*	−0.0060	0.431***
$Independent_t$	0.0280	−0.0500	0.0050**	−0.0310	−0.0360	0.0060
Age_t	0.122***	0.0440	0.084***	−0.0150	−0.0410	0.427***
DA_t	0.0360	−0.087**	−0.0090	0.0020	0.0110	−0.066**
RM_t	0.0400	−0.0540	0.0430	−0.0300	−0.0370	0.0310
$CCboard_t$	0.054*	0.0120	0.0270	−0.0130	0.082***	0.162***
	Lev_t	$Growth_t$	Dev_t	$Top1_t$	$TMTstock_t$	$TMTpay_t$

续表

变量	ANIPDI$_{t+1}$	AROEDI$_{t+1}$	IND$_t$	FIN$_t$	Social$_t$	Size$_t$
Lev$_t$	1.0000					
Growth$_t$	0.071**	1.0000				
Dev$_t$	0.498***	0.263***	1.0000			
Top1$_t$	0.0430	−0.0150	0.079***	1.0000		
TMTstock$_t$	−0.289***	0.055*	−0.233***	−0.0300	1.0000	
TMTpay$_t$	0.220***	0.0020	0.315***	−0.0340	−0.164***	1.0000
Independent$_t$	−0.0430	0.0340	0.0130***	0.079***	0.0160	−0.0200
Age$_t$	0.423***	−0.0060	0.264***	−0.180***	−0.397***	0.160***
DA$_t$	0.0430	0.071**	−0.0400	−0.052*	0.060**	−0.051*
RM$_t$	0.195***	−0.120***	−0.053	−0.0390	−0.097***	−0.159***
CCboard$_t$	0.185***	0.0230	0.168***	−0.074**	−0.130***	0.114***

	Independent$_t$	Age$_t$	DA$_t$	RM$_t$	CCboard$_t$
Independent$_t$	1.0000				
Age$_t$	0.0140	1.0000			
DA$_t$	−0.0170	−0.130***	1.0000		
RMt	−0.0320	0.116***	0.091***	1.0000	
CCboardt	−0.055*	0.156***	−0.0070	−0.0280	1.0000

4.4.2 主检验实证结果

假设 1-1 和假设 1-2 的实证回归结果如表 4-3 所示。模型（1）和（2）列示了薪酬委员会独立性与股权激励业绩目标关系的检验结果，薪酬委员会独立性（IND$_t$）在 1% 水平上分别与公司下一年股权激励合约中净利润增长率（ANIPDI$_{t+1}$）和净资产收益率（AROEDI$_{t+1}$）（调整滞后一期同行业、同板块实际均值）显著正相关，系数分别为 3.89 和 0.09，具有一定的经济含义。这一统计检验结果说明在其他影响因素不变的情况下，薪酬委员会独立性越强，则其设计的股权激励业绩目标越严格，支持了假说1-1，薪酬委员会独立性与股权激励业绩目标严格度正相关。模型（3）和（4）列示了薪酬委员会财务专业性与股权激励业绩目标关系的检验结果。薪酬委员会财务专业背景（FIN_t）在1%水平上同公司下一年股权激励合约中净利润增长率（$ANIPDI_{t+1}$）和净资产收益率（$AROEDI_{t+1}$）（调整滞后一期同行业、同板块实际均值）显著正相关，系数分别为2.07和0.02，系数具有一定的经济含义。这一统计检验结果说明在其他影响因素不变的情况下，薪酬委员会中拥有财务专业背景的董事占比越高，则其设计的股权激励业绩目标越严格。支持了假说1-2，薪酬委员会财务专业性与股权激励业绩目标严格度正相关。因此，独立性和财务专业能力更高的薪酬委员会，一方面代表股东利益有效约束和激励高管，另一方面对股权激励合约制定提供专业和丰富的财务经验，保证股权激励合约中业绩目标更严格，有效约束和激励高管努力工作。

表4-3 假设1-1和假设1-2回归结果

变量	(1) $ANIPDI_{t+1}$	(2) $AROEDI_{t+1}$	(3) $ANIPDI_{t+1}$	(4) $AROEDI_{t+1}$
IND_t	3.8865***	0.0850***		
	(3.5568)	(2.9932)		
FIN_t			2.0736***	0.0245***
			(4.8821)	(2.8109)
$Size_t$	0.1461	0.0129**	0.0380	0.0105*
	(0.6258)	(2.2140)	(0.1690)	(1.7131)
Lev_t	−0.0399	0.0156	0.1498	0.0179
	(−0.0396)	(0.6656)	(0.1580)	(0.7382)

第四章　薪酬委员会特征对股权激励合约中业绩目标设定的影响 | 77

续表

变量	（1） ANIPDI$_{t+1}$	（2） AROEDI$_{t+1}$	（3） ANIPDI$_{t+1}$	（4） AROEDI$_{t+1}$
Growth$_t$	1.3659**	0.0067	1.2333**	0.0044
	(2.2375)	(0.6482)	(2.1455)	(0.4297)
Dev$_t$	−0.7703***	−0.0137***	−0.6786***	−0.0124***
	(−4.2086)	(−3.4004)	(−3.8295)	(−3.2567)
Top1$_t$	−0.1923	−0.0306	−0.2932	−0.0311
	(−0.1763)	(−1.1642)	(−0.2899)	(−1.2232)
TMTstock$_t$	−0.5315	−0.0085	−0.5644	−0.0109
	(−0.8003)	(−0.5259)	(−0.9274)	(−0.6759)
TMTpay$_t$	−0.3440	0.0088*	−0.4045*	0.0086*
	(−1.4353)	(1.6884)	(−1.7471)	(1.6950)
Independent$_t$	1.1933	−0.1290**	2.0592	−0.1232***
	(0.5614)	(−2.5588)	(1.0109)	(−2.6233)
Age$_t$	1.4982***	0.0067	1.6389***	0.0105
	(3.6736)	(0.7687)	(4.2540)	(1.1912)
DA$_t$	1.2792	−0.0556***	1.2576	−0.0561***
	(1.5976)	(−2.7203)	(1.5690)	(−2.7325)
RM$_t$	0.2449	−0.0199*	0.4093	−0.0153
	(0.6243)	(−1.7959)	(1.1336)	(−1.4533)
CCboard$_t$	0.1972	−0.0009	0.2172*	0.0001
	(1.6416)	(−0.2704)	(1.8503)	(0.0411)
Constant	4.9017	−0.1595	7.0278	−0.1097
	(0.9898)	(−1.3514)	(1.5300)	(−0.9371)
Industry	Yes	Yes	Yes	Yes
Year	Yes	Yes	Yes	Yes
Observations	1,181	805	1,181	805
R^2	0.166	0.399	0.245	0.420
Adjusted R^2	0.139	0.371	0.221	0.393

注：在1%、5%和10%水平上显著分别由 ***、**、* 表示，回归结果括号内数值为 t 值，回归结果均经过公司层面 cluster 和异方差调整。下同。

假设 1-3 的实证回归结果如表 4-4 所示。模型（1）和（2）列示了薪酬委员会独立性（IND_t）与薪酬委员会社会地位（$Social_t$）的交互项对股权激励业绩目标设定严格度的检验结果。薪酬委员会独立性（IND_t）与薪酬委员会社会地位（$Social_t$）的交互项与公司下一年股权激励合约中净利润增长率（$ANIPDI_{t+1}$）和净资产收益率（$AROEDI_{t+1}$）在 5% 以上显著正相关，系数有一定经济意义。这一统计检验结果说明在其他影响因素不变的情况下，薪酬委员会社会地位越高可进一步提升独立性与股权激励业绩目标严格度间的正相关关系。模型（3）和（4）列示了薪酬委员会财务专业性（FIN_t）与薪酬委员会社会地位（$Social_t$）的交互项对股权激励业绩目标设定严格度的检验结果。薪酬委员会财务专业性（FIN_t）与薪酬委员会社会地位（$Social_t$）的交互项与公司下一年股权激励合约中净利润增长率（$ANIPDI_{t+1}$）和净资产收益率（$AROEDI_{t+1}$）在 5% 以上显著正相关，且系数有一定经济意义。这一统计检验结果说明在其他影响因素不变的情况下，薪酬委员会社会地位越高可进一步提升财务专业性与股权激励业绩目标严格度间的正相关关系，因此说明当薪酬委员会社会地位较高时，具有较高话语权和权威性，其独立性和财务专业能力才可在制定股权激励决策时更好的发挥出来，保证业绩目标设定的严格度。

表 4-4 假设 1-3 回归结果

变量	（1） $ANIPDI_{t+1}$	（2） $AROEDI_{t+1}$	（3） $ANIPDI_{t+1}$	（4） $AROEDI_{t+1}$
IND_t	3.4354**	0.0353**		
	（2.3961）	（2.1534）		
$IND_t*Social_t$	0.1012***	0.1356**		

第四章 薪酬委员会特征对股权激励合约中业绩目标设定的影响 | 79

续表

变量	(1) ANIPDI$_{t+1}$	(2) AROEDI$_{t+1}$	(3) ANIPDI$_{t+1}$	(4) AROEDI$_{t+1}$
	(3.0474)	(2.3972)		
FIN$_t$			0.1266**	0.0085*
			(2.2155)	(1.6734)
FIN$_t$*Social$_t$			2.3734***	0.0173**
			(3.1108)	(2.0371)
Social$_t$	0.6967	0.1013***	0.3234	0.0186**
	(0.5257)	(2.7280)	(0.8090)	(2.2377)
Size$_t$	0.1186	0.0126**	−0.0239	0.0087
	(0.5169)	(2.1596)	(−0.1082)	(1.4582)
Lev$_t$	−0.1023	0.0175	0.1814	0.0167
	(−0.1009)	(0.7461)	(0.1895)	(0.7228)
Growth$_t$	1.3927**	0.0048	1.1913**	0.0018
	(2.2846)	(0.4673)	(2.0782)	(0.1794)
Dev$_t$	−0.7713***	−0.0128***	−0.6764***	−0.0116***
	(−4.2457)	(−3.1022)	(−3.8990)	(−3.0388)
Top1$_t$	−0.3505	−0.0227	−0.5577	−0.0310
	(−0.3219)	(−0.8568)	(−0.5523)	(−1.2198)
TMTstock$_t$	−0.5234	−0.0095	−0.6499	−0.0128
	(−0.7937)	(−0.5983)	(−1.0882)	(−0.8012)
TMTpay$_t$	−0.3363	0.0076	−0.3542	0.0089*
	(−1.4071)	(1.4844)	(−1.5753)	(1.7744)
Independent$_t$	1.4421	−0.1303**	2.6815	−0.1160**
	(0.6849)	(−2.5659)	(1.3233)	(−2.4303)
Age$_t$	1.5554***	0.0012	1.6936***	0.0088
	(3.7623)	(0.1336)	(4.4126)	(0.9408)
DA$_t$	1.2273	−0.0507**	1.2454	−0.0540***
	(1.5454)	(−2.5074)	(1.5831)	(−2.6817)
RM$_t$	0.3168	−0.0230**	0.4939	−0.0172

续表

变量	(1) ANIPDI$_{t+1}$	(2) AROEDI$_{t+1}$	(3) ANIPDI$_{t+1}$	(4) AROEDI$_{t+1}$
	(0.8025)	(-2.1073)	(1.3631)	(-1.6305)
CCboard$_t$	0.1639	0.0002	0.1964	0.0009
	(1.3317)	(0.0575)	(1.6453)	(0.2790)
Constant	5.0299	-0.0975	7.3249	-0.0994
	(1.0225)	(-0.8334)	(1.5658)	(-0.8703)
Industry	Yes	Yes	Yes	Yes
Year	Yes	Yes	Yes	Yes
Observations	1,181	805	1,181	805
R^2	0.173	0.408	0.260	0.421
Adjusted R^2	0.145	0.378	0.235	0.399

4.5 进一步研究

在进一步研究中，本章分别从薪酬委员会繁忙度、股权激励行权或解锁收益和机构投资者监督三方面深入探讨薪酬委员会特征对股权激励合约中业绩目标设定严格度的影响。

4.5.1 薪酬委员会繁忙度分组研究

在假设检验中，本章发现薪酬委员会的社会地位可进一步提升独立性与财务专业性对业绩目标严格度的正向影响。然而，不可忽略的一个问题是，连锁董事比例虽然反映了薪酬委员会的社会地位，但随着董事兼任的公司越来越多，过于繁忙的董事们在一个公司的董事会中投入的时间越来越少。Laksmana（2008）通过对高管薪酬制度披露行为的研究，认为薪酬委员会需要投入大量

第四章　薪酬委员会特征对股权激励合约中业绩目标设定的影响

时间和资源来制定披露政策、检查潜在需要披露的项目、考虑不同项目披露所带来的后果，制定最终披露决策。因此，薪酬委员会成员需要有足够的时间来行使个人职责。然而，繁忙的董事会会导致公司财务错报提高（Beasley，1996），CEO薪酬过高（Core et al.，1999），股价收益降低（Fich and Shivdasani，2006），不利于董事有效的履行职责。因此，薪酬委员会过于繁忙可能会降低其运行效率，降低股权激励中业绩目标设定的严格度。

本章以薪酬委员会中独立董事实际参会次数占应参会次数的比例均值作为衡量薪酬委员会繁忙度的指标。当该指标低于行业中位数时，说明公司薪酬委员会繁忙度高，否则繁忙度低。本章只关注独立董事参会情况是因为独立董事属于外部人，对于开会时间和地点不能根据自己的时间来定，需要听从公司内部安排。当独立董事越繁忙，公司所设定的开会日期和地点独立董事较高概率无法亲自到场参加，降低了独立董事行使职责的能力。

本章以薪酬委员会繁忙度进行分组检验，结果如表4-5和表4-6所示。结合两表的回归结果可知，在繁忙度较低组，薪酬委员会独立性（IND_t）、财务专业性（FIN_t）分别与公司下一年股权激励合约中净利润增长率（$ANIPDI_{t+1}$）和净资产收益率（$AROEDI_{t+1}$）在5%以上显著正相关；同理，薪酬委员会社会地位（$Social_t$）与薪酬委员会独立性（IND_t）和财务专业性（FIN_t）的交互项分别与公司下一年股权激励合约中净利润增长率（$ANIPDI_{t+1}$）和净资产收益率（$AROEDI_{t+1}$）在5%以上显著正相关。而在繁忙度较高组，并未得出以上显著关系。回归结果说明，当薪酬委员会中独立董事繁忙度较低时，才有充分时间和精力对公司未来发展进行合理预期，对公司内外部环境进行详细了解，通过个人独立性、财务专业能力和在公司中的权威地位来保证股权激励业绩目标设定严格度。

表 4–5　薪酬委员会繁忙度分组回归结果一

	繁忙度低				繁忙度高			
	（1）	（2）	（3）	（4）	（5）	（6）	（7）	（8）
变量	ANIPDI$_{t+1}$	AROEDI$_{t+1}$	ANIPDI$_{t+1}$	AROEDI$_{t+1}$	ANIPDI$_{t+1}$	AROEDI$_{t+1}$	ANIPDI$_{t+1}$	AROEDI$_{t+1}$
IND$_t$	2.8458**	0.0840**			1.8657	0.0533		
	（2.0232）	（2.2717）			（0.8945）	（1.1570）		
FIN$_t$			1.6422***	0.0166***			0.1602	0.0017
			（4.4305）	（5.8948）			（0.2075）	（0.0735）
Size$_t$	−0.2022	0.0040	−0.4047	−0.0010	0.2820	0.0171**	0.3274	0.0178**
	（−0.4676）	（0.4076）	（−1.0032）	（−0.0995）	（0.8716）	（2.1795）	（1.0070）	（2.2770）
Lev$_t$	1.5846	0.0083	1.5837	0.0088	−2.3270	0.0311	−2.3135	0.0302
	（1.2678）	（0.2863）	（1.3153）	（0.3030）	（−1.3532）	（0.8225）	（−1.3475）	（0.8097）
Growth$_t$	1.2793	0.0110	1.0253	0.0066	1.2057	−0.0014	1.0550	−0.0017
	（1.6104）	（0.8834）	（1.3879）	（0.5734）	（1.0700）	（−0.0615）	（0.9345）	（−0.0749）
Dev$_t$	−0.6285*	−0.0026	−0.5029	−0.0004	−0.7293***	−0.0203***	−0.7572***	−0.0206***
	（−1.7217）	（−0.3854）	（−1.4099）	（−0.0601）	（−3.7024）	（−4.5661）	（−3.7172）	（−4.6217）
Top1$_t$	−1.0752	−0.0235	−0.8946	−0.0183	1.1181	−0.0474	0.9548	−0.0487
	（−0.6702）	（−0.8461）	（−0.6114）	（−0.6704）	（0.7878）	（−0.9573）	（0.6586）	（−1.0070）
TMTstock$_t$	−0.7055	0.0191	−0.6911	0.0187	−0.7620	−0.0211	−0.5880	−0.0192
	（−0.7859）	（1.1155）	（−0.8216）	（1.0665）	（−0.7522）	（−0.7720）	（−0.5727）	（−0.7107）
TMTpay$_t$	−0.2214	−0.0003	−0.3272	−0.0003	−0.6493*	0.0222***	−0.5253	0.0236***
	（−0.6768）	（−0.0472）	（−1.0486）	（−0.0433）	（−1.8882）	（2.9344）	（−1.5315）	（3.0989）
Independent$_t$	0.6565	−0.0924	1.8573	−0.0828	2.1107	−0.1635*	1.9436	−0.1712**
	（0.2273）	（−1.5321）	（0.6653）	（−1.3682）	（0.6256）	（−1.9354）	（0.5698）	（−1.9927）
Age$_t$	0.5518	−0.0088	0.7180	−0.0042	2.2870***	0.0180	2.4218***	0.0199
	（0.9604）	（−0.6850）	（1.3603）	（−0.3172）	（3.6311）	（1.4003）	（3.7926）	（1.5715）
DA$_t$	1.2285	−0.0845***	1.1900	−0.0851***	1.4481	−0.0354	1.5866	−0.0330

续表

变量	繁忙度低				繁忙度高			
	（1）	（2）	（3）	（4）	（5）	（6）	（7）	（8）
	$ANIPDI_{t+1}$	$AROEDI_{t+1}$	$ANIPDI_{t+1}$	$AROEDI_{t+1}$	$ANIPDI_{t+1}$	$AROEDI_{t+1}$	$ANIPDI_{t+1}$	$AROEDI_{t+1}$
	（1.1196）	（-3.1783）	（1.0684）	（-3.2567）	（1.1119）	（-1.2043）	（1.2153）	（-1.1030）
RM_t	-0.0090	-0.0312**	0.2686	-0.0250*	0.5353	-0.0054	0.5621	-0.0043
	（-0.0189）	（-2.1170）	（0.6371）	（-1.7808）	（0.8183）	（-0.3778）	（0.8543）	（-0.3032）
$CCboard_t$	0.2335*	-0.0008	0.2477*	0.0005	0.0203	-0.0008	-0.0265	-0.0008
	（1.7228）	（-0.2026）	（1.8647）	（0.1350）	（0.0881）	（-0.1287）	（-0.1122）	（-0.1247）
Constant	10.5364*	-0.0797	13.6671**	0.0014	4.7809	-0.2746	5.8403	-0.2777
	（1.6726）	（-0.4374）	（2.4995）	（0.0078）	（0.6388）	（-1.5640）	（0.7633）	（-1.5701）
Industry	Yes	Yes	Yes	Yes	Yes	Yes	Yes	Yes
Year	Yes	Yes	Yes	Yes	Yes	Yes	Yes	Yes
Observations	677	441	677	441	504	364	504	364
R^2	0.263	0.463	0.225	0.475	0.156	0.423	0.218	0.421
Adjusted R^2	0.206	0.416	0.181	0.430	0.108	0.364	0.160	0.361

表 4-6 薪酬委员会繁忙度分组回归结果二

变量	繁忙度低				繁忙度高			
	（1）	（2）	（3）	（4）	（5）	（6）	（7）	（8）
	$ANIPDI_{t+1}$	$AROEDI_{t+1}$	$ANIPDI_{t+1}$	$AROEDI_{t+1}$	$ANIPDI_{t+1}$	$AROEDI_{t+1}$	$ANIPDI_{t+1}$	$AROEDI_{t+1}$
IND_t	6.7972**	0.0586**			1.8781	0.0243		
	（2.2727）	（2.3476）			（1.1564）	（0.6272）		
$IND_t * Social_t$	1.6132***	0.2525**			0.1375	0.0920		
	（2.6609）	（2.3524）			（0.9722）	（1.3918）		
FIN_t			0.2033*	0.1031*			0.0419	0.0220
			（1.8319）	（1.7776）			（0.0548）	（1.3414）
$FIN_t * Social_t$			4.5480***	0.0729***			1.9624*	0.0137
			（4.3667）	（2.7090）			（1.6902）	（0.9942）

续表

	繁忙度低				繁忙度高			
	（1）	（2）	（3）	（4）	（5）	（6）	（7）	（8）
变量	$ANIPDI_{t+1}$	$AROEDI_{t+1}$	$ANIPDI_{t+1}$	$AROEDI_{t+1}$	$ANIPDI_{t+1}$	$AROEDI_{t+1}$	$ANIPDI_{t+1}$	$AROEDI_{t+1}$
$Social_t$	0.6269	0.0855**	0.3156	0.0264***	3.9210	0.1513**	1.3223**	0.0312
	（0.4178）	（2.0066）	（0.6492）	（2.6353）	（1.4241）	（2.1322）	（2.0793）	（0.8070）
$Size_t$	−0.2293	0.0075	−0.4666	0.0000	0.3210	0.0146*	0.0657	0.0085
	（−0.5375）	（0.7811）	（−1.1856）	（0.0046）	（0.9882）	（1.8361）	（0.2025）	（0.8872）
Lev_t	1.5053	0.0065	1.6164	0.0179	−2.5108	0.0363	−1.3315	0.0364
	（1.2047）	（0.2306）	（1.3309）	（0.6442）	（−1.4594）	（0.9572）	（−0.8376）	（0.8507）
$Growth_t$	1.2850	0.0096	0.9975	0.0012	1.2584	−0.0019	1.3674	−0.0125
	（1.6106）	（0.8111）	（1.3443）	（0.1132）	（1.1256）	（−0.0814）	（1.3277）	（−0.5254）
Dev_t	−0.6084*	−0.0032	−0.4969	−0.0018	−0.7686***	−0.0199***	−0.6471***	−0.0183***
	（−1.6947）	（−0.4794）	（−1.4279）	（−0.2761）	（−3.8154）	（−3.9944）	（−3.6213）	（−4.3729）
$Top1_t$	−1.1282	−0.0086	−1.1448	−0.0086	1.0720	−0.0537	−0.0567	−0.0649*
	（−0.7016）	（−0.3144）	（−0.7759）	（−0.3128）	（0.7723）	（−1.1034）	（−0.0489）	（−1.7565）
$TMTstock_t$	−0.6745	0.0153	−0.7081	0.0151	−0.7196	−0.0279	−0.8524	−0.0297
	（−0.7577）	（0.9250）	（−0.8556）	（0.8635）	（−0.7153）	（−1.0553）	（−0.9373）	（−1.2577）
$TMTpay_t$	−0.2342	−0.0009	−0.2995	0.0025	−0.6087*	0.0219***	−0.4378	0.0232***
	（−0.7018）	（−0.1375）	（−0.9905）	（0.4260）	（−1.8395）	（2.9121）	（−1.4323）	（2.7830）
$Independent_t$	0.9978	−0.1113*	2.4764	−0.1026*	1.4464	−0.1362*	3.8588	−0.1379*
	（0.3485）	（−1.7869）	（0.8820）	（−1.6721）	（0.4338）	（−1.7109）	（1.3122）	（−1.8458）
Age_t	0.5548	−0.0171	0.7786	−0.0052	2.4521***	0.0145	2.2908***	0.0176
	（0.9546）	（−1.3441）	（1.4839）	（−0.3963）	（3.8052）	（1.0208）	（3.9461）	（1.5661）
DA_t	1.1933	−0.0776***	1.2177	−0.0775***	1.3214	−0.0373	1.6082	−0.0305
	（1.0933）	（−2.9849）	（1.1162）	（−3.0088）	（1.0248）	（−1.1882）	（1.2847）	（−0.9559）
RM_t	0.0048	−0.0332**	0.3198	−0.0258*	0.8023	−0.0053	0.5237	−0.0099
	（0.0101）	（−2.3162）	（0.7617）	（−1.8838）	（1.2019）	（−0.3460）	（0.8175）	（−0.6173）
$CCboard_t$	0.2251	−0.0000	0.2476*	0.0014	−0.0948	−0.0013	0.0851	0.0027

续表

	繁忙度低				繁忙度高			
	（1）	（2）	（3）	（4）	（5）	（6）	（7）	（8）
变量	ANIPDI$_{t+1}$	AROEDI$_{t+1}$	ANIPDI$_{t+1}$	AROEDI$_{t+1}$	ANIPDI$_{t+1}$	AROEDI$_{t+1}$	ANIPDI$_{t+1}$	AROEDI$_{t+1}$
	（1.6435）	（−0.0017）	（1.8394）	（0.3737）	（−0.3900）	（−0.1903）	（0.3548）	（0.4276）
Constant	11.1762*	−0.0560	14.0476**	−0.0376	2.2450	−0.1757	5.3561	−0.1650
	（1.7390）	（−0.3073）	（2.5131）	（−0.2085）	（0.3011）	（−1.0499）	（0.7156）	（−0.9629）
Industry	Yes	Yes	Yes	Yes	Yes	Yes	Yes	Yes
Year	Yes	Yes	Yes	Yes	Yes	Yes	Yes	Yes
Observations	677	441	677	441	504	364	504	364
R^2	0.280	0.481	0.396	0.500	0.158	0.436	0.234	0.477
Adjusted R^2	0.221	0.433	0.347	0.458	0.108	0.374	0.188	0.439

4.5.2 高管股权激励强度研究

Hermanson et al.（2012）通过对薪酬委员会成员的实地访谈，发现薪酬委员会在制定高管薪酬时，最先考虑的是公司未来业绩与高管薪酬激励强度的匹配度，保证股东利益与高管利益的平衡。已有研究如 Jensen and Murphy（1990）、Jensen and Murphy（2010）等证明，高管薪酬与公司业绩目标间存在显著正相关关系，即高管薪酬业绩敏感性。基于以往有关高管薪酬业绩敏感性的研究可知，股权激励合约中高业绩目标与高薪酬收益之间应该存在正向相关关系。当高管可以从股权激励合约中获得较高收益时，薪酬委员会将设定较高业绩目标，对高管进行有效约束，从而保证薪酬合约激励有效性。因此，当高管股权收益较高时，薪酬委员会特征与业绩目标严格度更高。股权激励合约主要由股票期权和限制性股票两部分组成，高管实现预定业绩目标后，拥有根据行权价格购买股票或根据解锁价格解锁股票的权利，从而获取股权收益。股权激励合约中行权或解锁价格以及高管受激励份额是影响高管未来权益收益的主要指标。

由于高管未来实际行权或抛售股票可获得的收益数据无法获得，作者使用股权激励合约实施当年年末的收盘价作为高管预期可获取收益。基于 Bergstresser and Philippon（2006）、Armstrong et al.（2010）、肖曙光和杨洁（2018）的研究，使用如下模型计算高管股权激励强度：

$$\text{TMTper}_t = \frac{0.01 \times p_{i,t} \times (S_{i,t} + O_{i,t})}{0.01 \times p_{i,t} \times (S_{i,t} + O_{i,t}) + W_{i,t}} \quad (1-3)$$

$P_{i,t}$ 是 t 年末上市公司 i 的股票收盘价，在本章中使用股权激励公告当年年末上市公司股票收盘价减去股票期权行权价或限制性股票解锁价格；$S_{i,t}$ 是指上市公司 i 的高管第 t 年通过股权激励所获得的股票份额；$O_{i,t}$ 是上市公司 i 的高管第 t 年通过股权激励所获得的期权份额。$W_{i,t}$ 为高管第 t 年所获得的现金薪酬。高管激励强度（TMTper_t）越高，说明高管受激励强度越大，即未来可获得的权益总收益越高。

本章以高管激励强度进行分组检验，由于股票期权或限制性股票的价格确立标准不同，将分开两种激励类型进行分组，相对于行业中位数更高，说明高管激励强度较高，否则较低。回归结果如表4-7和表4-8所示。结合两张表的回归结果可知，在高管激励强度较高组，薪酬委员会独立性（IND_t）、财务专业性（FIN_t）分别与公司下一年股权激励合约中净利润增长率（$ANIPDI_{t+1}$）和净资产收益率（$AROEDI_{t+1}$）在5%以上显著正相关；同理，薪酬委员会社会地位（$Social_t$）与薪酬委员会独立性（IND_t）和财务专业性（FIN_t）的交互项分别与公司下一年股权激励合约中净利润增长率（$ANIPDI_{t+1}$）和净资产收益率（$AROEDI_{t+1}$）在5%以上显著正相关。而高管激励强度较低组，并未得出以上显著关系。因此当高管可以从股权激励合约中获得较高收益时，薪酬委员会将设定较高业绩目标，对高管进行有效约束，从而保证薪酬合约激励有效性。

表4-7 股权激励强度分组回归结果一

	高管激励强度高				高管激励强度低			
	（1）	（2）	（3）	（4）	（5）	（6）	（7）	（8）
变量	$ANIPDI_{t+1}$	$AROEDI_{t+1}$	$ANIPDI_{t+1}$	$AROEDI_{t+1}$	$ANIPDI_{t+1}$	$AROEDI_{t+1}$	$ANIPDI_{t+1}$	$AROEDI_{t+1}$
IND_t	4.3170**	0.1132***			2.9824	0.0546		
	(2.4102)	(3.2436)			(1.3543)	(1.3633)		
FIN_t			2.2394***	0.0112***			1.2805*	0.0076
			(4.0165)	(2.8130)			(1.8426)	(1.4483)
$Size_t$	0.6004	0.0051	0.2503	0.0026	-0.0035	0.0171**	-0.0195	0.0155**
	(1.5324)	(0.5692)	(0.7003)	(0.2884)	(-0.0125)	(2.5647)	(-0.0695)	(2.3028)
Lev_t	-0.0985	0.0546*	0.0578	0.0540	-1.1349	-0.0372	-1.2703	-0.0373
	(-0.0610)	(1.6755)	(0.0397)	(1.6002)	(-1.0208)	(-1.2397)	(-1.1366)	(-1.2184)
$Growth_t$	0.4280	0.0069	-0.1060	0.0029	2.0769***	0.0065	1.9556***	0.0036
	(0.4353)	(0.5051)	(-0.1158)	(0.2273)	(3.3122)	(0.4462)	(3.1291)	(0.2341)
Dev_t	-0.9421***	-0.0120**	-0.6513**	-0.0104*	-0.6845***	-0.0127**	-0.6731***	-0.0127**
	(-3.0511)	(-2.1861)	(-2.2391)	(-1.9491)	(-3.3583)	(-2.2127)	(-3.2936)	(-2.1909)
$Top1_t$	-1.2214	0.0141	-2.5451	0.0075	0.6273	-0.0974***	0.6831	-0.0964***
	(-0.6226)	(0.4994)	(-1.4435)	(0.2745)	(0.6262)	(-2.8239)	(0.6776)	(-2.7460)

续表

变量	高管激励强度高				高管激励强度低			
	（1）	（2）	（3）	（4）	（5）	（6）	（7）	（8）
	ANIPDI$_{t+1}$	AROEDI$_{t+1}$	ANIPDI$_{t+1}$	AROEDI$_{t+1}$	ANIPDI$_{t+1}$	AROEDI$_{t+1}$	ANIPDI$_{t+1}$	AROEDI$_{t+1}$
TMTstock$_t$	-1.4750	0.0291	-1.4535*	0.0279	0.0923	-0.0383	0.2689	-0.0357
	(-1.5740)	(1.5640)	(-1.8281)	(1.4965)	(0.1103)	(-1.4974)	(0.3242)	(-1.3833)
TMTpay$_t$	-0.7420*	0.0050	-0.8454**	0.0049	-0.1669	0.0093	-0.1178	0.0121
	(-1.9187)	(0.7226)	(-2.5297)	(0.7364)	(-0.5335)	(1.1719)	(-0.3781)	(1.4963)
Independent$_t$	-1.6407	-0.1630***	1.7619	-0.1487**	1.5789	-0.1250*	1.7762	-0.1352*
	(-0.3754)	(-2.6863)	(0.4612)	(-2.4415)	(0.6684)	(-1.7606)	(0.7390)	(-1.8634)
Age$_t$	0.1557	0.0149	0.3905	0.0181	1.8073***	0.0078	1.9006***	0.0106
	(0.2182)	(1.3094)	(0.6476)	(1.6125)	(3.6488)	(0.5900)	(3.8084)	(0.7842)
DA$_t$	0.1245	-0.0824***	0.5207	-0.0798***	1.6254	-0.0554*	1.5364	-0.0566*
	(0.0963)	(-2.9792)	(0.4252)	(-2.8774)	(1.3591)	(-1.9051)	(1.2738)	(-1.8994)
RM$_t$	1.0305*	-0.0165	1.0232**	-0.0157	-0.1853	-0.0262*	-0.1303	-0.0245
	(1.8301)	(-1.0966)	(1.9660)	(-1.0341)	(-0.3463)	(-1.7002)	(-0.2437)	(-1.5730)
CCboard$_t$	0.1307	0.0018	0.1569	0.0017	0.3609**	-0.0069*	0.4109**	-0.0038
	(0.7913)	(0.3993)	(0.9906)	(0.3918)	(2.1048)	(-1.7057)	(2.3762)	(-0.9538)
Constant	11.3251	-0.0291	15.7568**	0.0060	3.0766	-0.2412	4.4433	-0.1763
	(1.3211)	(-0.1790)	(2.1032)	(0.0379)	(0.5581)	(-1.4519)	(0.8087)	(-1.0638)
Industry	Yes	Yes	Yes	Yes	Yes	Yes	Yes	Yes
Year	Yes	Yes	Yes	Yes	Yes	Yes	Yes	Yes
Observations	582	419	582	419	599	386	599	386
R^2	0.251	0.559	0.377	0.553	0.232	0.229	0.232	0.236
Adjusted R^2	0.195	0.518	0.331	0.511	0.189	0.159	0.189	0.167

表 4-8　股权激励强度分组回归结果二

	高管激励强度高				高管激励强度低			
	（1）	（2）	（3）	（4）	（5）	（6）	（7）	（8）
变量	ANIPDI$_{t+1}$	AROEDI$_{t+1}$	ANIPDI$_{t+1}$	AROEDI$_{t+1}$	ANIPDI$_{t+1}$	AROEDI$_{t+1}$	ANIPDI$_{t+1}$	AROEDI$_{t+1}$
IND$_t$	3.8608**	0.0515			2.3531	0.0397		
	(2.0468)	(1.2752)			(1.0896)	(1.0174)		
IND$_t$ * Social$_t$	2.5962***	0.1491**			1.1039	0.0693		
	(2.9904)	(2.2605)			(0.8591)	(0.7497)		
FIN$_t$			1.5810*	0.0231			0.9583	0.0118
			(1.7632)	(1.2583)			(1.2762)	(0.8256)
FIN$_t$ * Social$_t$			3.3493***	0.0630**			1.3475	0.0007
			(3.2179)	(2.1719)			(1.3743)	(0.0439)
Social$_t$	1.1222	0.1082**	1.1017**	0.0186*	2.0783	0.0660	0.2984	0.0377***
	(0.4973)	(2.3391)	(2.2120)	(1.7814)	(1.2199)	(1.0999)	(0.5173)	(2.7140)
Size$_t$	0.5885	0.0038	0.2330	0.0011	−0.0334	0.0177***	−0.0784	0.0118*
	(1.5332)	(0.4260)	(0.6607)	(0.1232)	(−0.1209)	(2.6155)	(−0.2824)	(1.6731)
Lev$_t$	−0.2826	0.0599*	0.0410	0.0568*	−1.1039	−0.0380	−0.9710	−0.0282
	(−0.1726)	(1.8474)	(0.0280)	(1.7541)	(−0.9909)	(−1.2749)	(−0.8911)	(−0.9847)
Growth$_t$	0.3991	0.0044	−0.1771	0.0014	2.1361***	0.0052	2.2440***	0.0084
	(0.4087)	(0.3319)	(−0.1934)	(0.1151)	(3.4081)	(0.3536)	(3.5899)	(0.5387)
Dev$_t$	−0.9365***	−0.0110*	−0.6665**	−0.0093*	−0.6941***	−0.0118*	−0.6698***	−0.0117**
	(−3.1291)	(−1.9560)	(−2.3828)	(−1.7349)	(−3.3736)	(−1.9755)	(−3.3806)	(−2.1345)
Top1$_t$	−1.2682	0.0221	−2.6223	0.0121	0.4787	−0.0885**	0.6437	−0.0835***
	(−0.6411)	(0.7909)	(−1.4667)	(0.4413)	(0.4775)	(−2.3877)	(0.6761)	(−2.7466)
TMTstock$_t$	−1.2475	0.0266	−1.1264	0.0243	0.0608	−0.0384	−0.2217	−0.0487*
	(−1.3623)	(1.4273)	(−1.4349)	(1.3552)	(0.0723)	(−1.4967)	(−0.2730)	(−1.9508)
TMTpay$_t$	−0.7249*	0.0044	−0.8142**	0.0049	−0.1418	0.0075	−0.0527	0.0127
	(−1.8814)	(0.6498)	(−2.4918)	(0.7390)	(−0.4546)	(0.9490)	(−0.1694)	(1.5973)

续表

	高管激励强度高				高管激励强度低			
	(1)	(2)	(3)	(4)	(5)	(6)	(7)	(8)
变量	$ANIPDI_{t+1}$	$AROEDI_{t+1}$	$ANIPDI_{t+1}$	$AROEDI_{t+1}$	$ANIPDI_{t+1}$	$AROEDI_{t+1}$	$ANIPDI_{t+1}$	$AROEDI_{t+1}$
$Independent_t$	−0.8933	−0.1746***	2.1688	−0.1593***	1.6794	−0.1282*	2.1397	−0.1121*
	(−0.2110)	(−2.8682)	(0.5758)	(−2.5975)	(0.7112)	(−1.7830)	(0.8962)	(−1.7022)
Age_t	0.3588	0.0069	0.6458	0.0122	1.8107***	0.0044	1.9026***	0.0108
	(0.4703)	(0.5791)	(1.0482)	(1.0783)	(3.6777)	(0.3160)	(3.8829)	(0.7940)
DA_t	0.0356	−0.0753***	0.3319	−0.0720***	1.5847	−0.0501*	1.8196	−0.0500*
	(0.0273)	(−2.6988)	(0.2708)	(−2.5938)	(1.3270)	(−1.7318)	(1.5606)	(−1.7632)
RM_t	1.1307**	−0.0212	1.1239**	−0.0194	−0.1059	−0.0296**	0.1111	−0.0194
	(1.9670)	(−1.4292)	(2.1405)	(−1.3125)	(−0.1960)	(−1.9866)	(0.2301)	(−1.3139)
$CCboard_t$	0.1364	0.0026	0.1653	0.0019	0.3367*	−0.0052	0.3476*	−0.0026
	(0.8017)	(0.5812)	(1.0370)	(0.4260)	(1.8842)	(−1.1799)	(1.9273)	(−0.5804)
Constant	10.7161	0.0397	14.6444**	0.0452	2.6378	−0.1894	4.1714	−0.1673
	(1.2666)	(0.2601)	(1.9731)	(0.3087)	(0.4787)	(−1.1189)	(0.7861)	(−1.0924)
Industry	Yes	Yes	Yes	Yes	Yes	Yes	Yes	Yes
Year	Yes	Yes	Yes	Yes	Yes	Yes	Yes	Yes
Observations	582	419	582	419	599	386	599	386
R^2	0.260	0.566	0.388	0.588	0.235	0.247	0.271	0.248
Adjusted R^2	0.202	0.522	0.341	0.556	0.189	0.174	0.228	0.187

4.5.3 机构投资者持股比例分组研究

最后，本章从机构投资者持股比例角度，检验股权结构如何影响薪酬委员会特征与股权激励合约中业绩目标严格度间的关系。

根据中国上市公司股权激励制度的相关规定，只有持有本公司股权小于5%的高管才有资格作为股权激励的受激励对象。因此可知，受到股权激励的高管一般是职业经理人，而不会是公司重要股东，公司股东则有动机监督股权激励合约设置的合理性以及激励有效性。另一方面，已有大量研究证明上市公司中机构投资者持股比例越高，可对公司进行有效监督，机构投资者基于自身的专业能力，可显著提高公司治理有效性，提高信息透明度，并对高管薪酬合约的制定有显著促进作用（Boehmer and Kelly，2009；Boone and White，2015）。因此，当机构投资者持股比例较高时，可以提高股东监督董事会和高管的能力（Jensen and Mecking，1976），进一步提升薪酬委员会特征与股权激励业绩目标严格度间的正相关关系。

本章基于机构投资者持股比例的行业中位数进行分组，高于行业中位数时，机构投资者持股比例较高，反之较低。回归结果如表4-9和表4-10所示。结合两张表的回归结果可知，在机构投资者持股比例较高组，薪酬委员会独立性（IND_t）、财务专业性（FIN_t）分别与公司下一年股权激励合约中净利润增长率（$ANIPDI_{t+1}$）和净资产收益率（$AROEDI_{t+1}$）在1%水平上显著正相关；同理，薪酬委员会社会地位（$Social_t$）与薪酬委员会独立性（IND_t）和财务专业性（FIN_t）的交互项分别与公司下一年股权激励合约中净利润增长率（$ANIPDI_{t+1}$）和净资产收益率（$AROEDI_{t+1}$）在5%以上显著正相关。而机构投资者持股比例较低组，并未得出以上显著关系。结果说明当机构投资者持股比例较高时，可以提高股东监督董事会和高管的能力，因此薪酬委员会特征与股权激励业绩目标严格度间的显著正相关。

表4-9 机构投资者持股比例分组回归结果一

变量	机构投资者持股比例高				机构投资者持股比例低			
	（1）	（2）	（3）	（4）	（5）	（6）	（7）	（8）
	$ANIPD_{t+1}$	$AROEDI_{t+1}$	$ANIPDI_{t+1}$	$AROEDI_{t+1}$	$ANIPDI_{t+1}$	$AROEDI_{t+1}$	$ANIPDI_{t+1}$	$AROEDI_{t+1}$
IND_t	4.3341***	0.0931***			2.4571	0.0778*		
	（3.1000）	（2.6115）			（1.2984）	（1.9507）		
FIN_t			3.3813***	0.0476***			1.0557	0.0172
			（3.3417）	（2.7152）			（1.2126）	（0.6633）
$Size_t$	0.0520	0.0141*	−0.0682	0.0147**	−0.0600	−0.0020	−0.0860	−0.0033
	（0.2235）	（1.7930）	（−0.2976）	（2.3715）	（−0.1292）	（−0.2442）	（−0.1847）	（−0.3942）
Lev_t	0.4369	0.0052	−0.0412	0.0087	0.4692	0.0507	0.5016	0.0476
	（0.3963）	（0.1698）	（−0.0411）	（0.3057）	（0.2803）	（1.5829）	（0.2995）	（1.4793）
$Growth_t$	1.4978**	−0.0045	1.1939**	−0.0035	1.0364	0.0097	1.0740	0.0107
	（2.4855）	（−0.2913）	（2.2737）	（−0.2569）	（1.0035）	（0.5821）	（1.0337）	（0.6627）
Dev_t	−0.6019***	−0.0101*	−0.4797**	−0.0103*	−0.8481***	−0.0154***	−0.8348***	−0.0140***
	（−2.6189）	（−1.9059）	（−2.2771）	（−1.9835）	（−3.0239）	（−2.8771）	（−3.0101）	（−2.5945）
$Top1_t$	0.4662	−0.0789***	0.6424	−0.0755***	−0.4322	0.0121	−0.4727	0.0118
	（0.3810）	（−2.6553）	（0.6487）	（−2.5938）	（−0.2540）	（0.2510）	（−0.2774）	（0.2512）
$TMTstock_t$	−0.8731	−0.0622***	−0.5817	−0.0604***	−1.4358	0.0250	−1.4022	0.0283
	（−0.9768）	（−2.9597）	（−0.7500）	（−2.9165）	（−1.4614）	（1.0136）	（−1.4414）	（1.2093）
$TMTpay_t$	−0.5386**	0.0061	−0.5649***	0.0076	−0.2944	0.0102	−0.2544	0.0114
	（−2.5088）	（0.8601）	（−2.7168）	（1.1275）	（−0.6596）	（1.3066）	（−0.5703）	（1.5315）
$Independent_t$	1.7492	0.0059	1.8052	−0.0060	0.6538	−0.2347***	0.5176	−0.2368***
	（0.6829）	（0.0895）	（0.7553）	（−0.0893）	（0.1959）	（−3.4428）	（0.1545）	（−3.4889）
Age_t	−0.2224	−0.0275**	−0.0531	−0.0297***	2.9023***	0.0436***	3.0227***	0.0489***
	（−0.4177）	（−2.3969）	（−0.1258）	（−2.5988）	（4.2568）	（2.8121）	（4.4598）	（3.0415）
DA_t	0.9831	−0.0793**	0.7286	−0.0799**	2.3274*	−0.0474	2.4581*	−0.0427
	（0.9964）	（−2.4557）	（0.7060）	（−2.5096）	（1.8023）	（−1.6206）	（1.9079）	（−1.4466）
RM_t	0.2544	−0.0188	0.3210	−0.0173	−0.4047	−0.0302*	−0.4639	−0.0308*

续表

	机构投资者持股比例高				机构投资者持股比例低			
	(1)	(2)	(3)	(4)	(5)	(6)	(7)	(8)
变量	ANIPD$_{t+1}$	AROEDI$_{t+1}$	ANIPDI$_{t+1}$	AROEDI$_{t+1}$	ANIPD$_{t+1}$	AROEDI$_{t+1}$	ANIPDI$_{t+1}$	AROEDI$_{t+1}$
	(0.7127)	(−1.3511)	(0.8531)	(−1.2451)	(−0.5670)	(−1.8339)	(−0.6497)	(−1.8835)
CCboard$_t$	0.2581*	0.0027	0.3578**	0.0002	0.0807	−0.0070	0.0911	−0.0061
	(1.6922)	(0.5895)	(2.2086)	(0.0378)	(0.4046)	(−1.5823)	(0.4663)	(−1.4156)
Constant	13.8620***	−0.1153	14.6447***	−0.0638	0.2992	0.0838	1.5959	0.1083
	(3.4538)	(−0.8011)	(4.3034)	(−0.4892)	(0.0335)	(0.4011)	(0.1771)	(0.5276)
Industry	Yes	Yes	Yes	Yes	Yes	Yes	Yes	Yes
Year	Yes	Yes	Yes	Yes	Yes	Yes	Yes	Yes
Observations	581	405	581	405	600	400	600	400
R^2	0.243	0.550	0.290	0.547	0.160	0.270	0.243	0.294
Adjusted R^2	0.198	0.508	0.243	0.505	0.104	0.205	0.198	0.231

表 4-10　机构投资者持股比例分组回归结果二

	机构投资者持股比例高				机构投资者持股比例低			
	(1)	(2)	(3)	(4)	(5)	(6)	(7)	(8)
变量	ANIPD$_{t+1}$	AROEDI$_{t+1}$	ANIPDI$_{t+1}$	AROEDI$_{t+1}$	ANIPD$_{t+1}$	AROEDI$_{t+1}$	ANIPDI$_{t+1}$	AROEDI$_{t+1}$
IND$_t$	3.5642**	0.0540*			2.2970	0.0283		
	(2.2204)	(1.6903)			(1.0235)	(0.7253)		
IND$_t$*Social$_t$	1.4517***	0.1749**			1.2073	0.0393		
	(2.6983)	(2.1262)			(0.3363)	(0.5470)		
FIN$_t$			0.9967	0.0352*			0.6088	0.0355*
			(1.5966)	(1.7378)			(0.6507)	(1.7242)
FIN$_t$*Social$_t$			5.3850***	0.0180***			1.1837	0.0028
			(4.9318)	(2.8075)			(1.1912)	(0.1205)

续表

	机构投资者持股比例高				机构投资者持股比例低			
	（1）	（2）	（3）	（4）	（5）	（6）	（7）	（8）
变量	ANIPD$_{t+1}$	AROEDI$_{t+1}$	ANIPDI$_{t+1}$	AROEDI$_{t+1}$	ANIPD$_{t+1}$	AROEDI$_{t+1}$	ANIPDI$_{t+1}$	AROEDI$_{t+1}$
Social$_t$	0.4854	0.0485	2.3229***	0.0101	1.7926	0.1098**	0.4751	0.0088
	（0.3448）	（1.0338）	（3.9884）	（0.6359）	（0.7754）	（2.0134）	（0.8785）	（0.7928）
Size$_t$	0.0487	0.0133*	−0.1776	0.0132**	−0.1306	−0.0023	−0.2336	−0.0058
	（0.2086）	（1.6932）	（−0.7664）	（2.2308）	（−0.2839）	（−0.2647）	（−0.5205）	（−0.6977）
Lev$_t$	0.3496	0.0125	0.2821	0.0040	0.5090	0.0533	0.9375	0.0536*
	（0.3185）	（0.4168）	（0.2852）	（0.1452）	（0.3062）	（1.6277）	（0.5836）	（1.7935）
Growth$_t$	1.4951**	−0.0052	1.0450**	−0.0052	1.1683	0.0099	1.0111	0.0157
	（2.4986）	（−0.3498）	（2.0104）	（−0.3830）	（1.1154）	（0.5754）	（0.9912）	（0.9842）
Dev$_t$	−0.6038***	−0.0093*	−0.4759***	−0.0091*	−0.8441***	−0.0151***	−0.6994***	−0.0095**
	（−2.5993）	（−1.7725）	（−2.3490）	（−1.7268）	（−3.0712）	（−2.7775）	（−2.6391）	（−2.2869）
Top1$_t$	0.4575	−0.0662**	0.4081	−0.0736**	−0.7570	0.0080	−0.9948	0.0078
	（0.3783）	（−2.2000）	（0.4443）	（−2.5232）	（−0.4527）	（0.1653）	（−0.6337）	（0.1799）
TMTstock$_t$	−0.8287	−0.0598***	−0.7507	−0.0654***	−1.3918	0.0190	−1.7125*	0.0152
	（−0.9575）	（−2.8814）	（−1.0748）	（−3.1657）	（−1.4285）	（0.7984）	（−1.8235）	（0.6532）
TMTpay$_t$	−0.5480**	0.0059	−0.4000**	0.0072	−0.2616	0.0086	−0.3496	0.0074
	（−2.4972）	（0.8600）	（−2.0507）	（1.1074）	（−0.5967）	（1.1198）	（−0.8313）	（1.0115）
Independent$_t$	2.0148	−0.0009	2.4592	0.0020	0.7673	−0.2235***	2.5269	−0.1903***
	（0.7909）	（−0.0143）	（1.0666）	（0.0299）	（0.2306）	（−3.4484）	（0.7895）	（−3.5548）
Age$_t$	−0.1732	−0.0321***	−0.1777	−0.0331***	2.9491***	0.0371***	3.0896***	0.0567***
	（−0.3336）	（−2.8150）	（−0.4778）	（−2.9535）	（4.2082）	（2.1712）	（4.9108）	（3.3088）
DA$_t$	1.0545	−0.0746**	0.9891	−0.0825**	2.0405	−0.0490	1.9345	−0.0516*
	（1.0586）	（−2.3997）	（1.0032）	（−2.6846）	（1.5933）	（−1.5846）	（1.5438）	（−1.6830）
RM$_t$	0.2662	−0.0204	0.2690	−0.0166	−0.2257	−0.0311*	−0.0201	−0.0204
	（0.7407）	（−1.5212）	（0.7641）	（−1.2414）	（−0.3140）	（−1.8540）	（−0.0307）	（−1.4294）
CCboard$_t$	0.2503	0.0030	0.3777**	0.0008	0.0122	−0.0063	0.0038	−0.0075*

续表

变量	机构投资者持股比例高				机构投资者持股比例低			
	（1）	（2）	（3）	（4）	（5）	（6）	（7）	（8）
	$ANIPD_{t+1}$	$AROEDI_{t+1}$	$ANIPDI_{t+1}$	$AROEDI_{t+1}$	$ANIPD_{t+1}$	$AROEDI_{t+1}$	$ANIPDI_{t+1}$	$AROEDI_{t+1}$
	（1.6059）	（0.6578）	（2.3646）	（0.2101）	（0.0578）	（−1.2975）	（0.0197）	（−1.7415）
Constant	14.0207***	−0.0686	16.2294***	−0.0965	1.1844	0.1493	1.5876	0.0624
	（3.4008）	（−0.4742）	（4.6662）	（−0.7822）	（0.1323）	（0.7090）	（0.1838）	（0.3056）
Industry	Yes	Yes	Yes	Yes	Yes	Yes	Yes	Yes
Year	Yes	Yes	Yes	Yes	Yes	Yes	Yes	Yes
Observations	581	405	581	405	600	400	600	400
R^2	0.251	0.554	0.350	0.604	0.164	0.289	0.316	0.296
Adjusted R^2	0.204	0.510	0.304	0.573	0.105	0.221	0.273	0.244

4.6 稳健性与内生性检验

在稳健性和内生性检验中，本章分别从固定效应模型、替换变量测试、增加样本量测试、竞争性解释、Heckman两阶段回归、工具变量回归等方面展开。

4.6.1 稳健性检验

4.6.1.1 固定效应模型检验

首先，使用固定效应模型对研究假设重新进行回归分析，结果如表4-11和表4-12所示，结果与主回归结果具有一致性，即假设得到了支持。

表 4-11　固定效应模型检验一

变量	（1）ANIPDI$_{t+1}$	（2）AROEDI$_{t+1}$	（3）ANIPDI$_{t+1}$	（4）AROEDI$_{t+1}$
IND$_t$	3.0846***	0.0626**		
	（2.9325）	（2.1742）		
FIN$_t$			1.8672***	0.0198**
			（5.2757）	（2.5025）
Size$_t$	0.0197	0.0146***	−0.0218	0.0132**
	（0.0851）	（2.6203）	（−0.0966）	（2.2639）
Lev$_t$	−0.4479	0.0067	−0.1108	0.0108
	（−0.4682）	（0.2735）	（−0.1242）	（0.4303）
Growth$_t$	0.7935	0.0167	0.6951	0.0129
	（1.2470）	（1.5240）	（1.1438）	（1.2119）
Dev$_t$	−0.6046***	−0.0162***	−0.5596***	−0.0151***
	（−3.6963）	（−3.9547）	（−3.5110）	（−3.8641）
Top1$_t$	−0.0610	−0.0240	−0.1549	−0.0250
	（−0.0595）	（−0.8839）	（−0.1629）	（−0.9510）
TMTstock$_t$	−0.7484	−0.0116	−0.7454	−0.0133
	（−1.0908）	（−0.6769）	（−1.1595）	（−0.7768）
TMTpay$_t$	−0.2391	0.0097*	−0.3431	0.0089
	（−0.8980）	（1.7092）	（−1.3519）	（1.5848）
Independent$_t$	1.8919	−0.1747***	2.7312	−0.1645***
	（0.7155）	（−3.2855）	（1.0919）	（−3.2330）
Age$_t$	1.7687***	0.0096	1.8784***	0.0122
	（4.4643）	（1.1624）	（4.9392）	（1.4798）
DA$_t$	1.2964	−0.0430**	1.2695	−0.0455**
	（1.4579）	（−2.0009）	（1.4537）	（−2.1237）
RM$_t$	−0.2844	−0.0005	−0.1248	0.0018
	（−0.6122）	（−0.0461）	（−0.2932）	（0.1754）
CCboard$_t$	0.1206	−0.0030	0.1469	−0.0022
	（1.0874）	（−0.8272）	（1.3702）	（−0.6288）

续表

变量	(1) ANIPDI$_{t+1}$	(2) AROEDI$_{t+1}$	(3) ANIPDI$_{t+1}$	(4) AROEDI$_{t+1}$
Constant	4.9017	−0.1595	7.0278	−0.1097
	(0.9898)	(−1.3514)	(1.5300)	(−0.9371)
Fixed Effects	Yes	Yes	Yes	Yes
Observations	1,181	805	1,181	805
R^2	0.1604	0.3895	0.2404	0.4112

表 4-12 固定效应模型检验二

变量	(1) ANIPDI$_{t+1}$	(2) AROEDI$_{t+1}$	(3) ANIPDI$_{t+1}$	(4) AROEDI$_{t+1}$
IND$_t$	2.8669**	0.0322*		
	(1.9817)	(1.6617)		
IND$_t$*Social$_t$	0.1769**	0.0800**		
	(2.0891)	(2.3711)		
FIN$_t$			0.4581	0.0157*
			(1.5763)	(1.9256)
FIN$_t$*Social$_t$			2.5074***	0.0384**
			(2.8228)	(2.0632)
Social$_t$	0.6924	0.0644*	0.5398	0.0265***
	(0.5361)	(1.6705)	(1.3031)	(2.8681)
Size$_t$	0.0028	0.0143**	−0.0810	0.0104*
	(0.0121)	(2.5753)	(−0.3614)	(1.8768)
Lev$_t$	−0.4464	0.0061	0.0180	0.0120
	(−0.4653)	(0.2500)	(0.0199)	(0.5002)
Growth$_t$	0.8308	0.0147	0.6553	0.0084
	(1.3097)	(1.3285)	(1.0800)	(0.8206)
Dev$_t$	−0.6179***	−0.0153***	−0.5643***	−0.0140***
	(−3.7466)	(−3.6860)	(−3.5798)	(−3.6023)
Top1$_t$	−0.1814	−0.0170	−0.3933	−0.0268

续表

变量	(1) $ANIPDI_{t+1}$	(2) $AROEDI_{t+1}$	(3) $ANIPDI_{t+1}$	(4) $AROEDI_{t+1}$
	(−0.1769)	(−0.6150)	(−0.4139)	(−1.0182)
$TMTstock_t$	−0.7249	−0.0121	−0.8275	−0.0145
	(−1.0637)	(−0.7119)	(−1.3035)	(−0.8613)
$TMTpay_t$	−0.2285	0.0089	−0.2983	0.0094*
	(−0.8623)	(1.5628)	(−1.2081)	(1.6816)
$Independent_t$	2.0054	−0.1744***	3.0841	−0.1582***
	(0.7598)	(−3.3018)	(1.2417)	(−3.1455)
Age_t	1.8129***	0.0060	1.9205***	0.0108
	(4.5233)	(0.6873)	(5.0746)	(1.2579)
DA_t	1.3067	−0.0395*	1.2853	−0.0431**
	(1.4758)	(−1.8603)	(1.4839)	(−2.0839)
RM_t	−0.2067	−0.0029	−0.0385	0.0002
	(−0.4396)	(−0.2638)	(−0.0905)	(0.0151)
$CCboard_t$	0.0875	−0.0020	0.1243	−0.0012
	(0.7797)	(−0.5671)	(1.1493)	(−0.3352)
Constant	3.5768	−0.1595	0.5194	0.0057
	(0.6533)	(−1.3046)	(0.1631)	(0.4464)
Fixed Effects	Yes	Yes	Yes	Yes
Observations	1,181	805	1,181	805
R^2	0.1668	0.3975	0.2547	0.4119

4.6.1.2 更替自变量衡量基准

接下来,更替自变量衡量标准进行重新回归分析。在假设检验部分,本章使用薪酬委员会中独立董事人数占比来独立性,薪酬委员会中具有财务和金融背景的董事人数占比来衡量财务专业背

第四章 薪酬委员会特征对股权激励合约中业绩目标设定的影响

景。本部分使用 CEO 是否在薪酬委员会任职（CEO_t）（Sun et al.,2009；Bebchuk and Grinstein，2010）来衡量独立性，当 CEO 不在薪酬委员会任职时独立性更高；使用仅具备财务背景的董事人数占比（ACC_t）来衡量财务专业性，剔除金融从业经历的情况。并且基于 Badolato et al（2014）的衡量方式，使用薪酬委员会连锁董事占比与高管团队（剔除同时在董事会任职高管）中连锁董事占比差额来衡量薪酬委员会社会地位。当差额为正，说明薪酬委员会社会地位相对更高，$FSocial_t$ 取 1，否则取 0。对三个变量更换衡量方式后重新回归，结果如表 4-13 和表 4-14 所示。薪酬委员会独立性（CEO_t）、财务专业性（ACC_t）分别与公司下一年股权激励合约中净利润增长率（$ANIPDI_{t+1}$）和净资产收益率（$AROEDI_{t+1}$）在 5% 以上显著正相关；同理，薪酬委员会社会地位（$FSocial_t$）与薪酬委员会独立性（CEO_t）和财务专业性（ACC_t）的交互项分别与公司下一年股权激励合约中净利润增长率（$ANIPDI_{t+1}$）和净资产收益率（$AROEDI_{t+1}$）在 5% 以上显著正相关。结果与主回归结果具有一致性，即假设得到再次了支持。

表 4-13　更替自变量衡量标准检验一

变量	(1) $ANIPDI_{t+1}$	(2) $AROEDI_{t+1}$	(3) $ANIPDI_{t+1}$	(4) $AROEDI_{t+1}$
CEO_t	0.7501**	0.0281***		
	(2.4529)	(3.2543)		
ACC_t			2.8603***	0.0438**
			(3.2551)	(1.9989)
$Size_t$	0.1853	0.0115**	0.2127	0.0132**
	(0.8042)	(2.0454)	(0.9095)	(2.3877)
Lev_t	0.8819	0.0677**	0.2486	0.0613*

续表

变量	(1) ANIPDI$_{t+1}$	(2) AROEDI$_{t+1}$	(3) ANIPDI$_{t+1}$	(4) AROEDI$_{t+1}$
	(0.7747)	(2.0599)	(0.2275)	(1.8858)
Growth$_t$	1.1881*	−0.0060	1.2438**	−0.0026
	(1.9219)	(−0.4096)	(2.0121)	(−0.1830)
Dev$_t$	−0.8282***	−0.0157***	−0.8193***	−0.0164***
	(−4.3773)	(−4.1038)	(−4.4440)	(−4.2440)
Top1$_t$	0.7017	−0.0107	0.4188	−0.0075
	(0.6516)	(−0.3623)	(0.3670)	(−0.2487)
TMTstock$_t$	0.1185	0.0127	−0.1284	0.0071
	(0.1501)	(0.4305)	(−0.1615)	(0.2464)
TMTpay$_t$	−0.3317	0.0087	−0.3415	0.0090
	(−1.3600)	(1.5945)	(−1.4214)	(1.6403)
Independent$_t$	1.7003	−0.0719	1.1086	−0.0960*
	(0.8081)	(−1.4413)	(0.5050)	(−1.8115)
Age$_t$	1.4011***	0.0014	1.4737***	0.0077
	(3.5580)	(0.1647)	(3.6472)	(0.8882)
DA$_t$	1.2741	−0.0511**	1.4548*	−0.0511**
	(1.5011)	(−2.3178)	(1.7988)	(−2.2814)
RM$_t$	0.1549	−0.0303**	0.2697	−0.0255*
	(0.3613)	(−2.0383)	(0.6381)	(−1.7088)
CCboard$_t$	0.2954**	0.0023	0.2082	−0.0000
	(2.2033)	(0.5281)	(1.6246)	(−0.0091)
Constant	10.1698**	−0.1022	12.2303***	−0.1241
	(2.2945)	(−0.8814)	(2.6058)	(−1.0970)
Industry	Yes	Yes	Yes	Yes
Year	Yes	Yes	Yes	Yes
Observations	1,181	805	1,181	805
R^2	0.102	0.145	0.128	0.132
Adjusted R^2	0.080	0.115	0.102	0.102

表 4-14 更替自变量衡量标准检验二

变量	(1) $ANIPDI_{t+1}$	(2) $AROEDI_{t+1}$	(3) $ANIPDI_{t+1}$	(4) $AROEDI_{t+1}$
CEO_t	0.0857**	0.0008**		
	(2.1585)	(2.0784)		
$CEO_t*FSocial_t$	0.6291***	0.0267**		
	(2.9521)	(2.1061)		
ACC_t			2.1814*	0.0175**
			(1.7163)	(2.5735)
$ACC_t*FSocial_t$			0.7232**	0.0318***
			(2.3961)	(2.8100)
$FSocial_t$	0.4343	0.0227**	0.3587	0.0175
	(0.7547)	(2.4508)	(0.8419)	(1.5146)
$Size_t$	0.0727	0.0098	0.1298	0.0117**
	(0.2985)	(1.6424)	(0.5536)	(2.0079)
Lev_t	0.0084	0.0207	−0.2109	0.0128
	(0.0082)	(0.8809)	(−0.2065)	(0.5364)
$Growth_t$	1.3198**	0.0018	1.3263**	0.0050
	(2.1641)	(0.1650)	(2.1987)	(0.4725)
Dev_t	−0.7559***	−0.0124***	−0.7492***	−0.0130***
	(−3.9593)	(−3.0458)	(−4.1561)	(−3.2278)
$Top1_t$	−0.1213	−0.0259	0.0242	−0.0233
	(−0.1137)	(−0.9792)	(0.0228)	(−0.8742)
$TMTstock_t$	−0.3972	−0.0026	−0.4683	−0.0097
	(−0.6024)	(−0.1619)	(−0.6951)	(−0.5754)
$TMTpay_t$	−0.2833	0.0105**	−0.3122	0.0101**
	(−1.1764)	(2.0510)	(−1.3030)	(1.9754)
$Independent_t$	1.7203	−0.1095**	1.4492	−0.1316**
	(0.8230)	(−2.2320)	(0.6848)	(−2.5387)
Age_t	1.4478***	0.0020	1.5838***	0.0090

续表

变量	(1) ANIPDI$_{t+1}$	(2) AROEDI$_{t+1}$	(3) ANIPDI$_{t+1}$	(4) AROEDI$_{t+1}$
	(3.4349)	(0.2259)	(3.8594)	(0.9979)
DA$_t$	1.2958	−0.0543***	1.3259*	−0.0544***
	(1.5995)	(−2.7076)	(1.6566)	(−2.6654)
RM$_t$	0.2549	−0.0211*	0.3192	−0.0180*
	(0.6471)	(−1.9167)	(0.8035)	(−1.6491)
CCboard$_t$	0.2641**	0.0018	0.2242*	0.0006
	(2.0899)	(0.5186)	(1.8004)	(0.1906)
Constant	7.7654	−0.0738	6.2755	−0.1210
	(1.5163)	(−0.6043)	(1.2839)	(−1.0216)
Industry	Yes	Yes	Yes	Yes
Year	Yes	Yes	Yes	Yes
Observations	1,181	805	1,181	805
R^2	0.162	0.404	0.167	0.396
Adjusted R^2	0.134	0.374	0.138	0.366

4.6.1.3 更替股权激励合约中业绩目标的历史基准

在上述回归分析中本章使用实施股权激励公司上一年的同行业、同板块实际业绩均值，作为业绩目标相较于历史基准的相对目标值。因此，接下来对历史基准进行更换，使用实施股权激励公司滞后三期的实际业绩指标均值作为历史基准调整项，若公司上市不足三年，则使用已上市年份的历史实际业绩均值，并由此计算出经调整后的股权激励业绩目标，重新对假设进行回归分析。

回归结果如表4-15和表4-16所示，薪酬委员会独立性（IND$_t$）、财务专业性（FIN$_t$）分别与公司下一年股权激励合约中净利润增长率（ANIPD3$_{t+1}$）和净资产收益率（AROED3$_{t+1}$）在 5% 以上显著正相关；同理，薪酬委员会社会地位（Social$_t$）与薪酬委员会独立性（IND$_t$）和财务专业性（FIN$_t$）的交互项分别与公司下一年股权激励合约中净利润增长率（ANIPD3$_{t+1}$）和净资产收益率（AROED3$_{t+1}$）在 10% 以上显著正相关。因此，各个模型回归结果与主回归结果具有一致性，即假设再次得到了支持。

表 4–15 替换业绩目标衡量标准检验一

变量	（1）ANIPD3$_{t+1}$	（2）AROED3$_{t+1}$	（3）ANIPD3$_{t+1}$	（4）AROED3$_{t+1}$
IND$_t$	2.5658**	0.0720**		
	(2.4738)	(2.4919)		
FIN$_t$			1.5347***	0.0179***
			(3.9996)	(2.8156)
Size$_t$	−0.0609	0.0097	−0.1393	0.0079
	(−0.2890)	(1.3901)	(−0.6771)	(1.0954)
Lev$_t$	0.7148	0.0654**	0.8557	0.0671**
	(0.7878)	(2.1567)	(0.9864)	(2.2063)
Growth$_t$	−0.0291	0.0009	−0.1238	−0.0010
	(−0.0606)	(0.0731)	(−0.2729)	(−0.0874)
Dev$_t$	−0.5254***	−0.0193***	−0.4569***	−0.0183***
	(−2.9171)	(−3.9305)	(−2.6209)	(−3.8617)
Top1$_t$	−0.8186	−0.1015***	−0.8971	−0.1016***
	(−0.8177)	(−3.5043)	(−0.9418)	(−3.5445)
TMTstock$_t$	−1.3522***	−0.0416**	−1.3846***	−0.0431**
	(−2.6062)	(−2.1819)	(−2.8178)	(−2.2505)
TMTpay$_t$	−0.2598	−0.0052	−0.3090	−0.0051
	(−1.2915)	(−0.8099)	(−1.5703)	(−0.8106)
Independent$_t$	2.4488	−0.1284**	3.0937*	−0.1252**
	(1.2779)	(−2.1768)	(1.6780)	(−2.2614)
Age$_t$	0.6119**	0.0093	0.7074**	0.0123
	(2.0267)	(0.8679)	(2.4546)	(1.1373)
DA$_t$	−0.0564	−0.0801***	−0.0717	−0.0804***

续表

变量	(1) ANIPD3$_{t+1}$	(2) AROED3$_{t+1}$	(3) ANIPD3$_{t+1}$	(4) AROED3$_{t+1}$
	(−0.0783)	(−2.7611)	(−0.0980)	(−2.7601)
RM$_t$	0.5800	0.0436***	0.6963**	0.0471***
	(1.6017)	(3.0662)	(2.0162)	(3.3871)
CCboard$_t$	0.1206	0.0017	0.1345	0.0026
	(1.1182)	(0.4768)	(1.2171)	(0.7181)
Constant	8.4241**	0.1720	9.8429***	0.2131
	(2.2114)	(1.2671)	(2.6397)	(1.5713)
Industry	Yes	Yes	Yes	Yes
Year	Yes	Yes	Yes	Yes
Observations	1,181	805	1,181	805
R^2	0.112	0.319	0.180	0.327
Adjusted R^2	0.0833	0.287	0.154	0.295

表 4-16 替换业绩目标衡量标准检验二

变量	(1) ANIPD3$_{t+1}$	(2) AROED3$_{t+1}$	(3) ANIPD3$_{t+1}$	(4) AROED3$_{t+1}$
IND$_t$	3.8253**	0.0706**		
	(2.4815)	(2.0009)		
IND$_t$*Social$_t$	3.6557*	0.0139**		
	(1.7935)	(2.2296)		
FIN$_t$			0.1569	0.0338*
			(0.3302)	(1.9189)
FIN$_t$*Social$_t$			1.4882**	0.0170***
			(2.3086)	(2.8229)
Social$_t$	2.8278**	0.0243	0.2495	0.0056
	(2.2483)	(0.6008)	(0.7400)	(0.5530)
Size$_t$	−0.0792	0.0097	−0.1766	0.0071
	(−0.3852)	(1.3931)	(−0.8749)	(1.0360)
Lev$_t$	0.7025	0.0665**	0.8794	0.0603**

续表

变量	(1) $ANIPD3_{t+1}$	(2) $AROED3_{t+1}$	(3) $ANIPD3_{t+1}$	(4) $AROED3_{t+1}$
	(0.7708)	(2.2056)	(1.0119)	(2.0473)
$Growth_t$	0.0070	−0.0004	−0.1522	−0.0024
	(0.0146)	(−0.0358)	(−0.3357)	(−0.2012)
Dev_t	−0.5364***	−0.0187***	−0.4554***	−0.0170***
	(−3.0001)	(−3.7544)	(−2.6419)	(−3.6025)
$Top1_t$	−0.9631	−0.0949***	−1.0530	−0.0966***
	(−0.9635)	(−3.2079)	(−1.1084)	(−3.4000)
$TMTstock_t$	−1.3418***	−0.0422**	−1.4382***	−0.0438**
	(−2.5956)	(−2.2204)	(−2.9604)	(−2.3004)
$TMTpay_t$	−0.2293	−0.0054	−0.2777	−0.0061
	(−1.1388)	(−0.8511)	(−1.4389)	(−1.0004)
$Independent_t$	2.4627	−0.1351**	3.4694*	−0.1280**
	(1.2800)	(−2.2706)	(1.8654)	(−2.3074)
Age_t	0.6878**	0.0061	0.7388**	0.0096
	(2.2535)	(0.5447)	(2.5811)	(0.8459)
DA_t	−0.0983	−0.0761***	−0.0763	−0.0772***
	(−0.1369)	(−2.5937)	(−0.1054)	(−2.7056)
RM_t	0.6481*	0.0412***	0.7455**	0.0459***
	(1.7798)	(2.9298)	(2.1495)	(3.3342)
$CCboard_t$	0.0949	0.0026	0.1236	0.0033
	(0.8585)	(0.6827)	(1.0894)	(0.9161)
Constant	7.2568*	0.1863	10.0361***	0.2309*
	(1.9268)	(1.4011)	(2.6580)	(1.7393)
Industry	Yes	Yes	Yes	Yes
Year	Yes	Yes	Yes	Yes
Observations	1,181	805	1,181	805
R^2	0.118	0.323	0.188	0.327
Adjusted R^2	0.088	0.289	0.161	0.301

4.6.1.4 加入国有企业样本的稳健性测试

以上回归研究中均剔除了国有企业样本，由于国有企业在实施股权激励时受到政策性影响较大，国有上市公司股权激励更多体现了国企改革的象征意义（Chen et al., 2013）。然而，由于剔除了国有企业样本也可能引发样本自选择问题，因此在稳健性检验中再次加入国有企业样本进行回归。

在表4-17和表4-18中，将国有企业样本加入，并加入反映公司性质的变量$State_t$，当公司性质为国有时，$State_t$为1，非国有则$State_t$为0。从表中所展示结果可知，薪酬委员会独立性（IND_t）、财务专业性（FIN_t）分别与公司下一年股权激励合约中净利润增长率（$ANIPDI_{t+1}$）和净资产收益率（$AROEDI_{t+1}$）在1%水平上显著正相关；同理，薪酬委员会社会地位（$Social_t$）与薪酬委员会独立性（IND_t）和财务专业性（FIN_t）的交互项分别与公司下一年股权激励合约中净利润增长率（$ANIPDI_{t+1}$）和净资产收益率（$AROEDI_{t+1}$）在5%以上显著正相关。因此各个模型回归结果与主回归结果具有一致性，即假设再次得到了支持。

表4-17 加入国有企业样本检验一

变量	(1) $ANIPDI_{t+1}$	(2) $AROEDI_{t+1}$	(3) $ANIPDI_{t+1}$	(4) $AROEDI_{t+1}$
IND_t	3.3442***	0.0987***		
	(3.5487)	(3.7574)		
FIN_t			2.0592***	0.0248***
			(4.8347)	(2.8307)
$Size_t$	0.1028	0.0138**	0.0135	0.0121**
	(0.4625)	(2.5156)	(0.0628)	(2.0870)

续表

变量	(1) $ANIPDI_{t+1}$	(2) $AROEDI_{t+1}$	(3) $ANIPDI_{t+1}$	(4) $AROEDI_{t+1}$
Lev_t	−0.0070	0.0187	0.1194	0.0193
	(−0.0073)	(0.8069)	(0.1321)	(0.8018)
$Growth_t$	1.3115**	0.0067	1.1735**	0.0031
	(2.2162)	(0.6701)	(2.1070)	(0.3151)
Dev_t	−0.7162***	−0.0126***	−0.6265***	−0.0111***
	(−4.0689)	(−3.2601)	(−3.6939)	(−3.0207)
$Top1_t$	−0.3368	−0.0251	−0.4856	−0.0240
	(−0.3183)	(−0.9927)	(−0.4937)	(−0.9767)
$TMTstock_t$	−0.2708	−0.0065	−0.3132	−0.0078
	(−0.4190)	(−0.4088)	(−0.5276)	(−0.4915)
$TMTpay_t$	−0.3246	0.0095*	−0.3888*	0.0097*
	(−1.4138)	(1.8485)	(−1.7489)	(1.9248)
$Independent_t$	1.1898	−0.1286***	2.4256	−0.1132**
	(0.5842)	(−2.6353)	(1.2629)	(−2.4728)
Age_t	1.3045***	0.0058	1.4094***	0.0090
	(3.3357)	(0.6975)	(3.8160)	(1.0662)
DA_t	1.1973	−0.0505**	1.2121	−0.0500**
	(1.5732)	(−2.5411)	(1.5936)	(−2.5081)
RM_t	0.1814	−0.0175*	0.3122	−0.0140
	(0.4997)	(−1.6634)	(0.9269)	(−1.4090)
$CCboard_t$	0.1339	−0.0021	0.1527	−0.0011
	(1.2541)	(−0.6739)	(1.4688)	(−0.3654)
$State_t$	−0.2490***	−0.0570***	−0.7259***	−0.0796***
	(−2.7762)	(−3.5825)	(−3.8010)	(−4.0394)
Constant	5.3796	−0.2149**	6.7336	−0.1805*
	(1.1437)	(−1.9747)	(1.5420)	(−1.6542)
Industry	Yes	Yes	Yes	Yes
Year	Yes	Yes	Yes	Yes
Observations	1,257	856	1,257	856
R^2	0.158	0.387	0.236	0.403
Adjusted R^2	0.132	0.360	0.213	0.376

表 4-18 加入国有企业样本检验二

变量	(1) $ANIPDI_{t+1}$	(2) $AROEDI_{t+1}$	(3) $ANIPDI_{t+1}$	(4) $AROEDI_{t+1}$
IND_t	3.1084**	0.0420		
	(2.4151)	(1.4303)		
$IND_t*Social_t$	0.3406**	0.1390***		
	(2.1897)	(2.8434)		
FIN_t			0.0233**	0.0065**
			(2.0418)	(2.4689)
$FIN_t*Social_t$			2.2022***	0.0197**
			(2.9751)	(2.1998)
$Social_t$	0.9296	0.1000***	0.3098	0.0153*
	(0.8309)	(3.0825)	(0.8073)	(1.8662)
$Size_t$	0.0809	0.0131**	−0.0413	0.0108*
	(0.3703)	(2.3617)	(−0.1953)	(1.9333)
Lev_t	−0.0834	0.0211	0.1225	0.0196
	(−0.0862)	(0.9162)	(0.1341)	(0.8532)
$Growth_t$	1.3302**	0.0055	1.1337**	0.0009
	(2.2503)	(0.5487)	(2.0413)	(0.0934)
Dev_t	−0.7184***	−0.0118***	−0.6251***	−0.0108***
	(−4.1044)	(−2.9814)	(−3.7545)	(−2.9211)
$Top1_t$	−0.4890	−0.0187	−0.7077	−0.0245
	(−0.4628)	(−0.7376)	(−0.7214)	(−1.0005)
$TMTstock_t$	−0.2530	−0.0072	−0.3761	−0.0102
	(−0.3940)	(−0.4547)	(−0.6452)	(−0.6482)
$TMTpay_t$	−0.3186	0.0084	−0.3530	0.0101**
	(−1.3898)	(1.6472)	(−1.6262)	(2.0132)
$Independent_t$	1.3426	−0.1319***	2.9497	−0.1029**
	(0.6607)	(−2.6586)	(1.5352)	(−2.2411)
Age_t	1.3617***	0.0016	1.4590***	0.0084
	(3.4576)	(0.1770)	(3.9596)	(0.9390)

续表

变量	（1） ANIPDI$_{t+1}$	（2） AROEDI$_{t+1}$	（3） ANIPDI$_{t+1}$	（4） AROEDI$_{t+1}$
DA$_t$	1.1568	−0.0481**	1.1739	−0.0511***
	(1.5318)	(−2.4363)	(1.5680)	(−2.6028)
RM$_t$	0.2446	−0.0192*	0.3864	−0.0151
	(0.6672)	(−1.8357)	(1.1394)	(−1.5091)
CCboard$_t$	0.1058	−0.0011	0.1315	−0.0007
	(0.9694)	(−0.3629)	(1.2498)	(−0.2222)
State$_t$	−0.2901*	−0.0180**	−0.3085**	−0.0139*
	(−1.6825)	(−2.0011)	(−2.5015)	(−1.7843)
Constant	5.4728	−0.1426	7.3631*	−0.1780*
	(1.1655)	(−1.3015)	(1.6556)	(−1.6639)
Industry	Yes	Yes	Yes	Yes
Year	Yes	Yes	Yes	Yes
Observations	1,257	856	1,257	856
R^2	0.164	0.395	0.249	0.401
Adjusted R^2	0.137	0.367	0.225	0.380

4.6.2　内生性检验

4.6.2.1　竞争性解释检验

以上研究均基于股权激励合约背景，即薪酬委员会的独立性和财务专业性越高，同时薪酬委员会社会地位更高，可有效提升股权激励合约中的业绩目标严格度。然而上述研究结果还会存在另一种替代解释，即薪酬委员会特征可影响所有公司设定的业绩目标，并不限制于股权激励合约情境下。为解决此竞争性解释，作者搜集整理了没有实施股权激励但也披露了业绩目标的非国有上市公司进行匹配研究。作者搜集了没有实施股权激励公司披露的净利润目标，然后基于第 t 期公司实际净利润和净资产，计算没有实施股权激励公司的目标净利润增长率和净资产收益率，并使用行业、板块业绩均值进行调整，得到调整后的净利润增长率（NIP_{t+1}）和净资产收益率（ROE_{t+1}）。作者参考 Bettis et al.（2010）的研究，以公司市值、资产负债率、ROA、第一大股东持股比例和营业收入增长率作为配对参数对实施股权激励样本和没有实施股权激励样本进行 PSM 一对一匹配，同时控制了行业和年份效应。由于上市公司业绩目标的披露是自愿的，没有强制规定，所获得的没有实施股权激励的公司样本较少，从而以此数据为基础匹配实施股权激励的公司。使用匹配后没有实施股权激励的数据作为研究样本，根据方程（1-1）和（1-2）重新进行回归分析。结果如表 4-19 和 4-20 所示。薪酬委员会独立性（IND_t）、财务专业性（FIN_t）以及与薪酬委员会社会地位（$Social_t$）的交互项均与净利润增长率（NIP_{t+1}）和净资产收益率（ROE_{t+1}）没有显著关系，说明薪酬委员会与公司业绩目标之间并不存在显著关系。薪酬委员会仅对由自己直接负责制定的股权激励合约中业绩目标的严格度有显著正向影响。

表 4-19 竞争性解释检验一

变量	(1) NIP_{t+1}	(2) ROE_{t+1}	(3) NIP_{t+1}	(4) ROE_{t+1}
IND_t	8.2520*	0.0966		
	(1.8155)	(1.5758)		
FIN_t			5.8673	−0.0115

续表

变量	(1) NIP_{t+1}	(2) ROE_{t+1}	(3) NIP_{t+1}	(4) ROE_{t+1}
			(1.1332)	(−0.8656)
$Size_t$	−0.5004	0.0207*	−0.5022	0.0196*
	(−0.2915)	(1.7606)	(−0.2896)	(1.7457)
Lev_t	3.0231	0.0620	2.6388	0.0644
	(0.4642)	(1.1697)	(0.3956)	(1.1732)
$Growth_t$	0.0588	0.0184	0.1701	0.0160
	(0.0177)	(1.6337)	(0.0496)	(1.4482)
Dev_t	−3.9780	−0.0170	−3.9841	−0.0169
	(−1.0873)	(−1.3234)	(−1.0904)	(−1.3135)
$Top1_t$	5.2824	0.0065	5.3497	0.0098
	(0.5007)	(0.2428)	(0.5070)	(0.3454)
$TMTstock_t$	−15.2670	0.0026	−15.2087	0.0051
	(−1.3206)	(0.1869)	(−1.3103)	(0.3643)
$TMTpay_t$	−3.6191	0.0084*	−3.6717	0.0108**
	(−1.2113)	(1.8021)	(−1.1919)	(2.1774)
$Independent_t$	13.6223	−0.1022**	12.7549	−0.1118**
	(0.8941)	(−2.3674)	(0.8723)	(−2.3669)
Age_t	3.8671*	−0.0113	4.0671*	−0.0086
	(1.7300)	(−1.4432)	(1.7619)	(−1.1813)
DA_t	−1.0720	−0.0335	−0.8675	−0.0331
	(−0.2958)	(−1.4577)	(−0.2465)	(−1.4280)
RM_t	−1.7037	−0.0207	−1.7426	−0.0187
	(−0.9231)	(−1.5075)	(−0.9421)	(−1.2999)
$CCboard_t$	−0.1544	0.0003	−0.1145	0.0008
	(−0.2780)	(0.1197)	(−0.2116)	(0.2898)
Constant	10.6990	−0.1614	11.5646	−0.1154
	(1.3586)	(−1.2898)	(1.3829)	(−1.0033)
Industry	Yes	Yes	Yes	Yes
Year	Yes	Yes	Yes	Yes

续表

变量	(1) NIP_{t+1}	(2) ROE_{t+1}	(3) NIP_{t+1}	(4) ROE_{t+1}
Observations	701	523	701	523
R^2	0.024	0.106	0.024	0.102
Adjusted R^2	0.008	0.064	0.007	0.060

表 4-20 竞争性解释检验二

变量	(1) NIP_{t+1}	(2) ROE_{t+1}	(3) NIP_{t+1}	(4) ROE_{t+1}
IND_t	1.6002	0.1168		
	(1.6017)	(1.1321)		
$IND_t * Social_t$	3.2061	−0.0430		
	(1.2832)	(−0.3852)		
FIN_t			1.9370	0.0063
			(0.9687)	(0.5085)
$FIN_t * Social_t$			6.9913	−0.0272
			(0.6841)	(−1.1805)
$Social_t$	2.4525	0.0151	0.3416	0.0000
	(1.4784)	(0.2329)	(0.2340)	(0.0003)
$Size_t$	−0.6471	0.0209*	−0.6849	0.0243
	(−0.4005)	(1.7409)	(−0.4273)	(1.4291)
Lev_t	2.7976	0.0626	2.3868	0.0809
	(0.4100)	(1.1843)	(0.3445)	(1.0655)
$Growth_t$	0.2693	0.0176	0.2273	0.0131
	(0.0781)	(1.5962)	(0.0650)	(1.4088)
Dev_t	−4.0216	−0.0167	−3.9971	−0.0184
	(−1.0961)	(−1.3018)	(−1.0900)	(−1.1873)
$Top1_t$	4.2922	0.0111	4.3103	0.0255
	(0.4438)	(0.3874)	(0.4606)	(0.6080)
$TMTstock_t$	−15.2055	0.0023	−15.5129	0.0066

续表

变量	(1) NIP_{t+1}	(2) ROE_{t+1}	(3) NIP_{t+1}	(4) ROE_{t+1}
	(−1.3215)	(0.1648)	(−1.2905)	(0.4739)
$TMTpay_t$	−3.4845	0.0087*	−3.5786	0.0112**
	(−1.1937)	(1.8461)	(−1.2039)	(2.3285)
$Independent_t$	14.3920	−0.1099**	14.3924	−0.1182**
	(0.8713)	(−2.3534)	(0.8772)	(−2.3432)
Age_t	4.3125*	−0.0127*	4.2838*	−0.0064
	(1.7082)	(−1.6951)	(1.7321)	(−0.9085)
DA_t	−1.3765	−0.0308	−0.8709	−0.0284
	(−0.3524)	(−1.3302)	(−0.2460)	(−1.1956)
RM_t	−1.2446	−0.0222	−1.5008	−0.0191
	(−0.6542)	(−1.6372)	(−0.7914)	(−1.3782)
$CCboard_t$	−0.3452	0.0008	−0.2282	0.0017
	(−0.4702)	(0.2895)	(−0.3519)	(0.6083)
Constant	105.7590	−0.1713	114.0795	−0.1724
	(1.3291)	(−1.1600)	(1.3751)	(−1.2582)
Industry	Yes	Yes	Yes	Yes
Year	Yes	Yes	Yes	Yes
Observations	701	523	701	523
R^2	0.026	0.107	0.026	0.091
Adjusted R^2	0.008	0.063	0.007	0.056

4.6.2.2 Heckman 两阶段回归检验

为消除上市公司股权激励实施与否而产生的样本自选择问题，本章使用 Heckman 两阶段回归。Heckman 检验的第一阶段为逻辑回归，本章使用第 t+1 期是否实施股权激励（$Incentive_{t+1}$）作为逻辑回归中因变量，实施股权激励的样本取值为 1，反之则取值为 0。

将影响公司是否实施股权激励相关因素作为自变量（Bettis et al.,2010），包括第 t 期公司规模、资产负债率、公司成长性、业绩波动率、第一大股东持股比例、机构投资者持股比例、高管现金薪酬以及持股比例、高管权力、公司年龄，具体变量解释见定义表。最终得到 IMR_t 是逆米尔斯比率（Inverse Mills Ratio），加入到第二阶段的回归模型中，用于控制自选择偏差。

Heckman 回归结果如表 4-21 和表 4-22 所示，薪酬委员会独立性（IND_t）、财务专业性（FIN_t）分别与公司下一年股权激励合约中净利润增长率（$ANIPDI_{t+1}$）和净资产收益率（$AROEDI_{t+1}$）在 1% 水平上显著正相关；同理，薪酬委员会社会地位（$Social_t$）与薪酬委员会独立性（IND_t）和财务专业性（FIN_t）的交互项分别与公司下一年股权激励合约中净利润增长率（$ANIPDI_{t+1}$）和净资产收益率（$AROEDI_{t+1}$）在 5% 以上显著正相关。因此各个模型回归结果与主回归结果具有一致性，说明在控制内生性问题后，假说的验证具有稳健性。

表 4-21 Heckman 两阶段检验一

第一阶段	（1）	第二阶段	（1）	（2）	（3）	（4）
变量	$Incentive_{t+1}$	变量	$ANIPDI_{t+1}$	$AROEDI_{t+1}$	$ANIPDI_{t+1}$	$AROEDI_{t+1}$
$Size_t$	−0.0887***	IND_t	3.8033***	0.0849***		
	(−3.2323)		(3.5326)	(2.9877)		
Lev_t	−0.2148*	FIN_t			2.0334***	0.0246***
	(−1.9236)				(4.7454)	(2.7310)
$Growth_t$	−0.0499	$Size_t$	0.9114**	0.0145	0.5852*	0.0083
	(−1.0332)		(2.2811)	(1.4684)	(1.6669)	(0.8111)
Dev_t	0.1278***	Lev_t	2.7198*	0.0210	2.1118	0.0104
	(6.5000)		(1.8800)	(0.5734)	(1.6453)	(0.2700)

续表

第一阶段	(1)	第二阶段	(1)	(2)	(3)	(4)
变量	Incentive$_{t+1}$	变量	ANIPDI$_{t+1}$	AROEDI$_{t+1}$	ANIPDI$_{t+1}$	AROEDI$_{t+1}$
Top1$_t$	0.0479	Growth$_t$	1.6435***	0.0073	1.4334**	0.0035
	(0.3713)		(2.6255)	(0.7012)	(2.4531)	(0.3421)
Institution$_t$	0.1497*	Dev$_t$	−2.0224***	−0.0162	−1.5723***	−0.0088
	(1.6566)		(−3.9390)	(−1.3150)	(−3.5735)	(−0.6915)
TMTstock$_t$	0.3571***	Top1$_t$	−1.1325	−0.0326	−0.9607	−0.0283
	(3.8775)		(−0.9685)	(−1.2378)	(−0.9130)	(−1.1229)
TMTpay$_t$	0.1662***	TMTstock$_t$	−3.9575***	−0.0155	−3.0036**	−0.0012
	(5.6435)		(−2.7314)	(−0.4553)	(−2.5199)	(−0.0347)
Power$_t$	1.0022***	TMTpay$_t$	−2.0964***	0.0052	−1.6513***	0.0136
	(3.1474)		(−3.0046)	(0.2917)	(−2.7622)	(0.7523)
Age$_t$	−0.7133***	Independent$_t$	−8.9359**	−0.1494	−5.1727	−0.0948
	(−13.1343)		(−1.9936)	(−1.4880)	(−1.3628)	(−0.9250)
		Age$_t$	8.2676***	0.0207	6.4583***	−0.0090
			(3.2477)	(0.3176)	(2.9060)	(−0.1348)
		DA$_t$	1.3697*	−0.0554***	1.3224*	−0.0565***
			(1.7074)	(−2.6986)	(1.6485)	(−2.7416)
		RM$_t$	0.2219	−0.0198*	0.3900	−0.0154
			(0.5721)	(−1.7940)	(1.0787)	(−1.4599)
		CCboard$_t$	−0.0769	−0.0015	0.0216	0.0009
			(−0.5113)	(−0.3597)	(0.1592)	(0.2190)
		IMR$_t$	−12.7265***	−0.0255	−9.0648**	0.0355
			(−2.6398)	(−0.2073)	(−2.1939)	(0.2806)
Constant	−2.2027***	Constant	50.8424***	−0.0677	39.7172***	−0.2373
	(−4.0305)		(2.9204)	(−0.1549)	(2.6945)	(−0.5260)
Industry	Yes	Industry	Yes	Yes	Yes	Yes
Year	Yes	Year	Yes	Yes	Yes	Yes

续表

第一阶段	（1）	第二阶段	（1）	（2）	（3）	（4）
变量	Incentive$_{t+1}$	变量	ANIPDI$_{t+1}$	AROEDI$_{t+1}$	ANIPDI$_{t+1}$	AROEDI$_{t+1}$
Observations	10,382	Observations	1,181	805	1,181	805
Pseudo R^2	0.1099	R^2	0.174	0.399	0.249	0.420
		Adjusted R^2	0.146	0.370	0.224	0.392

表 4-22 Heckman 两阶段检验二

第二阶段	（1）	（2）	（3）	（4）
变量	ANIPDI$_{t+1}$	AROEDI$_{t+1}$	ANIPDI$_{t+1}$	AROEDI$_{t+1}$
IND$_t$	3.3213**	0.0354		
	(2.3467)	(1.1575)		
IND$_t$*Social$_t$	0.2647**	0.1351**		
	(2.1242)	(2.3905)		
FIN$_t$			0.1589**	0.0085*
			(2.2701)	(1.6820)
FIN$_t$*Social$_t$			2.3702***	0.0172**
			(3.0949)	(2.0334)
Social$_t$	0.5326	0.1011***	0.3603	0.0187**
	(0.4020)	(2.7293)	(0.8942)	(2.2468)
Size$_t$	0.8375**	0.0142	0.4765	0.0101
	(2.1206)	(1.4234)	(1.3950)	(1.5180)
Lev$_t$	2.4857*	0.0227	1.9740	0.0226
	(1.7102)	(0.6150)	(1.5354)	(0.8338)
Growth$_t$	1.6497***	0.0054	1.3723**	0.0020
	(2.6479)	(0.5266)	(2.3671)	(0.1997)
Dev$_t$	−1.9433***	−0.0153	−1.4914***	−0.0137***
	(−3.8155)	(−1.2389)	(−3.4739)	(−2.5924)

续表

第二阶段 变量	（1）ANIPDI$_{t+1}$	（2）AROEDI$_{t+1}$	（3）ANIPDI$_{t+1}$	（4）AROEDI$_{t+1}$
Top1$_t$	−1.2167	−0.0246	−1.1583	−0.0315
	（−1.0397）	（−0.9442）	（−1.0964）	（−1.2479）
TMTstock$_t$	−3.7327***	−0.0164	−2.8745**	−0.0182
	（−2.5894）	（−0.4778）	（−2.4566）	（−0.9926）
TMTpay$_t$	−1.9792***	0.0041	−1.4917**	0.0061
	（−2.8356）	（0.2306）	（−2.5392）	（0.8629）
Independent$_t$	−8.0563*	−0.1503	−3.9271	−0.1333**
	（−1.8112）	（−1.4621）	（−1.0491）	（−2.3483）
Age$_t$	7.8884***	0.0150	6.0870***	0.0198
	（3.1020）	（0.2288）	（2.7797）	（0.9061）
DA$_t$	1.3165*	−0.0504**	1.3070*	−0.0537***
	（1.6533）	（−2.4771）	（1.6606）	（−2.6701）
RM$_t$	0.2886	−0.0229**	0.4731	−0.0170
	（0.7400）	（−2.1088）	（1.3068）	（−1.6210）
CCboard$_t$	−0.0900	−0.0003	0.0198	0.0005
	（−0.5947）	（−0.0816）	（0.1458）	（0.1465）
IMR$_t$	−11.9180**	−0.0250	−8.2680**	−0.0197
	（−2.4652）	（−0.2005）	（−2.0222）	（−0.5031）
Constant	48.0995***	−0.0079	37.1459**	−0.0376
	（2.7419）	（−0.0178）	（2.5316）	（−0.2445）
Industry	Yes	Yes	Yes	Yes
Year	Yes	Yes	Yes	Yes
Observations	1,181	805	1,181	805
R^2	0.180	0.408	0.263	0.421
Adjusted R^2	0.151	0.378	0.237	0.398

4.6.2.3 两阶段工具变量回归

考虑到薪酬委员会特征与股权激励合约中业绩目标设定的正相关关系可能由于公司其他特征影响所导致，为解决这一内生性问题，本书尝试寻找薪酬委员会特征的工具变量。本章以公司注册地法律制度环境作为薪酬委员会独立性的工具变量，法律制度环境越好说明对投资者的保护程度越高。法律制度环境数据来源于樊纲等（2016）的市场中介组织的发育和法律制度环境评分。借鉴 Badolato et al.（2014）的研究，用公司注册地是否在一线城市，即公司注册地是否在北京、上海、广州和深圳作为薪酬委员会财务专业性的工具变量。一线城市的金融经济较发达，可获得较丰富的财务和金融资源。另外，本书以股权激励公司所在同行业同板块从来没有实施过股权激励公司薪酬委员会连锁董事均值作为薪酬委员会社会地位的工具变量。

另外，如表 4-24 和 4-25 所示，本书同时对工具变量进行识别不足检验（Underidentification test）和弱工具变量检验（Weak identification test）。识别不足检验结果均在 5% 以上显著，说明工具变量与薪酬委员会特征内生变量显著相关。弱工具变量检验所有 F 值均大于 10，证明不存在弱工具变量问题，即工具变量是有效的。

基于工具变量两阶段回归，本章对假设重新进行了回归分析，综合表 4-23 至表 4-25 的回归结果可知，使用工具变量后，各个模型回归结果与假设回归结果具有一致性，说明在控制内生性问题后，假说的验证具有稳健性。

表 4-23 工具变量第一阶段检验

第一阶段 变量	（1）IND_t	（2）FIN_t	（3）$Social_t$
$IVIND_t$	0.4421***		
	（2.9606）		
$IVFIN_t$		0.6877***	
		（5.5588）	
$IVSocial_t$			1.4652***
			（3.6380）
$Size_t$	−0.0040	0.0518**	0.0323
	（−0.7070）	（2.0554）	（1.3177）
Lev_t	−0.0054	0.0976	0.0619
	（−0.2157）	（0.8839）	（0.5405）
$Growth_t$	−0.0115	−0.0956	−0.0352
	（−1.0628）	（−1.5976）	（−0.7010）
Dev_t	−0.0016	−0.0237	−0.0055
	（−0.3630）	（−1.4877）	（−0.2986）
$Top1_t$	0.0042	0.0316	0.2104*
	（0.1426）	（0.2552）	（1.7446）
$TMTstock_t$	0.0246	−0.1275	0.0165
	（1.3074）	（−1.5986）	（0.2091）
$TMTpay_t$	0.0108*	−0.0709**	−0.0039
	（1.7843）	（−2.1082）	（−0.1399）
$Independent_t$	−0.0200	−0.6864***	−0.2423
	（−0.3079）	（−2.5900）	（−0.8398）
Age_t	0.0288***	−0.0208	−0.0657
	（3.0782）	（−0.5274）	（−1.5712）
DA_t	−0.0033	−0.1216	0.1198
	（−0.1297）	（−1.1029）	（0.9909）
RM_t	0.0162	−0.0151	−0.0872

续表

第一阶段	(1)	(2)	(3)
变量	IND_t	FIN_t	$Social_t$
	(1.3828)	(−0.2480)	(−1.4614)
$CCboard_t$	0.0027	−0.0033	0.0440***
	(0.4597)	(−0.2158)	(2.6532)
Constant	0.4710***	1.0528*	−0.1277
	(3.9871)	(1.7395)	(−0.2273)
Industry	Yes	Yes	Yes
Year	Yes	Yes	Yes
Observations	1,187	1,187	1,187
R^2	0.064	0.533	0.094
Adjusted R^2	0.034	0.517	0.064

表 4-24　工具变量第二阶段检验一

第二阶段	(1)	(2)	(3)	(4)
变量	$ANIPDI_{t+1}$	$AROEDI_{t+1}$	$ANIPDI_{t+1}$	$AROEDI_{t+1}$
$IVIND_t$	6.3311**	0.1390***		
	(2.3034)	(2.6914)		
$IVFIN_t$			4.2493***	0.2294***
			(4.4266)	(3.1830)
$Size_t$	0.1432	0.0124**	0.0306	0.0102*
	(0.6594)	(2.2481)	(0.1516)	(1.8070)
Lev_t	−0.0409	0.0162	0.1664	0.0181
	(−0.0442)	(0.7102)	(0.1926)	(0.7813)
$Growth_t$	1.3599***	0.0059	1.2256**	0.0042
	(2.6245)	(0.5512)	(2.5350)	(0.4332)
Dev_t	−0.7714***	−0.0136***	−0.6702***	−0.0121***
	(−4.9915)	(−3.6041)	(−4.5389)	(−3.4175)

续表

第二阶段	（1）	（2）	（3）	（4）
变量	ANIPDI$_{t+1}$	AROEDI$_{t+1}$	ANIPDI$_{t+1}$	AROEDI$_{t+1}$
Top1$_t$	−0.1856	−0.0291	−0.3058	−0.0317
	(−0.2008)	(−1.1154)	(−0.3621)	(−1.3669)
TMTstock$_t$	−0.5171	−0.0076	−0.5757	−0.0117
	(−0.7902)	(−0.4774)	(−1.0194)	(−0.8044)
TMTpay$_t$	−0.3362	0.0097	−0.4143*	0.0082*
	(−1.1781)	(1.4349)	(−1.9184)	(1.8048)
Independent$_t$	1.1860	−0.1339***	2.1369	−0.1202***
	(0.6188)	(−2.7609)	(1.1857)	(−2.8649)
Age$_t$	1.5137***	0.0079	1.6416***	0.0108
	(3.2405)	(0.8541)	(4.6594)	(1.3546)
DA$_t$	1.2780*	−0.0554***	1.2566*	−0.0563***
	(1.7237)	(−2.9339)	(1.6893)	(−2.9908)
RM$_t$	0.2545	−0.0190*	0.4175	−0.0147
	(0.5980)	(−1.6690)	(1.1975)	(−1.5165)
CCboard$_t$	0.1988*	−0.0006	0.2180**	0.0002
	(1.8526)	(−0.1871)	(2.1285)	(0.0780)
Constant	5.1783	−0.1384	7.0439	−0.1075
	(0.7297)	(−1.1289)	(1.6321)	(−1.0502)
Industry	Yes	Yes	Yes	Yes
Year	Yes	Yes	Yes	Yes
Observations	1,181	805	1,181	805
R^2	0.166	0.397	0.245	0.419
Adjusted R^2	0.139	0.368	0.220	0.392
Underidentification tes$_t$	0.0010	0.0081	0.0041	0.0054
Weak identification tes$_t$	16.315	10.561	31.146	34.242

表 4-25 工具变量第二阶段检验二

第二阶段	(1)	(2)	(3)	(4)
变量	ANIPDI$_{t+1}$	AROEDI$_{t+1}$	ANIPDI$_{t+1}$	AROEDI$_{t+1}$
IVIND$_t$	8.1778*	0.0677*		
	(1.7910)	(1.7620)		
IVIND$_t$ *IVSocial$_t$	4.3625***	0.0317***		
	(2.6829)	(3.1166)		
IVFIN$_t$			2.7163*	0.6464
			(1.8825)	(1.0508)
IVFIN$_t$ *IVSocial$_t$			4.4643**	0.6802**
			(2.1217)	(2.0944)
IVSocial$_t$	0.9833*	0.0493	0.9160	0.2160
	(1.7331)	(0.2618)	(0.0643)	(1.1766)
Size$_t$	0.1322	0.0111*	0.1229	0.0048
	(0.4839)	(1.8106)	(0.2084)	(0.5208)
Lev$_t$	0.1807	0.0152	0.1133	0.0773
	(0.1868)	(0.6376)	(0.0817)	(1.1148)
Growth$_t$	1.4008***	0.0064	1.3030	−0.0156
	(2.6936)	(0.5599)	(1.2477)	(−0.6275)
Dev$_t$	−0.8499***	−0.0145***	−0.6589***	−0.0230*
	(−4.0564)	(−3.4620)	(−3.6307)	(−1.6527)
Top1$_t$	−0.2720	−0.0380	0.1019	−0.0789
	(−0.2586)	(−1.2034)	(0.0453)	(−1.1016)
TMTstock$_t$	−0.3437	−0.0041	−0.4371	−0.0198
	(−0.3856)	(−0.2303)	(−0.3320)	(−0.7076)
TMTpay$_t$	−0.0963	0.0125	−0.5261	0.0261
	(−0.1684)	(1.5316)	(−0.5655)	(1.3792)
Independent$_t$	−0.0377	−0.1335***	1.2127	0.0125
	(−0.0140)	(−2.5835)	(0.2070)	(0.0782)
Age$_t$	1.8813*	0.0169	1.5627***	0.0288
	(1.6901)	(0.8692)	(3.6241)	(0.8808)

续表

第二阶段 变量	（1） ANIPDI$_{t+1}$	（2） AROEDI$_{t+1}$	（3） ANIPDI$_{t+1}$	（4） AROEDI$_{t+1}$
DA$_t$	1.2502	−0.0623***	1.2569	−0.0521
	(1.5498)	(−2.6727)	(1.3583)	(−1.2906)
RM$_t$	0.4381	−0.0122	0.3001	−0.0165
	(0.5649)	(−0.7749)	(0.5698)	(−0.7239)
CCboard$_t$	0.2134	−0.0014	0.2445	−0.0043
	(1.4985)	(−0.3873)	(1.4538)	(−0.4640)
Constant	−0.2792	−0.1162	6.4712	0.0372
	(−0.0395)	(−0.7326)	(0.9009)	(0.1929)
Industry	Yes	Yes	Yes	Yes
Year	Yes	Yes	Yes	Yes
Observations	1,181	805	1,181	805
R^2	0.042	0.334	0.148	0.327
Adjusted R^2	0.010	0.301	0.119	0.240
Underidentification test	0.0314	0.0259	0.03241	0.0270
Weak identification test	12.962	12.138	17.289	15.503

4.7　本章小结

基于中国上市公司股权激励制度背景，本章首先对影响股权激励业绩目标设定的前置因素进行详细探讨。由于中国上市公司所实施的股权激励属于业绩型股权激励，在设置股权激励合约具体条款时没有丰富经验可以借鉴。如何能够制定出合理有效的股权激励合约则成为首要问题。基于2005年颁布的《上市公司股权激励管理办法（试行）》和2016年颁布的《上市公司股权激励管理办法》的规定，董事会下属薪酬委员会负责制定股权激励合约，直接影响股权激励合约具体条款设定，因此薪酬委员会特征的差异性特征对上市公司股权激励合约设置将产生不同的影响。本书结合已有文献研究（Newman and Mozes，1999；Anderson and Bizjak，2003；Vafeas，2003；Conyon and He，2004；Laksmana，2008；Sun et al.，2009；Bebchuk and Grinstein，2010；谢德仁等，2012），使用薪酬委员会独立性和财务专业性来反映代理理论和资源依赖理论的观点，从这两方面研究对股权激励合约中业绩目标设定严格度的影响。本章基于2006年－2017年已成功实施股权激励计划的上市公司为样本，综合以往有关董事会及其下属委员会的研究，分别使用薪酬委员会中独立董事占比和财务背景董事占比代表薪酬委员会的独立性和专业性。通过实证分析发现，薪酬委员会中独立董事占比越高，具有财务背景的董事人员占比越高，可以显著提高股权激励合约中业绩目标设定严格度。从而当薪酬委员会独立性较高并具备丰富财务专业能力，股权激励中业绩目标设定更严格，可更有效激励高管努力工作。另外，本章使用连锁董事人数占薪酬委员会总人数比例来反映薪酬委员会社会地位，发现当薪酬委员会社会地位较高时，可进一步提升独立性和财务专业性与股权激励业绩目标严格度的正相关关系；较高的社会地位使薪酬委员会在制定股权激励合约时更具话语权和权威，不受高管层权力的影响，使业绩目标更严格，激励更有效。

在进一步研究中，首先，基于薪酬委员会中独立董事亲自参会比例进行分组，发现只有当独立董事亲自参会比例较高时，即有充裕时间参与到公司事务决策，独立性、财务专业性以及社会地位与业绩目标间关系显著为正。其次，基于高管股权激励强度进行分组回归，当高管股权激励强度较高时，薪酬委员会独立性、财务专业性以及社会地位与业绩目标间的关系显著为正，说明虽然高管会面临较高业绩压力，同时也会获得较高潜在收益。最后，基于机构投资者持股比例进行分组回归，发现当机构投资者持股比例较高时，公司薪酬委员会独立性、财务专业性以及社会地位与业绩目标间的关系显著为正，说明机构投资者的有效监督可提升薪酬委员会制定股权激励业绩目标的严格度。最终通过固定效应模型、更替主检验变量、竞争性解释检验、工具变量等稳健性和内生性检验，回归结果与假设检验一致，支持本章研究结论。

本章的研究结论对中国上市公司股权激励制度的完善有重要意义。由于股权激励计划在中国上市公司中仍属于新型的薪酬激励方式，且为业绩型股权激励，可供借鉴的已有经验较少。而薪酬委员会作为股权激励合约的直接制定与负责部门，对股权激励合约有效性负有重大责任。因此，在制定股权激励计划时，需要薪酬委员会不仅需要具备较高的独立性和专业性，还应具有较高权威性以保证在公司的话语权，同时需要有充足时间对股权激励的具体条款设置进行商讨验证。因此，公司在实施股权激励计划前，应保证公司薪酬委员会运行有效，完善薪酬委员会制度。

第五章 股权激励合约中业绩目标设定对公司投资行为的影响

5.1 引言

通过第四章的实证检验结果可知，薪酬委员会中独立董事占比越高、具有财务背景董事人员占比越高，能够显著提升股权激励合约中业绩目标设定的严格度。并且当薪酬委员会社会地位更高时，可进一步提升独立性和财务专业性与业绩目标严格度间的正相关关系。基于这一研究结论，又引发了作者对下一个问题的思考：股权激励合约中设定较严格的业绩目标是否可以切实有效激励高管为公司利益最大化而努力？以往关于高管薪酬契约的研究主要集中于两个理论，最优契约理论和管理者权力理论。基于最优契约理论，股权激励可以有效激励高管努力工作，从而提升公司价值；然而管理者权力理论认为，当面临较大业绩压力时，高管为了实现自身利益，会从事一些损害股东和整个公司利益的行为，比如实施盈余管理等方式来完成业绩。因此，接下来本书将从公司投资行为以及内部控制两方面来研究股权激励业绩目标的激励有效性。本章将首先对股权激励合约中业绩目标设定与投资行为关系进行研究。

实施股权激励的一个重要背景是中小上市公司希望通过股权激励来吸引和挽留核心管理人才，并且对公司未来战略发展进行规划引导。例如，美的集团实施股权激励计划可以有效推动公司"经理人"向"合伙人"身份转变，从而绑定公司长期价值。制药行业海王生物认为实施股权激励计划将促进公司医药商业体系快速发展、提高公司的可持续发展力。因此从已有实践案例可知，上市公司股权激励计划实施的目的，一方面将管理者与股东利益统一，另一方面将提高公司投资创新能力以及持续发展能力。

根据2005年颁布的《上市公司股权激励管理办法（试行）》、2008年陆续推出了3个股权激励有关事项备忘录以及2016年颁布的《上市公司股权激励管理办法》，股权激励计划需要对激励对象的范围、拟授出的权益数量、业绩考核目标等方面进行详细载明。这意味着，中国上市公司实施的股权激励计划是业绩型的股权激励，高管可以顺利对股票期权进行行权或解锁限制性股票的前提条件是在股权激励业绩考核期间内公司必须实现预定业绩目标。而且，通过第三章的数据统计可知，目前实施过股权激励的公司设定的行权或解锁条件以财务业绩指标为主，如净利润增长率、加权平均净资产收益率等。因此，业绩目标是股权激励合约的重要组成部分，是反映股权激励有效性的重要指标。本章将探讨股权激励合约中业绩目标设定严格度对公司投资行为的影响。

投资是公司重要的财务行为，是公司不断发展向前的基础动因（吕长江和张海平，2011），也是行业发展的基础，国民经济持续发展的保障（Chang et al., 2015），公司只有不断进行投资才能获得稳定增长的收益。公司高管的动机与风险偏好直接影响其投资决策，因此，给予高管股权激励，以促进其有效地实施与公司相关的投资活动，具有非常重要的理论价值和实践意义（Barton，2011）。

已有关于股权激励与公司投资行为的研究发现股权激励可以有效激励公司提高对外投资规模（Agrawal and Mandelker，1987），高管更倾向实施高风险投资决策，例如进行更多的创新研发投资（Coles et al.，2006），提升高管的风险承担能力（Armstrong and Vashishtha，2012），实施更多的多元化并购（Gormley et al.，2013）。吕长江和张海平（2011）发现公司激励计划的实施可以有效抑制上市公司的非效率投资行为，说明上市公司股权激励计划可以有效缓解股东与高管间的利益冲突，降低代理成本。而陈效东等（2016）基于行权或解锁价格以及相关条件首先将股权激励分为激励型和非激励型股权激励，激励型股权激励可抑制非效率投资，而非激励型股权激励加剧了公司的非效率投资。同时也有学者细化投资行为，关注股权激励对公司创新投资的正向影响（田轩和孟清扬，2018；李强和杨东杰，2018；宋迪等，2018）。已有研究主要使用股权激励计划中行权或解锁条件或高管股权激励份额来反映股权激励计划是否有效，然而这些条款均是激励性条款，只反映了高管可以获得的收益，并没有反映高管所受约束条件。仅仅以激励型条款来说明股权激励计划是否有效并不全面，还应关注股权激励合约中重要的约束性条款，即业绩目标设定的严格度如何影响高管的投资行为。股权激励计划对高管在业绩完成度上有明确要求，同时高管作为公司投资活动的主要决策者，其行为直接影响到公司对外投资规模以及投资效率，影响未来公司收益以及公司价值。因此，有理由认为股权激励业绩目标设定会影响公司投资行为。

本章在中国股权激励政策制度的大背景下，基于最优契约理论和管理者权力理论对上市公司股权激励计划进行探讨，从合约中业绩目标设定角度考察其经济后果，分析股权激励业绩目标设定对公司投资行为的影响。本章的研究结论最终支持了最优契约理论，股权激励业绩目标可有效提高公司的投资规模和投资效率，抑制非效率投资行为，有效提升公司未来收益以及股东价值。并且本章对公司投资行为进行了细致划分，检验股权激励业绩目标设定对不同投资行为的影响。将公司投资行为进一步划分为固定资产投资、长期股权投资和创新研发投资三种形式，发现由于公司的创新研发投资风险更大，一旦研发失败，会提高公司当期费用成本，因此当高管面临股权激励业绩目标压力较大时，会选择更加稳妥安全收益稳定的固定资产投资和长期股权投资方式。本章仅关注了非流动资产产业投资，而没有关注交易性金融资产、可供出售金融资产等金融性资产投资，是因为金融性投资所产生的投资收益属于非经常性损益，在考核股权激励业绩目标时会被剔除，因此金融性投资并不影响股权激励合约的业绩完成情况。

在进一步研究中，首先基于不同情境，即不同股权激励类型、高管受激励强度和公司未来业绩展望三方面，深入分析股权激励业绩目标设定对公司投资规模和投资效率的影响。研究发现，使用限制性股票作为股权激励类型以及高管受激励强度更高时，股权激励业绩目标更显著提高未来公司投资规模以及提高未来投资效率。而当公司未来业绩展望较为负面时，即市场对公司未来业绩缺乏信心，高管为规避较高风险，会降低新项目投资规模，从而降低了投资效率，抑制了股权激励业绩目标的有效激励。另外本章根据公司所处的生命周期将实施股权激励的公司分为成长型、成熟型和衰退型，通过分组回归发现，在成熟型公司中，股权激励业绩目标的激励效果最有效，其次是成长型公司，而在衰退型公司中，股权激励没有显著激励效果。最后，本章检验了通过股权激励业绩目标设定的严格度激励高管提高投资规模和投资效率，最终是否能够实现业绩目标的顺利完成。回归结果发现，当股权激励业绩目标设定较严格时，高管会通过提高投资规模和投资效率来完成业绩目标。而当股权激励业绩目标设定较低时，并不能有效激励高管进行投资，从而为提升公司价值而努力，反而为了个人利益的实现，使用盈余操纵的方式来实现业绩目标。

5.2 理论分析与研究假设

投资是公司经营过程中重要的财务行为，是公司业绩持续增长、规模持续发展，并获得稳健现金流的基础（Stulz，1988）。已有研究发现，当公司对外公告的投资规模越大时，公司股价收益越高，即高管可通过权益型薪酬获得更高收益（Agrawal and Mandelker，1987）。并且，股权激励的实施可以增加高管的风险偏好（Heron and Lie，2016），同时有效抑制公司非效率投资（吕长江和张海平，2011；徐倩，2014）。但也有研究认为，基于非效率动机的股权激励反而促进了公司的非效率投资（陈效东等，2016）。因此，当前关于股权激励与投资行为的研究依然未得出统一结论，其中一个问题是，已有研究均以股权激励计划作为整体进行研究，却忽略了股权激励中业绩目标作为受激励高管所面临的首要压力，股权激励合约中的约束条件，对公司投资行为的影响。

公司投资是增加公司当前与长远收益的基础（吕长江和张海平，2011）。然而，由于信息不对称性以及未来潜在风险，高管在决策是否开展新项目投资时需要投入大量私人成本，包括时间、资金和人力资源等，而高管并不能获得投资所产生的全部收益（Holmstrom and Weiss，1985），因此，高管会放弃风险较高但 NPV 为正的投资（Myers and Majluf，1984；Bertrand and Mullainathan，2003），导致投资不足。股权激励计划的实施，可以有效抑制投资不足行为。首先，股权激励计划的实施将公司股东与高管利益统一，当高管实现预定业绩目标后，可顺利行权或解锁股票获得相应股票份额，高管可以同股东一样从新增投资中获取剩余利益，提高了股东与高管利益的协同性（Jensen and Murphy，1990）。在股权激励业绩目标压力下，高管有动力通过提升优质投资项目为公司价值最大化而努力。其次，股权激励将高管收益与公司股价直接联系，提高了高管的风险承担能力，促使高管更注重公司长远利益（Armstrong and Vashishtha，2012）。王栋和吴德胜（2016）已证明实施股权激励计划可以提高公司风险承担水平，同时，股权激励与风险承担关系在非国有企业中表现得更明显。从而，当高管面临股权激励合约业绩目标压力时，更倾向通过提高公司投资规模来获取未来收益，以保证目标业绩的顺利实现。最后，投资活动可以提升公司价值，也就提升了公司股价，高管通过行权或解锁股票可以获得更高个人收益。因此，基于最优契约理论，股权激励的业绩目标可以有效激励高管提高公司投资规模，从而顺利实现业绩目标以获得更高个人收益。基于以上分析提出假设：

假设 2-1：给定其他因素，股权激励合约业绩目标严格度与公司未来投资规模正相关。

然而，Jensen（1986）认为高管基于个人私利考虑，会提高自己可控制的资源，建立个人帝国（Empire Building），获取更高收益。高管会把可支配现金都投入到新投资项目中，即使投资项目净收益为负，从而短时提高公司股价，获得超额收益。基于管理者权力理论，汪健等（2013）、陈效东等（2016）也认为在实施股权激励的公司，受激励高管会为了个人利益最大化，会损害公司整体利益，出现过度投资行为。然而，当前研究忽略了一个重要的因素，即业绩型股权激励合约中的业绩目标可以抑制高管的过度投资行为，股权激励合约的业绩目标要求高管在实现既定目标后才能顺利行权或解锁股票。然而，过度投资会浪费公司大量的人力物力资源，提升投资成本。同时，因为过度投资项目的 NPV 为负，因此过度投资无法保证公司在业绩考核期内净利润稳健提升，反而会提高公司亏损风险。高管无法完成股权激励业绩目标，也就不能通过行权或解锁获得股票来增加个人收益。Banker et al.（2011）以基于财务业绩为考核标准的高管薪酬激励为切入点，发现当投资项目未来可以产生较高收益时，薪酬激励强度越高可以激励高管提高相关项目的费用支出。当投资项目并不能带来显著未来收益时，高管会降低相关资源的费用支出。从而当股权激励设有财务业绩目标时，高管会倾向于降低无关费用支出，降低过度投资。因此股权激励业绩目标的设定不仅提升高管的风险承担能力，激励高管对新项目的投资，同时抑制高管的过度投资行为，提高了投资效率。基于以上分析提出假设：

假设 2-2：给定其他因素，股权激励合约业绩目标严格度与公司未来投资效率正相关。

5.3　样本选择、模型构建与变量定义

5.3.1　样本选择

本书选择 2006 年 -2016 年期间的沪深两市 A 股已成功实施股权激励的上市公司作为研究样本。截止 2016 年实施股权激励的总样本为 989 个。手工收集了股权激励草案中业绩目标以及各个高管获得的激励份额等信息。以这些数据为基础，本书作者根据实证研究常见的筛选原则，对样本予以筛选：(1) 剔除金融业的上市公司；(2) 剔除停止实施股权激励的上市公司，包括未通过股东大会决议、停止实施和延期实施；(3) 剔除了投资效率相关信息或财务数据缺失的样本。

经过上述筛选，本书获得了 981 个股权激励实施样本。最后，在回归分析中，剔除了国有上市公司样本 71 个，最终回归样本为 910 个。本书对于上市公司股权激励计划的研究主要关注民营上市公司，因为国有上市公司实施股权激励计划受到更多政策性影响，从而更多呈现的是国企改革的象征意义（Chen et al., 2013）。同理，刘志远和刘倩茹（2015）研究中关于上市公司股权激励计划样本的筛选，剔除国有上市公司样本。

在后续回归分析中，为了降低数据极端值的影响，本书对连续变量进行上下各 1% 水平的 winsorize 处理。

5.3.2 模型构建

基于本章基础假设，首先检验股权激励业绩目标设定对公司投资行为的影响。为此，本书作者构造回归方程（2-1）如下：

$$Investment_{t+1} = \alpha\beta_1 + Hurdle_t + \sum \beta_i controls_t + Year + Industry + Region + \varepsilon \quad (2-1)$$

回归方程 2-1 中，$Investment_{t+1}$ 是指公司第 t+1 期的投资规模（INV_{t+1}）和投资效率（$Ainvest_{t+1}$）变量。$Hurdles_t$ 第 t 期实施的股权激励合约中设定的业绩目标。如第三章样本描述性统计所述，这些业绩目标一部分采用了净利润增长率指标，另一部分采用了净资产收益率指标，且两部分样本不完全重合，所以在接下来的检验中，作者分别对净利润增长率（$ANIPDI_t$）和净资产收益率（$AROEDI_t$）逐一检验。在本章研究中还需要控制住其他影响公司投资行为的因素，这些因素如变量定义表中所述，将综合以往研究，以公司规模、资产负债率、公司成长性、第一大股东持股比例等变量作为控制变量，在方程 2-1 中以 Controls 概括。另外，方程 2-1 中 Year、Industry、Region 分别为年度、行业、地区虚拟变量。

同时，本章使用第 t 期股权激励业绩目标设定检验对第 t+1 期公司投资行为的影响，为缓解互为因果所引发的内生性问题，在控制变量中加入第 t 期投资规模（INV_t）变量，从而控制公司基础投资情况，控制由于公司自身投资状况所引发的内生性问题。

5.3.3 变量定义

（1）投资规模与投资效率。本章分别用投资规模和投资效率来反映公司的投资行为。其中，INV_t 为投资规模，其计算公式如下：

投资规模（INV_t）=（购建固定资产、无形资产和其他长期资产支付的现金 + 取得子公司及其他营业单位支付的现金净额 + 投资支付的现金 − 处置固定资产、无形资产和其他长期资产收回的现金净额 − 处置子公司及其他营业单位收到的现金净额 − 收回投资收到的现金）/ 期初总资产。投资规模（INV_t）越大说明公司第 t 期投资规模越大。

$Ainvest_t$ 为投资效率，其计算方法参考 Richardson（2006）的模型，如方程（2-2）所示。由方程（2-2）模型回归得到残差项 $\varepsilon_{i,t}$，对残差项取绝对值则得到投资效率（$Ainvest_t$）。当投资效率（$Ainvest_t$）值越小说明投资效率越高。

$$Invest_t = \beta_0 + \beta_1 tobitq_{i,t-1} + \beta_3 lev_{i,t-1} + \beta_4 cash_{i,t-1} + \beta_5 age_{i,t-1} + \beta_2 size_{i,t-1} + \beta_2 return_{i,t-1} + \beta_6 Invest_{i,t-1} + \varepsilon_{i,t} \quad (2-2)$$

（2）股权激励合约的业绩目标。基于第三章对股权激励合约中业绩目标设定情况的统计，本书主要关注了两个最具有代表性的业绩目标，分别是净利润增长率和净资产收益率在股权激励合约中设定的目标值。另外，股权激励合约有效期以四到五年为主，因此，在设置业绩目标时一般会涉及三年或以上业绩考核期，同时每个业绩考核期的业绩目标数值是逐年递增。因此本书使用业绩考核期内净利润复合增长率以及加权平均净资产收益率，来反映股权激励合约中业绩目标设定的增长趋势。同时根据股权激励相关政策制度，净利润增长率和净资产收益率均选取扣除了非经常性损益的指标。

并且，由于不同行业、不同板块以及不同时期所处的行业发展状况、公司成长前景等有较大差异，因此，上市公司在设定股权激励合约中业绩目标时也会存在差异，不同行业板块地域的两家公司虽然设置相近的业绩指标但传递的信息可能有较大差异。因此，为加强实施股权激励公司之间的可比性，本书对业绩目标进行调整，扣除实施股权激励公司上一年的同行业、同板块实际业绩均值，从而得到业绩目标相较于历史基准的相对目标值。在后续的稳健性测试中，本书还会将股权激励合约中的业绩目标与实施股权激励计划公司过去三年实际均值做比较。

（3）控制变量。现有文献表明，股权激励的实施以及合约的设置会受到公司特征的影响，包括公司规模、负债情况、公司盈亏状态、公司治理特征等方面（Krishnan，2005；DeFond and Jiambalvo，1994）。因此，综合已有研究，本章以公司规模、资产负债率、总资产收益率、公司成长性、公司自由现金流、第一大股东持股比例、高管薪酬和高管持股比例等作为控制变量，以控制住影响股权激励公司合约设计以及公司投资行为的其他因素。变量的具体定义描述见变量定义表。

5.4 实证检验分析

5.4.1 描述性统计和相关性分析

从表 5-1 描述性统计可知公司投资规模（INV_{t+1}）和投资效率

(Ainvest$_{t+1}$)的均值分别为 0.114 和 0.073,中位数分别为 0.088 和 0.057。公司股权激励业绩目标中净利润增长率(ANIPDI$_t$)和公司净资产收益率(AROEDI$_t$)的均值分别为 0.796 和 0.001,中位数分别为 0.413 和 0.000,说明股权激励公司设置的业绩目标平均高于同行业、同板块的实际均值,表明业绩目标设定普遍较严格。其他变量的描述性统计结果也未见异常。

通过表 5-2 的相关性分析可知,公司投资规模与股权激励业绩目标有显著正相关性,公司投资效率与股权激励业绩目标有显著负相关性,初步证实本章假设。同时,其他控制变量间不存在多重共线性。

表 5-1 描述性统计

变量	最小值	平均值	中位数	最大值	标准差
INV$_{t+1}$	−0.1460	0.1140	0.0881	0.5750	0.1080
Ainvest$_{t+1}$	0.0001	0.0725	0.0572	0.4930	0.0688
FixedINV$_{t+1}$	0.0001	0.0628	0.0396	0.4580	0.0708
EquityINV$_{t+1}$	0.0000	0.0107	0.0004	0.1610	0.0260
R&D$_{t+1}$	0.0000	0.0500	0.0389	0.2030	0.0464
ANIPDI$_t$	−13.7000	0.7960	0.4130	25.1900	2.9920
AROEDI$_t$	−0.2130	0.0010	0.0000	0.2230	0.0776
Type$_t$	0.0000	0.6240	0.0000	1.0000	0.4850
Intensity$_t$	0.0000	0.5840	1.0000	1.0000	0.4930
Profit$_t$	0.0000	0.3100	0.0000	1.0000	0.4630
Size$_t$	19.7200	21.6800	21.5400	25.7700	1.0300
Lev$_t$	0.0523	0.3500	0.3260	0.9650	0.1870
ROA$_t$	−0.1820	0.0856	0.0804	0.2910	0.0563
Growth$_t$	−0.6490	0.3250	0.2400	2.2680	0.3940
Cash$_t$	0.0079	0.2800	0.2360	0.6850	0.1760

续表

变量	最小值	平均值	中位数	最大值	标准差
Top1$_t$	0.0845	0.3310	0.3130	0.7430	0.1420
TMTstock$_t$	0.0000	0.2590	0.2600	0.6580	0.2220
TMTpay$_t$	12.2100	14.2900	14.2500	16.0300	0.6510

表 5-2 相关性分析

变量	INV$_{t+1}$	Ainvest$_{t+1}$	FixedINV$_{t+1}$	R&D$_{t+1}$	ANIPDI$_t$	AROEDI$_t$	Size$_t$
INV$_{t+1}$	1.0000						
Ainvest$_{t+1}$	−0.236***	1.0000					
FixedINV$_{t+1}$	0.097***	−0.0080	1.0000				
R&D$_{t+1}$	−0.077**	0.091**	−0.0570	1.0000			
ANIPDI$_t$	0.465***	−0.510***	0.012***	0.021*	1.0000		
AROEDI$_t$	0.388***	−0.511***	0.045**	0.041*	0.479***	1.0000	
Size$_t$	0.0070	−0.0400	−0.088**	−0.293***	0.0060	0.0110	1.0000
Lev$_t$	0.0000	−0.0430	−0.0180	−0.448***	0.0290	0.0610	0.602***
ROA$_t$	0.113***	−0.076**	0.061*	−0.0040	−0.0200	−0.0370	0.0040
Growth$_t$	0.0270	−0.0280	0.0380	−0.0450	0.151***	0.0080	0.059*
Cash$_t$	−0.0360	0.061*	−0.0050	0.365***	−0.086**	−0.077**	−0.353***
Top1$_t$	0.089**	−0.088**	0.076**	−0.190***	0.065*	0.076*	0.0390
TMTstock$_t$	0.083**	−0.0260	0.079**	0.234***	0.0470	0.0570	−0.340***
TMTpay$_t$	0.0180	−0.0280	−0.092**	−0.0230	−0.0130	0.0560	0.461***

变量	Lev$_t$	ROA$_t$	Growth$_t$	Cash$_t$	Top1$_t$	TMTstock$_t$	TMTpay$_t$
Lev$_t$	1.0000						
ROA$_t$	−0.215***	1.0000					
Growth$_t$	0.0180	0.070**	1.0000				
Cash$_t$	−0.485***	0.083**	−0.0060	1.0000			
Top1$_t$	0.059*	0.059*	−0.0510	0.058*	1.0000		
TMTstock$_t$	−0.264***	0.0420	0.0410	0.274***	−0.096***	1.0000	
TMTpay$_t$	0.182***	0.189***	−0.0110	−0.106***	−0.0280	−0.204***	1.0000

5.4.2 主检验实证结果

表 5-3 对本章提出的假设进行了检验，结果如表所示。模型（1）和（2）中股权激励合约的净利润增长率（$ANIPDI_t$）和净资产收益率（$AROEDI_t$）（调整滞后一期同行业、同板块实际均值）分别与公司下一年度投资规模（INV_{t+1}）在 1% 的水平下显著正相关，系数分别为 0.19 和 0.61，具有一定的经济含义。这一统计检验结果说明在其他影响因素不变的情况下，股权激励业绩目标设定越严格则未来公司投资规模越大，支持假设 2-1，股权激励业绩目标可有效提高公司投资规模。模型（3）和（4）中股权激励合约的净利润增长率（$ANIPDI_t$）和净资产收益率（$AROEDI_t$）（调整滞后一期同行业、同板块实际均值）分别同公司下一年投资效率（$Ainvest_{t+1}$）在 1% 的水平下显著负相关，系数分别为 -0.30 和 -0.97，系数具有一定的经济含义。这一统计检验结果说明，在其他影响因素不变的情况下，股权激励业绩目标设定越严格未来公司投资效率越高，支持假说假设 2-2，股权激励业绩目标可提高公司投资效率，降低非效率投资。从回归结果可知，股权激励合约中业绩目标设定越严格，可有效激励高管扩大公司未来投资规模，同时认真选择收益与风险更匹配的项目进而提高投资效率。

表 5-3　假设 2-1 和假设 2-2 回归结果

变量	（1）INV_{t+1}	（2）INV_{t+1}	（3）$Ainvest_{t+1}$	（4）$Ainvest_{t+1}$
$ANIPDI_t$	0.1912***		−0.2989***	
	(6.3956)		(−6.0944)	
$AROEDI_t$		0.6148***		−0.9660***

续表

变量	(1) INV_{t+1}	(2) INV_{t+1}	(3) $Ainvest_{t+1}$	(4) $Ainvest_{t+1}$
		(5.1327)		(−5.2880)
$Size_t$	0.0226	0.0185	−0.0340	−0.0372
	(0.9246)	(0.7630)	(−0.9783)	(−1.5352)
Lev_t	0.1436	0.2136	−0.2446	−0.1655
	(0.9643)	(1.2393)	(−0.9972)	(−0.7796)
ROA_t	1.0345**	0.6747	−1.1948	0.3412
	(2.1155)	(1.3872)	(−1.6439)	(0.6635)
$Growth_t$	−0.2300***	0.0044	0.2995**	−0.0768
	(−2.7499)	(0.0620)	(2.2553)	(−0.9832)
$Cash_t$	0.2191	0.1955	−0.2706	−0.1698
	(1.5364)	(1.2286)	(−1.4788)	(−0.9104)
$Top1_t$	0.0929	0.1280	−0.1690	−0.1874
	(0.6706)	(0.8696)	(−0.9194)	(−1.1110)
$TMTstock_t$	0.2285**	0.2466**	−0.0759	0.0117
	(2.4387)	(2.1268)	(−0.5265)	(0.1016)
$TMTpay_t$	0.0522	−0.0360	−0.0612	0.0970
	(1.1303)	(−0.5289)	(−1.0142)	(1.3466)
INV_t	0.5801***	0.5022***	−0.3724	0.1359
	(3.1567)	(2.7319)	(−1.1291)	(0.6043)
Constant	−1.0430	0.0904	1.1521	−0.6238
	(−1.3251)	(0.0951)	(0.8759)	(−0.6247)
Industry	Yes	Yes	Yes	Yes
Year	Yes	Yes	Yes	Yes
Region	Yes	Yes	Yes	Yes
Observations	857	658	857	658
R^2	0.329	0.259	0.363	0.410
Adjusted R^2	0.301	0.214	0.338	0.381

进一步地，作者将细化公司的投资行为，检验股权激励业绩目标设定对不同投资行为的影响。Gormley et al.（2013）通过实证模型计算了公司的重大风险，并发现当重大风险提高时，高管薪酬与股价波动性与收益率的敏感性降低，进而高管会降低创新研发投资，但会实施更过多元化并购。因此可知，当高管面临股权激励业绩目标压力时，会对投资类型进行选择。

公司的投资行为可以分为内部投资和外部投资两方面（陈效东和周嘉南，2016）。内部投资包括构建厂房、购买新设备等固定资产投资和研发新产品、新技术的创新投资。外部投资主要是指通过并购方式获得其他公司控制权的长期股权投资。因此，本章将公司投资行为进一步划分为固定资产投资、长期股权投资（代表公司并购投资规模）和研发投资三种形式，检验股权激励业绩目标对三种投资行为的影响。

本章将引入三个新变量，固定资产投资规模（$FixedINV_{t+1}$）为公司第 t+1 年新增固定资产投资额除以期初总资产所得数值；长期股权投资规模（$EquityINV_{t+1}$）为公司第 t+1 年新增长期股权投资额除以期初总资产所得数值；研发投资（$R\&D_{t+1}$）为公司第 t+1 年研发投入除以营业收入所得数值。

回归结果如表 5-4 所示，模型（1）和（2）中股权激励合约的净利润增长率（$ANIPDI_t$）和净资产收益率（$AROEDI_t$）（调整滞后一期同行业、同板块实际均值）分别与公司下一年固定资产投资规模（$FixedINV_{t+1}$）在 1% 的水平下显著正相关，系数分别为 0.20 和 0.55，系数具有一定的经济含义。这一统计检验结果说明，在其他影响因素不变的情况下，股权激励业绩目标设定越严格可显著提升未来固定资产投资规模。同理，模型（3）和（4）中股权激励合约的净利润增长率（$ANIPDI_t$）和净资产收益率（$AROEDI_t$）（调整滞后一期同行业、同板块实际均值）分别与公司下一年长期股权投资规模（$EquityINV_{t+1}$）在1%的水平下显著正相关，系数分别为0.21和0.55，系数具有一定的经济含义。这一统计检验结果说明，在其他影响因素不变的情况下，股权激励业绩目标设定越严格可显著提升未来长期股权投资规模。模型（5）和（6）中股权激励合约的净利润增长率（$ANIPDI_t$）和净资产收益率（$AROEDI_t$）（调整滞后一期同行业、同板块实际均值）分别与公司下一年研发投资（$R\&D_{t+1}$）在10%以上水平上同显著正相关，系数分别为0.10和0.08。这一统计检验结果说明，股权激励业绩目标设定严格度对公司未来研发支出的正向提升明显低于对固定资产投资和长期股权投资。这可能是因为公司的研发创新投资风险更大，获益周期较长，无法在当期显著提升公司收益。同时一旦研发失败，会提高公司的费用成本，因此当高管面临股权激励的业绩目标压力较大时，会选择更加稳妥安全收益稳定的固定资产投资和对外并购投资方式。

表 5-4 投资行为分类回归结果

变量	（1）$FixedINV_{t+1}$	（2）$FixedINV_{t+1}$	（3）$EquityINV_{t+1}$	（4）$EquityINV_{t+1}$	（5）$R\&D_{t+1}$	（6）$R\&D_{t+1}$
$ANIPDI_t$	0.2039***		0.2051***		0.0955**	
	（6.3234）		（6.2773）		（1.9732）	
$AROEDI_t$		0.5539***		0.5535***		0.0846*
		（3.7507）		（3.6742）		（1.8604）
$Size_t$	0.0550*	0.0330	0.0562*	0.0397	0.0331	0.0363*
	（1.9080）	（1.0649）	（1.9212）	（1.2188）	（1.3913）	（1.7753）

续表

变量	(1) FixedINV$_{t+1}$	(2) FixedINV$_{t+1}$	(3) EquityINV$_{t+1}$	(4) EquityINV$_{t+1}$	(5) R&D$_{t+1}$	(6) R&D$_{t+1}$
Lev$_t$	0.0559	0.2498	0.0217	0.2369	−0.0882	−0.1038
	(0.3229)	(1.2655)	(0.1258)	(1.1549)	(−0.6572)	(−0.5366)
ROA$_t$	0.7965	0.3509	0.7894	0.4425	−0.1259	−0.2084
	(1.5996)	(0.5973)	(1.4731)	(0.6840)	(−0.4266)	(−0.7204)
Growth$_t$	−0.2094**	0.0880	−0.2207**	0.0691	−0.1124	−0.0283
	(−2.1123)	(1.1304)	(−2.2730)	(0.8492)	(−1.4434)	(−0.9030)
Cash$_t$	0.2950*	0.2497	0.2906*	0.2483	0.1762	0.1325
	(1.8948)	(1.2402)	(1.8665)	(1.2382)	(1.1189)	(1.0258)
Top1$_t$	0.0778	0.1205	0.0360	0.0774	−0.0174	−0.0396
	(0.4939)	(0.7091)	(0.2241)	(0.4574)	(−0.1611)	(−0.3732)
TMTstock$_t$	0.2159**	0.2024	0.1883*	0.1812	−0.1054	−0.2867
	(2.0272)	(1.5929)	(1.7664)	(1.4303)	(−0.7306)	(−1.5842)
TMTpay$_t$	−0.0193	−0.0734	−0.0165	−0.0704	0.0653*	−0.0477*
	(−0.3667)	(−0.8747)	(−0.3143)	(−0.8463)	(1.6715)	(−1.7731)
FixedINV$_t$	0.2876	0.0708				
	(0.7292)	(0.1505)				
EquityINV$_t$			0.6475	1.7213		
			(0.4855)	(0.7189)		
R&D$_t$					0.9297***	0.5938*
					(2.7598)	(1.8649)
Constant	−0.7386	0.3572	−0.8518	0.1336	−2.0423*	0.0727
	(−0.7939)	(0.2957)	(−0.9311)	(0.1136)	(−1.7750)	(0.1791)
Industry	Yes	Yes	Yes	Yes	Yes	Yes
Year	Yes	Yes	Yes	Yes	Yes	Yes
Region	Yes	Yes	Yes	Yes	Yes	Yes
Observations	857	658	857	658	857	658
R^2	0.313	0.245	0.309	0.238	0.100	0.296
Adjusted R^2	0.280	0.184	0.275	0.176	0.048	0.256

5.5 进一步研究

5.5.1 进一步研究模型构建

在进一步研究中，首先本章主要关注了在不同情境下，股权激励业绩目标对公司投资行为的影响。为此，作者构造回归方程（2-3）如下：

$$Investment_{t+1}=\alpha+\beta_1 Hurdle_t+\beta_2 InterV_t+\beta_3 Hurdle_t*InterV_t+\sum \beta_i Controls_t+Year+Industry+Region+\varepsilon \quad (2-3)$$

方程（2-3）在方程（2-1）的基础上，加入，分别代表股权激励类型（$Type_t$）、高管受激励强度（$Intensity_t$）和公司未来业绩展望（$Profit_t$）。从而研究在不同条件下，股权激励业绩目标对公司投资行为的影响。

5.5.2 股权激励类型研究

根据现有的相关文献，中国上市公司实施股权激励主要使用股票期权和限制性股票两种类型（支晓强等，2014；卢闯等，2015）。基于这两种不同的股权激励合约，业绩目标产生的影响是否会有所不同？Greenbury（1995）提出，限制性股权的激励效果更好。这是因为，相比股票期权，使用限制性股票作为股权激励类型，可使高管未来薪酬与企业业绩的联系更密切。然而，也有不少学者认为，使用股票期权可以最大化长期业绩报酬激励，增加高管风险承担的激励，从而更好地激励高管提升公司股价（Pinto and Widdicks，2014；田轩和孟清扬，2018）。因此，关于限制性股票和股票期权的激励效果优势,并没有统一结论。作者认为,其中一个原因是有关不同激励类型的相关政策制度存在差异,导致激励效果存在差异。

通过第三章中对股权激励计划实施现状的统计可知,近年来越来越多的公司倾向使用限制性股票作为股权激励类型,而不像国外的公司更倾向使用股票期权。因为基于中国上市公司股权激励相关政策,相比于股票期权,使用限制性股票的优势更明显。一方面,限制性股票的授予价格可设定为股权激励草案公告前一段期间股票平均价格的50%,未来收益空间大。而股票期权授予价格一般设定为股权激励草案公告前一段期间股票的平均价格,鉴于中国股票市场价格波动的不确定性较大,从而授予价格与行权价格会出现"股价倒挂"现象,导致无法行权的风险较高。另一方面,限制性股票需要先出资购买股票,因此受激励对象需要承担初始成本,从而受激励对象会更努力工作,并增加其愿意留在公司的意愿。肖淑芳等(2016)的研究也发现,公司更倾向选择限制性股票,因为其获利空间更大,并且权力义务对等。因此,作者认为,当公司使用限制性股票作为股权激励类型时,其激励效果更明显,可进一步提升业绩目标与投资行为的显著关系。

因此,作者引入 $Type_t$ 来衡量股权激励类型,当公司实施的股权激励计划使用限制性股票时 $Type_t$ 为1,使用股票期权时 Typet 为0。

回归结果如表5-5所示,模型(1)和(2)中股权激励合约的净利润增长率($ANIPDI_t$)、净资产收益率($AROEDI_t$)(调整滞后一期同行业、同板块实际均值)和股权激励类型($Type_t$)的交互项分别与公司下一年投资规模（INV$_{t+1}$）在 5% 以上显著正相关，且系数具有一定的经济意义。这一检验结果说明，在其他影响因素不变的情况下，相对于股票期权，使用限制性股票，股权激励业绩目标与公司投资规模正相关关系更显著。同理，模型（3）和（4）中股权激励合约的净利润增长率（ANIPDI$_t$）、净资产收益率（AROEDI$_t$）（调整滞后一期同行业、同板块实际均值）和股权激励类型（Type$_t$）的交互项分别与公司下一年投资效率（Ainvest$_{t+1}$）在 5% 的水平上显著负相关，且系数具有一定的经济意义。这一统计检验结果说明，在其他影响因素不变的情况下，相对于股票期权，使用限制性股票，股权激励业绩目标与公司投资效率负相关关系更显著。因此使用限制性股票的公司，其设置的业绩目标更显著提高未来公司投资规模以及提高未来投资效率，说明使用限制性股票对公司高管正向激励效果更强。

表 5-5 股权激励类型回归结果

变量	（1）INV$_{t+1}$	（2）INV$_{t+1}$	（3）Ainvest$_{t+1}$	（4）Ainvest$_{t+1}$
ANIPDI$_t$	0.1405***		−0.2248***	
	（2.8435）		（−3.1064）	
AROEDI$_t$		0.5818***		−0.5594*
		（9.5130）		（−1.9064）
ANIPDI$_t$*Type$_t$	0.1165**		−1.1947**	
	（2.2193）		（−2.0676）	
AROEDI$_t$*Type$_t$		0.4178***		−0.6606**
		（6.4777）		（−2.5443）
Type$_t$	0.0699	0.0836**	−0.4572*	−0.1328**
	（1.2798）	（2.5256）	（−1.8907）	（−2.4027）

续表

变量	(1) INV_{t+1}	(2) INV_{t+1}	(3) $Ainvest_{t+1}$	(4) $Ainvest_{t+1}$
$Size_t$	0.0110	0.0138	−0.0029	−0.0355
	(0.3541)	(0.7955)	(−0.0656)	(−1.2849)
Lev_t	0.0660	0.0860	−0.1862	0.0614
	(0.3864)	(0.6094)	(−0.6890)	(0.2208)
ROA_t	0.8566	0.4326	−1.1515	0.7029
	(1.3878)	(0.9296)	(−1.1819)	(1.2413)
$Growth_t$	−0.1242	0.0106	0.1483	−0.0383
	(−1.4902)	(0.1596)	(1.1866)	(−0.5008)
$Cash_t$	0.1004	0.0950	−0.0707	−0.0684
	(0.5793)	(0.6604)	(−0.3266)	(−0.3200)
$Top1_t$	0.3490*	0.1850	−0.4281*	−0.3315*
	(1.8751)	(1.5349)	(−1.7208)	(−1.8243)
$TMTstock_t$	0.3349***	0.1414**	−0.0987	0.0202
	(3.0107)	(2.3034)	(−0.5894)	(0.1423)
$TMTpay_t$	0.0742	−0.0114	−0.0493	0.0042
	(0.9958)	(−0.1818)	(−0.6777)	(0.0552)
INV_t	0.9634***	0.4170***	−0.7464*	−0.0596
	(3.4198)	(3.2991)	(−1.6743)	(−0.3716)
Constant	−0.9538	−0.1504	0.1894	0.7545
	(−0.7782)	(−0.1597)	(0.1169)	(0.6243)
Industry	Yes	Yes	Yes	Yes
Year	Yes	Yes	Yes	Yes
Region	Yes	Yes	Yes	Yes
Observations	857	658	857	658
R^2	0.322	0.390	0.268	0.328
Adjusted R^2	0.270	0.358	0.227	0.389

5.5.3 高管股权激励强度研究

谢德仁和陈运森（2010）的研究发现当股权激励合约中受激励高管被授予股份额度与股权激励草案公告的市场反应有显著正相关关系，说明对高管的激励强度越高，市场反应越好。然而从管理者权力理论视角出发，Tian（2004）认为，高管股权激励并非越多越好，股权激励本身已成为高管自利的一种手段。另外，Efendi et al.（2007）指出当股权激励份额较高时，CEO 为了实现自身利益，存在财务报表舞弊行为，使得公司未来财务报表错报可能性增加。从以往研究结论可知，关于高管股权激励强度的激励效果分析并未得出统一结论。

基于中国上市公司股权激励政策背景，作者认为当受到股权激励的高管未来可获得更高潜在收益时，其会更努力提升公司价值，从而通过提升股价为自身获得高额收益。在面对股权激励的业绩目标压力时，高管会有动力提升公司的投资规模，从而提高未来个人收入（Agrawal and Mandelker，1987）。同时提高公司投资效率，以保证有效投资，降低不必要的成本支出，保证业绩目标的顺利完成（Banker et al.，2011）。当对高管的股权激励强度更高时，其激励效果更明显，可进一步提升股权激励合约中业绩目标与投资行为的显著关系。

本章引入 Intensityt 来衡量高管股权激励强度，高管激励强度的计算方法见 4.5.2，当高管激励强度高于行业中位数时，Intensityt 为 1，否则为 0。

回归结果如表 5-6 所示，模型（1）和（2）中股权激励合约的净利润增长率（ANIPDI$_t$）、净资产收益率（AROEDI$_t$）（调整滞后一期同行业、同板块实际均值）和高管股权激励强度（Intensity$_t$）的交互项分别与公司下一年投资规模（INV$_{t+1}$）在1%的水平上显著正相关，且系数具有一定的经济意义。这一统计检验结果说明，在其他影响因素不变的情况下，当高管股权激励强度更高时，股权激励业绩目标与公司投资规模正相关关系更显著。同理，模型（3）和（4）中股权激励合约的净利润增长率（ANIPDI$_t$）、净资产收益率（AROEDI$_t$）（调整滞后一期同行业、同板块实际均值）和高管股权激励强度（Intensity$_t$）的交互项分别与公司下一年投资效率（Ainvest$_{t+1}$）在5%以上显著负相关，且系数具有一定的经济意义。这一统计检验结果说明，在其他影响因素不变的情况下，当高管股权激励强度更高时，股权激励业绩目标与公司投资效率负相关关系更显著。因此，当高管股权激励强度越高，其设置的业绩目标更显著提高未来公司投资规模以及提高未来投资效率。

表5-6 高管股权激励强度回归结果

变量	（1）INV$_{t+1}$	（2）INV$_{t+1}$	（3）Ainvest$_{t+1}$	（4）Ainvest$_{t+1}$
ANIPDI$_t$	0.1212**		−0.1748*	
	(2.4865)		(−1.9197)	
AROEDI$_t$		1.6955		−1.7154
		(1.5944)		(−1.4481)
ANIPDI$_t$* Intensity$_t$	0.2219***		−0.6146**	
	(2.6894)		(−2.1557)	
AROEDI$_t$* Intensity$_t$		2.3341***		−1.3075***
		(3.5228)		(−2.7411)

续表

变量	(1) INV_{t+1}	(2) INV_{t+1}	(3) $Ainvest_{t+1}$	(4) $Ainvest_{t+1}$
$Intensity_t$	0.1611**	0.0392	−0.2820*	0.0404
	(2.2437)	(0.6408)	(−1.8404)	(0.5251)
$Size_t$	0.0322	0.0672	−0.0145	−0.0855*
	(1.1781)	(1.6142)	(−0.3182)	(−1.6555)
Lev_t	0.1337	−0.1407	−0.1941	0.2407
	(0.8568)	(−0.7120)	(−0.7118)	(0.8568)
ROA_t	1.1881***	−0.5337	−1.2961	1.5119**
	(2.6309)	(−0.9073)	(−1.2501)	(2.0746)
$Growth_t$	−0.2013**	−0.0543	0.1771	0.0104
	(−2.5763)	(−0.5783)	(1.2281)	(0.0779)
$Cash_t$	0.1908	0.0934	−0.0681	−0.0930
	(1.2808)	(0.4598)	(−0.2719)	(−0.3222)
$Top1_t$	0.1318	0.3200	−0.5990**	−0.4600
	(0.9144)	(1.5916)	(−1.9793)	(−1.5579)
$TMTstock_t$	0.2406***	0.3507***	−0.2297	−0.2101
	(2.5921)	(2.7526)	(−1.1959)	(−1.0383)
$TMTpay_t$	0.0687	0.0256	−0.0839	−0.0258
	(1.3312)	(0.2765)	(−0.8403)	(−0.2130)
INV_t	0.7529***	0.8014***	−0.9711*	−0.4580
	(4.2357)	(2.6125)	(−1.7140)	(−0.8261)
Constant	−1.1991	−1.3169	0.6587	1.8249
	(−1.3326)	(−0.8812)	(0.3650)	(0.8774)
Industry	Yes	Yes	Yes	Yes
Year	Yes	Yes	Yes	Yes
Region	Yes	Yes	Yes	Yes
Observations	857	658	857	658
R^2	0.376	0.379	0.363	0.249
Adjusted R^2	0.343	0.314	0.314	0.192

5.5.4 未来业绩展望研究

Kama and Weiss（2013）认为，当高管面临以净利润为主的业绩目标压力时，若预计未来收入降低，高管会大幅降低闲置资源（Slack Resources），从而降低成本费用，以保证利润目标顺利实现。Banker et al.（2011）以基于财务业绩为考核标准的薪酬激励计划为切入点，发现当投资项目并不能带来显著未来收益时，高管会降低相关投资资源的费用支出，从而降低投资规模。因此，本书认为当未来预期收益不确定性较高且展望较负面时，高管将面临较高风险，受到股权激励的高管为了保证业绩目标的顺利实现，会显得更加保守，选择风险更低的项目进行投资，甚至不投资新项目，以降低因新增投资所带来的较高成本和收入不确定风险。当未来业绩展望较为负面时，会降低高管的风险承担能力，从而会降低股权激励业绩目标与投资行为的显著关系。

基于 Kama and Weiss（2013）的研究思路，本书引入 $Profit_t$ 来衡量公司未来业绩展望。使用证券分析师对公司与股权激励业绩考核期相同区间内净利润的预测均值和第 t 期公司实际净利润计算预期净利润增长率（没有预期净利润指标用预期净资产收益率替代），当预期净利润增长率（预期净资产收益率）小于公司股权激励设置的净利润增长率（净资产收益率），则公司业绩展望为负，$Profit_t$ 为 1，否则为 0。证券分析师预测代表了外部市场对公司未来业绩的预期，因此，当股权激励业绩目标设定高于证券分析师的预期时，即市场对公司未来发展预期并不乐观，高管为了自身利益考虑会更加谨慎，从而风险规避动机更高，因此会适当降低新增投资，以避免不确定性所带来的损失。

回归结果如表 5-7 所示，模型（1）和（2）中股权激励合约的净利润增长率（ANIPDI$_t$）、净资产收益率（AROEDI$_t$）（调整滞后一期同行业、同板块实际均值）和业绩展望（Profit$_t$）的交互项分别与公司下一年投资规模（INV$_{t+1}$）在 5% 的水平上显著负相关，且系数具有一定的经济意义。这一统计检验结果说明，在其他影响因素不变的情况下，当公司未来业绩展望较为负面时，会降低股权激励业绩目标与公司投资规模正相关关系。同理，模型（3）和（4）中股权激励合约的净利润增长率（ANIPDI$_t$）、净资产收益率（AROEDI$_t$）（调整滞后一期同行业、同板块实际均值）和业绩展望（Profit$_t$）的交互项分别与公司投资效率（Ainvest$_{t+1}$）在 10% 的水平上显著正相关，且系数具有一定的经济意义。这一统计检验结果说明，在其他影响因素不变的情况下，当公司未来业绩展望较为负面时，会降低股权激励业绩目标与公司投资效率负相关关系。因此当公司未来业绩展望较为负面时，高管会降低新项目投资规模，从而降低了投资效率，抑制了股权激励业绩目标的有效激励。

表 5-7 未来业绩展望回归结果

变量	（1） INV$_{t+1}$	（2） INV$_{t+1}$	（3） Ainvest$_{t+1}$	（4） Ainvest$_{t+1}$
ANIPDI$_t$	0.3322***		−0.3987***	
	（3.7680）		（−3.4853）	
AROEDI$_t$		0.2139***		−0.5369**
		（2.9816）		（−2.0211）
ANIPDIt*Profit$_t$	−0.1544**		0.1076*	
	（−2.5449）		（1.8378）	

续表

变量	(1) INV_{t+1}	(2) INV_{t+1}	(3) $Ainvest_{t+1}$	(4) $Ainvest_{t+1}$
$AROEDI_t*Profit_t$		−0.6899**		0.3758*
		(−2.3467)		(1.7589)
$Profit_t$	−0.0756	−0.0693	0.2186**	0.0301
	(−0.8412)	(−1.1540)	(2.3267)	(0.3223)
$Size_t$	0.0313	0.0680*	−0.0435	−0.0853*
	(1.0780)	(1.7134)	(−1.1013)	(−1.7406)
Lev_t	0.1202	−0.1694	−0.1645	0.2655
	(0.7246)	(−0.8139)	(−0.6410)	(0.9318)
ROA_t	1.3141**	−0.4901	−1.5310**	1.4656*
	(2.2713)	(−0.7089)	(−1.9860)	(1.7735)
$Growth_t$	−0.1836**	−0.0465	0.2369*	0.0108
	(−2.1394)	(−0.6451)	(1.8595)	(0.0982)
$Cash_t$	0.1895	0.0945	−0.2008	−0.0891
	(1.2211)	(0.5457)	(−1.0271)	(−0.3590)
$Top1_t$	0.2367	0.3559*	−0.2819	−0.4695
	(1.6339)	(1.8647)	(−1.2835)	(−1.5749)
$TMTstock_t$	0.2074**	0.3735***	−0.0976	−0.2358
	(2.3916)	(2.7172)	(−0.6182)	(−1.1088)
$TMTpay_t$	0.0929	0.0398	−0.0962	−0.0436
	(1.5852)	(0.4194)	(−1.3301)	(−0.3565)
INV_t	0.7156***	0.7839**	−0.3507	−0.4432
	(3.3555)	(2.4506)	(−1.1689)	(−0.7837)
Constant	−1.8632*	−1.3649	1.7252	1.9498
	(−1.6599)	(−0.9267)	(1.3215)	(0.9714)
Industry	Yes	Yes	Yes	Yes
Year	Yes	Yes	Yes	Yes
Region	Yes	Yes	Yes	Yes
Observations	857	658	857	658
R^2	0.343	0.366	0.394	0.246
Adjusted R^2	0.308	0.300	0.363	0.188

5.5.5 细化投资行为研究

接下来分别从股权激励类型（$Type_t$）、高管受激励强度（$Intensity_t$）和公司未来业绩展望（$Profit_t$）三个情境，来进一步分析股权激励业绩目标与公司不同投资行为的关系。

表 5-8 分别对不同投资行为加入股权激励类型（$Type_t$）交互项进行回归分析。从结果可知，使用限制性股票可以显著提高股权激励业绩目标与公司固定资产投资规模（$FixedINV_{t+1}$）和长期股权投资规模（$EquityINV_{t+1}$）正相关关系，但是对公司研发投资（$R\&D_{t+1}$）未产生十分显著影响。

表 5-9 分别对不同投资行为加入高管受激励强度（$Intensity_t$）交互项进行回归分析。从结果可知，当高管激励强度较高时可以显著提高股权激励业绩目标与公司固定资产投资规模（$FixedINV_{t+1}$）和长期股权投资规模（$EquityINV_{t+1}$）正相关关系，但是对公司研发投资（$R\&D_{t+1}$）显著性较低。

表 5-10 分别对不同投资行为加入公司未来业绩展望（$Profit_t$）交互项进行回归分析。从结果可知，当未来业绩展望为负时，显著降低了股权激励业绩目标与公司固定资产投资规模（$FixedINV_{t+1}$）和长期股权投资规模（$EquityINV_{t+1}$）正相关关系，但是对公司研发投资（$R\&D_{t+1}$）负面影响显著性最大。

从三个表的回归结果可知，由于研发创新投资的风险最高，未来收益不确定性高，获益周期较长，同时研发会产生高额费用，因此，当面对股权激励业绩目标压力时，股权激励类型或高管受激励强度均无法有效激励高管显著提升研发创新投资。并且，当面临未来收益展望不好时,更是降低了研发创新的投入。从而实施股权激励的公司,更倾向进行固定资产投资或并购来实现股权激励的业绩目标。

表 5-8 投资行为分类回归结果一

变量	(1) $FixedINV_{t+1}$	(2) $FixedINV_{t+1}$	(3) $EquityINV_{t+1}$	(4) $EquityINV_{t+1}$	(5) $R\&D_{t+1}$	(6) $R\&D_{t+1}$
$ANIPDI_t$	0.1996***		0.2016***		0.0662*	
	(5.4266)		(5.4060)		(1.9234)	
$AROEDI_t$		0.4732***		0.4740***		0.9700**
		(4.3806)		(4.3049)		(1.9844)
$ANIPDI_t*Type_t$	0.3344***		0.3294***		0.0340	
	(3.2173)		(3.0416)		(0.8812)	
$AROEDI_t*Type_t$		0.5718***		0.5784***		1.9319*
		(4.7049)		(4.7045)		(1.7629)
$Type_t$	0.1507*	0.1008**	0.1399*	0.1054***	0.1099**	−0.0168
	(1.8792)	(2.5346)	(1.6881)	(2.7525)	(2.1763)	(−0.3102)
$Size_t$	0.0479*	0.0248	0.0492*	0.0317	−0.0481*	0.0230
	(1.6907)	(1.0805)	(1.6854)	(1.2727)	(−1.9169)	(0.9310)
Lev_t	0.0681	0.1007	0.0247	0.0823	0.1949	−0.0443
	(0.3734)	(0.5504)	(0.1369)	(0.4289)	(1.2992)	(−0.2523)
ROA_t	0.8693*	0.0260	0.8614	0.1070	0.5054	−0.2398
	(1.7424)	(0.0461)	(1.6097)	(0.1695)	(0.9291)	(−0.4599)
$Growth_t$	−0.1981**	0.0834	−0.2130**	0.0599	−0.0141	0.0453
	(−2.2951)	(1.1158)	(−2.5169)	(0.7616)	(−0.2184)	(0.5670)
$Cash_t$	0.2107	0.1421	0.2166	0.1442	0.0172	0.0016
	(1.3546)	(0.7515)	(1.3865)	(0.7716)	(0.1138)	(0.0080)
$Top1_t$	0.0754	0.1998	0.0340	0.1560	0.2879*	0.2313
	(0.5187)	(1.3825)	(0.2284)	(1.1153)	(1.9598)	(1.4839)
$TMTstock_t$	0.1640*	0.1046	0.1374	0.0852	0.0948	0.2013*
	(1.8125)	(1.3447)	(1.5086)	(1.0578)	(1.0959)	(1.6551)
$TMTpay_t$	−0.0086	−0.0350	−0.0065	−0.0332	0.0165	0.0373
	(−0.1652)	(−0.4407)	(−0.1279)	(−0.4266)	(0.2734)	(0.4031)

续表

变量	(1) FixedINV$_{t+1}$	(2) FixedINV$_{t+1}$	(3) EquityINV$_{t+1}$	(4) EquityINV$_{t+1}$	(5) R&D$_{t+1}$	(6) R&D$_{t+1}$
FixedINV$_t$	0.0297	−0.0688				
	(0.0759)	(−0.1689)				
EquityINV$_t$			0.3331	1.3524		
			(0.2417)	(0.5498)		
R&D$_t$					0.8471*	0.8211
					(1.7587)	(1.0686)
Constant	−0.7783	−0.0122	−0.9156	−0.2449	−0.7558	−0.5951
	(−0.7895)	(−0.0100)	(−0.9466)	(−0.2071)	(−0.7487)	(−0.5750)
Industry	Yes	Yes	Yes	Yes	Yes	Yes
Year	Yes	Yes	Yes	Yes	Yes	Yes
Region	Yes	Yes	Yes	Yes	Yes	Yes
Observations	857	658	857	658	857	658
R^2	0.336	0.277	0.330	0.273	0.361	0.371
Adjusted R^2	0.304	0.228	0.297	0.224	0.312	0.306

表 5–9 投资行为分类回归结果二

变量	(1) FixedINV$_{t+1}$	(2) FixedINV$_{t+1}$	(3) EquityINV$_{t+1}$	(4) EquityINV$_{t+1}$	(5) R&D$_{t+1}$	(6) R&D$_{t+1}$
ANIPDI$_t$	0.1445***		0.1434***		0.0397	
	(2.6854)		(2.6686)		(1.1926)	
AROEDI$_t$		0.0849		0.0019		0.0364
		(1.5641)		(0.0921)		(1.1212)
ANIPDI$_t$*Intensity$_t$	0.2873***		0.2927***		0.1339*	
	(3.4376)		(3.4816)		(1.7911)	
AROEDI$_t$*Intensity$_t$		0.1969**		0.0722**		0.1213**
		(2.2478)		(2.2643)		(2.1290)
Intensity$_t$	0.2187***	0.0242***	0.2352***	0.0058**	0.1230**	−0.0814
	(3.2673)	(3.0740)	(3.4849)	(2.1016)	(1.9942)	(−1.5517)

续表

变量	(1) FixedINV$_{t+1}$	(2) FixedINV$_{t+1}$	(3) EquityINV$_{t+1}$	(4) EquityINV$_{t+1}$	(5) R&D$_{t+1}$	(6) R&D$_{t+1}$
Size$_t$	0.0729**	−0.0033	0.0733**	0.0019	−0.0074	−0.0029
	(2.3488)	(−1.0074)	(2.3379)	(0.8815)	(−0.3317)	(−0.1293)
Lev$_t$	0.0342	0.0199	0.0080	−0.0025	0.1158	0.0938
	(0.1889)	(0.9408)	(0.0447)	(−0.3311)	(0.8359)	(0.6427)
ROA$_t$	1.0289**	0.0013	1.0248**	0.0675*	0.4936	0.3698
	(2.4150)	(0.0239)	(2.2073)	(1.9235)	(1.3647)	(0.9698)
Growth$_t$	−0.1834**	0.0178**	−0.1915**	0.0007	−0.0388	−0.0194
	(−2.2934)	(2.2769)	(−2.4225)	(0.2703)	(−0.5998)	(−0.2969)
Cash$_t$	0.2809*	0.0015	0.2754*	−0.0133	0.0080	−0.0079
	(1.7982)	(0.0556)	(1.7443)	(−1.3207)	(0.0593)	(−0.0591)
Top1$_t$	0.1147	0.0379*	0.0759	0.0003	0.1008	0.1214
	(0.7352)	(1.8115)	(0.4754)	(0.0302)	(0.7358)	(0.8477)
TMTstock$_t$	0.2154**	0.0243	0.1828*	0.0046	0.0918	0.1204
	(2.0500)	(1.5239)	(1.7506)	(1.0228)	(1.0368)	(1.2900)
TMTpay$_t$	−0.0214	−0.0032	−0.0185	−0.0022	0.0270	0.0255
	(−0.4308)	(−0.6212)	(−0.3703)	(−1.1026)	(0.4897)	(0.4461)
FixedINV$_t$	0.2741	0.3511***				
	(0.6556)	(5.1408)				
EquityINV$_t$			1.3803	0.1886*		
			(1.0493)	(1.7968)		
R&D$_t$					0.8073*	0.7259
					(1.7034)	(1.5084)
Constant	−0.8626	0.1534	−0.9480	−0.0014	−0.4861	−0.5392
	(−0.9319)	(1.4011)	(−1.0267)	(−0.0349)	(−0.5358)	(−0.5561)
Industry	Yes	Yes	Yes	Yes	Yes	Yes
Year	Yes	Yes	Yes	Yes	Yes	Yes
Region	Yes	Yes	Yes	Yes	Yes	Yes
Observations	857	658	857	658	857	658
R^2	0.312	0.241	0.310	0.240	0.277	0.246
Adjusted R^2	0.278	0.172	0.276	0.161	0.237	0.203

表 5-10　投资行为分类回归结果三

变量	(1) FixedINV$_{t+1}$	(2) FixedINV$_{t+1}$	(3) EquityINV$_{t+1}$	(4) EquityINV$_{t+1}$	(5) R&D$_{t+1}$	(6) R&D$_{t+1}$
ANIPDI$_t$	0.0029*		0.0004		0.2885***	
	(1.7948)		(0.5334)		(3.2441)	
AROEDI$_t$		0.2197***		0.0283		0.2624***
		(3.0774)		(1.4544)		(2.9414)
ANIPDI$_t$*Profit$_t$	−0.0031**		−0.0017*		−0.1962***	
	(−1.9912)		(−1.7007)		(−3.0683)	
AROEDI$_t$*Profit$_t$		−0.0382*		−0.0496**		−0.1730***
		(−1.7947)		(−2.0984)		(−3.7721)
Profit$_t$	−0.0002	−0.0023	0.0051*	0.0024	−0.0496	−0.1212
	(−0.0406)	(−0.2329)	(1.8283)	(0.7860)	(−0.5870)	(−1.5158)
Size$_t$	−0.0013	−0.0031	−0.0001	0.0017	0.0012	0.0080
	(−0.4529)	(−0.8989)	(−0.0344)	(0.7688)	(0.0533)	(0.3558)
Lev$_t$	0.0390**	0.0204	0.0009	−0.0037	0.1324	0.0959
	(2.0314)	(0.9473)	(0.1418)	(−0.4705)	(0.8809)	(0.6048)
ROA$_t$	0.0707*	−0.0068	0.0442	0.0609*	0.8066	0.5789
	(1.7280)	(−0.1291)	(1.3677)	(1.7084)	(1.5696)	(1.1394)
Growth$_t$	0.0117*	0.0192**	0.0012	0.0020	−0.0593	−0.0165
	(1.8254)	(2.4032)	(0.5146)	(0.8157)	(−0.7707)	(−0.2029)
Cash$_t$	0.0038	0.0025	−0.0074	−0.0149	0.0392	−0.0137
	(0.1782)	(0.0913)	(−0.7509)	(−1.4331)	(0.2936)	(−0.1044)
Top1$_t$	0.0362**	0.0426**	−0.0025	0.0034	0.1471	0.1940
	(1.9686)	(2.0309)	(−0.2989)	(0.3686)	(1.2004)	(1.5239)
TMTstock$_t$	0.0241*	0.0228	0.0003	0.0057	0.0509	0.0825
	(1.6657)	(1.3896)	(0.0591)	(1.2935)	(0.6778)	(1.0488)
TMTpay$_t$	−0.0031	−0.0058	−0.0010	−0.0026	0.0625	0.0528
	(−0.6794)	(−1.1403)	(−0.5458)	(−1.3464)	(1.0786)	(0.8829)
FixedINV$_t$	0.3438***	0.3490***				

续表

变量	(1) FixedINV$_{t+1}$	(2) FixedINV$_{t+1}$	(3) EquityINV$_{t+1}$	(4) EquityINV$_{t+1}$	(5) R&D$_{t+1}$	(6) R&D$_{t+1}$
	(5.7932)	(5.0809)				
EquityINV$_t$			0.1804*	0.1928*		
			(1.8425)	(1.8553)		
R&D$_t$					1.0075**	0.8518*
					(2.3114)	(1.7926)
Constant	0.1090	0.1906*	0.0104	0.0101	−1.5161	−1.4939
	(1.2490)	(1.7137)	(0.2740)	(0.2489)	(−1.4024)	(−1.3086)
Industry	Yes	Yes	Yes	Yes	Yes	Yes
Year	Yes	Yes	Yes	Yes	Yes	Yes
Region	Yes	Yes	Yes	Yes	Yes	Yes
Observations	857	658	857	658	857	658
R^2	0.231	0.323	0.144	0.232	0.297	0.261
Adjusted R^2	0.172	0.252	0.079	0.152	0.258	0.220

5.5.6 企业生命周期研究

已有文献认为，处于不同生命周期阶段的企业在生产经营和组织特征方面存在较大差异（Dickinson，2011；黄宏斌等，2016；谢佩洪和汪春霞，2017；侯巧铭等，2017）。处于成长期的公司一般发展速度较快，盈利增长较强，但没有形成稳健的盈利模式，面临较高的投资风险。成熟期的公司组织结构趋于完善，在市场中地位较为稳固，有较高的盈余积累，利润增长稳定，投资较为稳健。而处于衰退期的公司市场竞争力和利润均开始下滑，缺乏利润增长点，面临较高财务困境，投资较为困难。因此，本书认为处于不同生命周期阶段的公司其实施股权激励的效果也会存在差异。参考黄宏斌等（2016）、谢佩洪和汪春霞（2017）和侯巧铭等（2017）的研究，本书同样基于 Dickinson（2011）的方法，根据公司经营活动现金流量、投资活动现金流量和筹资活动现金流量，将企业生命周期划分为成长型、成熟型和衰退型三类，然后分组对股权激励业绩目标与投资行为进行回归分析，回归结果如表5-11和表5-12所示。处于成长期的公司，股权激励合约的净利润增长率（$ANIPDI_t$）分别与公司下一年度投资规模（INV_{t+1}）和投资效率（$Ainvest_{t+1}$）在5%的水平上显著正相关和负相关，而净资产收益率（$AROEDI_t$）与投资规模（INV_{t+1}）和投资效率（$Ainvest_{t+1}$）没有显著关系。说明处于成长期的公司，使用具有成长属性的净利润增长率作为业绩目标更能有效激励高管的投资行为。处于成熟期的公司，股权激励合约的净利润增长率（$ANIPDI_t$）和净资产收益率（$AROEDI_t$）与投资规模（INV_{t+1}）和投资效率（$Ainvest_{t+1}$）均在1%上呈显著关系，说明股权激励业绩目标设定对成熟型公司的激励较为有效。而处于衰退期的公司，回归结果没有完全显著，说明对于衰退型公司，股权激励的实施并不能发挥其应有作用。

表5-11 企业生命周期分组回归结果一

变量	成长期		成熟期		衰退期	
	（1）	（2）	（3）	（4）	（5）	（6）
	INV_{t+1}	INV_{t+1}	INV_{t+1}	INV_{t+1}	INV_{t+1}	INV_{t+1}
$ANIPDI_t$	0.0889**		0.3022***		0.0040	
	(2.3335)		(7.4061)		(0.3992)	
$AROEDI_t$		0.1518		0.7661***		0.2471**

续表

变量	成长期		成熟期		衰退期	
	(1) INV_{t+1}	(2) INV_{t+1}	(3) INV_{t+1}	(4) INV_{t+1}	(5) INV_{t+1}	(6) INV_{t+1}
		(1.4653)		(5.0726)		(2.3186)
$Size_t$	−0.0076	−0.0147	0.0471	0.0668	−0.0367	−0.0042
	(−0.3762)	(−0.5542)	(1.1261)	(0.9821)	(−0.7267)	(−0.1563)
Lev_t	0.3555**	0.3951**	0.1816	−0.1582	−0.2814	−0.1402
	(1.9898)	(2.1775)	(0.7308)	(−0.3883)	(−1.0737)	(−0.7774)
ROA_t	1.0696*	0.8038	2.3088***	1.2561*	0.1170	−0.2792
	(1.8439)	(1.5189)	(3.4856)	(1.7580)	(0.2901)	(−1.3349)
$Growth_t$	−0.1149*	0.0317	−0.2403**	0.2860*	−0.0661	−0.0452
	(−1.6758)	(0.5694)	(−2.1675)	(1.7996)	(−0.7018)	(−1.0504)
$Cash_t$	0.0982	0.0955	0.3797*	−0.1314	0.0383	0.0257
	(0.9117)	(0.8416)	(1.6818)	(−0.4051)	(0.2321)	(0.2396)
$Top1_t$	0.0904	0.1718	0.0479	0.1650	0.1844	0.0272
	(0.7628)	(0.9982)	(0.2315)	(0.5233)	(1.1584)	(0.2084)
$TMTstock_t$	0.2165*	0.2547	0.1176	0.3168	−0.0163	0.1792**
	(1.6781)	(1.6000)	(0.7368)	(1.1548)	(−0.1035)	(2.2838)
$TMTpay_t$	0.0024	−0.0257	0.0041	−0.1495	0.0540	0.0830***
	(0.0709)	(−0.5398)	(0.0769)	(−1.3182)	(0.8601)	(3.1737)
INV_t	0.6708***	0.4724**	0.0532	0.5945	0.0599	0.5885***
	(3.1991)	(2.4287)	(0.1608)	(0.8415)	(0.1927)	(3.3174)
Constant	0.8629	0.3700	−1.3903	0.7084	0.0529	−0.9134*
	(1.0723)	(0.6456)	(−1.5101)	(0.8155)	(0.0523)	(−1.9968)
Industry	Yes	Yes	Yes	Yes	Yes	Yes
Year	Yes	Yes	Yes	Yes	Yes	Yes
Region	Yes	Yes	Yes	Yes	Yes	Yes
Observations	528	401	267	217	62	40
R^2	0.331	0.240	0.396	0.373	0.119	0.115
Adjusted R^2	0.288	0.181	0.350	0.274	0.099	0.075

表 5-12 企业生命周期分组回归结果二

变量	成长期		成熟期		衰退期	
	(1)	(2)	(3)	(4)	(5)	(6)
	$Ainvest_{t+1}$	$Ainvest_{t+1}$	$Ainvest_{t+1}$	$Ainvest_{t+1}$	$Ainvest_{t+1}$	$Ainvest_{t+1}$
$ANIPDI_t$	−0.1415**		−0.4238***		0.0025	
	(−2.1039)		(−9.6385)		(0.3527)	
$AROEDI_t$		−1.1794		−1.2098***		−0.0387
		(−1.1598)		(−9.7784)		(−1.2117)
$Size_t$	−0.0301	−0.0156	−0.1067**	−0.1090	0.0130	0.0295
	(−1.0051)	(−0.6032)	(−2.3914)	(−1.5851)	(0.4023)	(0.8266)
Lev_t	−0.1133	−0.0521	−0.1690	0.3144	−0.1732	−0.2098
	(−0.5789)	(−0.2860)	(−0.5932)	(0.7412)	(−1.0952)	(−0.8172)
ROA_t	−0.5378	1.0090	−2.0759***	−0.1761	0.0350	−0.3682
	(−0.5989)	(1.2799)	(−3.1121)	(−0.2551)	(0.1493)	(−1.0430)
$Growth_t$	0.1054	−0.1612*	0.4854***	−0.2539*	−0.0550	−0.0396
	(0.8289)	(−1.9194)	(3.6312)	(−1.7749)	(−0.8492)	(−1.0773)
$Cash_t$	−0.0494	0.0163	−0.5378**	0.3014	0.0273	−0.1104
	(−0.3232)	(0.0914)	(−2.1767)	(0.9916)	(0.2283)	(−1.1434)
$Top1_t$	−0.3332	−0.6236**	0.0253	−0.1262	0.0770	−0.0158
	(−1.2895)	(−1.9853)	(0.1057)	(−0.4136)	(0.7241)	(−0.1603)
$TMTstock_t$	0.1618	0.2242	−0.0868	−0.3378	0.0165	0.0972
	(1.1082)	(1.3211)	(−0.4797)	(−1.2906)	(0.1595)	(1.2306)
$TMTpay_t$	0.0827	0.1310*	−0.0264	0.1348	−0.0153	0.0166
	(1.4982)	(1.9254)	(−0.4648)	(1.1642)	(−0.3372)	(0.4655)
INV_t	−0.1993	0.4318	0.0011	−0.4847	−0.2534	0.0354
	(−0.4866)	(1.4615)	(0.0031)	(−0.6911)	(−1.2374)	(0.1965)
Constant	−2.6861	−1.5210	3.2984***	0.1797	−0.0600	−0.6451
	(−1.5572)	(−1.5299)	(3.2055)	(0.2219)	(−0.0830)	(−0.9544)
Industry	Yes	Yes	Yes	Yes	Yes	Yes
Year	Yes	Yes	Yes	Yes	Yes	Yes
Region	Yes	Yes	Yes	Yes	Yes	Yes
Observations	528	401	267	217	62	40

续表

	成长期		成熟期		衰退期	
	（1）	（2）	（3）	（4）	（5）	（6）
变量	Ainvest$_{t+1}$	Ainvest$_{t+1}$	Ainvest$_{t+1}$	Ainvest$_{t+1}$	Ainvest$_{t+1}$	Ainvest$_{t+1}$
R^2	0.3920	0.3490	0.3660	0.3360	0.112	0.194
Adjusted R^2	0.3560	0.3080	0.3360	0.2870	0.085	0.118

5.5.7 投资行为对业绩目标实现的影响研究

最后，本章将检验通过股权激励业绩目标设定的严格度激励高管提高投资规模和投资效率，最终是否能够实现业绩目标的顺利完成。因此，将股权激励业绩目标基于行业中位数分为高低两组，检验不同组别投资规模和投资效率对最终业绩实现程度的影响。具体模型如下方程：

$$FIndex_{t+1}=\alpha+\alpha_1 Investment_t + \sum \alpha_i Controls_t + Year + Industry + Region + \varepsilon \quad (2\text{-}4)$$

回归模型的因变量（FIndex$_{t+1}$）是股权激励业绩目标的实现程度，具体是净利润增长率的实现程度（DNIP$_{t+1}$）—股权激励考核期第 t+1 年实际净利润增长率和股权激励合约中该项业绩目标的差额；以及加权平均净资产收益率的实现程度（DROE$_{t+1}$）—股权激励考核期第 t+1 年实际净资产收益率和股权激励合约中该项业绩目标的差额。自变量（Investment$_t$）为第 t 期的投资规模（INV$_t$）和投资效率（Ainvest$_t$）。控制变量除了主回归模型的控制变量外，本书参照 Fang et al.（2016）的研究，在控制变量中还加入应计盈余管理指标（DA$_t$）和真实盈余管理指标（RM$_t$），控制盈余管理对业绩目标实现产生的影响。

回归结果如表 5-13 所示,在高业绩目标组,即股权激励业绩目标设定较高,则公司投资规模(INV_t)在 1% 的水平下同公司下一年股权激励业绩目标的实现程度($DNIP_{t+1}$ 和 $DROE_{t+1}$)显著正相关,公司投资效率($Ainvest_t$)在 1% 的水平下同公司下一年股权激励业绩目标的实现程度($DNIP_{t+1}$ 和 $DROE_{t+1}$)显著负相关,说明当股权激励业绩目标设定较严格时,高管会通过提高投资规模和投资效率来完成业绩目标,进一步证明了本章研究假说。而在低业绩目标组,即股权激励业绩目标设定较低,投资规模和投资效率与股权激励业绩目标实现程度($DNIP_{t+1}$ 和 $DROE_{t+1}$)之间没有完全显著关系,而应计盈余管理指标(DA_t)和真实盈余管理指标(RM_t)对业绩目标的实现程度($DNIP_{t+1}$ 和 $DROE_{t+1}$)的显著性更高。因此说明当股权激励业绩目标设定较低时,并不能有效激励高管为提升公司价值而努力,反而高管为了个人利益的实现,使用盈余操纵的方式来实现业绩目标。

表 5-13 投资行为对业绩目标实现回归结果

变量	高业绩目标				低业绩目标			
	(1)	(2)	(3)	(4)	(5)	(6)	(7)	(8)
	$NIPD_{t+1}$	$ROED_{t+1}$	$NIPD_{t+1}$	$ROED_{t+1}$	$NIPD_{t+1}$	$ROED_{t+1}$	$NIPD_{t+1}$	$ROED_{t+1}$
INV_t	4.9624***	1.6459***			0.8342*	0.8632		
	(6.9058)	(3.3106)			(1.7681)	(1.3361)		
$Ainvest_t$			−5.7603***	−2.1783***			−1.8253*	−0.2912
			(−7.9249)	(−4.6314)			(−1.6849)	(−0.7909)
$Size_t$	−0.3247	0.0301	−0.2059	0.0079	0.0051	0.0469	0.0093	0.0578
	(−1.5530)	(0.7800)	(−0.9957)	(0.1916)	(0.0373)	(0.5607)	(0.0674)	(0.6878)
Lev_t	0.7189	−0.0939	0.7110	0.0399	−0.4807	−0.1361	−0.3852	−0.1592

续表

变量	高业绩目标				低业绩目标			
	（1）	（2）	（3）	（4）	（5）	（6）	（7）	（8）
	$NIPD_{t+1}$	$ROED_{t+1}$	$NIPD_{t+1}$	$ROED_{t+1}$	$NIPD_{t+1}$	$ROED_{t+1}$	$NIPD_{t+1}$	$ROED_{t+1}$
ROA_t	1.5450	0.9994*	2.9224	1.5540	−4.4050	1.6625	−4.0600	2.1074
	（0.9396）	（−0.6566）	（0.9728）	（0.3537）	（−0.7818）	（−0.4226）	（−0.6742）	（−0.4931）
	（0.7395）	（1.7251）	（1.1561）	（1.5881）	（−1.3917）	（0.7655）	（−1.3629）	（0.8381）
$Growth_t$	0.2271	−0.0924	0.5247*	0.1444**	0.3966	−0.0214	0.3696	0.0495
	（0.8262）	（−1.2610）	（1.9248）	（2.0192）	（0.7517）	（−0.3201）	（0.7150）	（0.9695）
$Cash_t$	0.0070	−0.0033	−0.0025	−0.0028	0.0004	0.0033	0.0005	0.0033
	（0.4932）	（−1.1990）	（−0.1784）	（−0.9615）	（0.0652）	（1.1517）	（0.0819）	（1.1448）
$Top1_t$	−0.5386	0.0891	−0.4834	0.2395	−0.6053	−0.2075	−0.6424	−0.2825
	（−0.6659）	（0.3381）	（−0.6140）	（0.8911）	（−1.0507）	（−1.4443）	（−1.1514）	（−1.5587）
$TMTstock_t$	0.0526	−0.2262**	0.2443	−0.0883	−0.6633*	−0.2435	−0.6315*	−0.2170
	（0.1210）	（−2.0334）	（0.5846）	（−1.1184）	（−1.9032）	（−1.4066）	（−1.8740）	（−1.2676）
$TMTpay_t$	0.3093**	0.0025	0.1755	−0.0169	−0.0889	−0.0621	−0.0834	−0.0825
	（2.2364）	（0.0656）	（1.2597）	（−0.4325）	（−0.9446）	（−1.2899）	（−0.9013）	（−1.3817）
DA_t	0.1242	0.2919*	−0.2548	0.1086	0.6455*	0.3784*	0.2129	0.4439**
	（0.1844）	（1.7852）	（−0.3867）	（0.9738）	（1.7894）	（1.7907）	（0.7726）	（2.3775）
RM_t	0.0159	0.1148	−0.1501	0.1423	0.3851*	0.0305	0.3604*	0.0190
	（0.0395）	（0.8556）	（−0.3412）	（0.8570）	（1.6813）	（0.3933）	（1.6962）	（0.2588）
Constant	3.6954	−0.5236	2.2913	0.0162	2.4992*	0.4378	2.2201	0.6447
	（1.4611）	（−0.9488）	（0.8114）	（0.0283）	（1.7014）	（0.5145）	（1.4706）	（0.7013）
Industry	Yes	Yes	Yes	Yes	Yes	Yes	Yes	Yes
Year	Yes	Yes	Yes	Yes	Yes	Yes	Yes	Yes
Region	Yes	Yes	Yes	Yes	Yes	Yes	Yes	Yes
Observations	923	532	923	532	791	464	923	532
R^2	0.526	0.416	0.531	0.449	0.102	0.105	0.106	0.090
Adjusted R^2	0.490	0.345	0.496	0.382	0.017	0.036	0.022	0.053

5.6 稳健性与内生性检验

在稳健性和内生性检验中，本章分别从固定效应模型、替换变量测试、增加样本量测试、Heckman 两阶段回归、工具变量回归等方面展开。

5.6.1 稳健性检验

5.6.1.1 固定效应模型检验

首先，使用固定效应模型对研究假设重新进行回归分析，结果如表 5-14 所示，结果与主回归结果具有一致性，即假设再次得到了支持。

表 5-14　固定效应模型检验

变量	（1）INV_{t+1}	（2）INV_{t+1}	（3）$Ainvest_{t+1}$	（4）$Ainvest_{t+1}$
$ANIPDI_t$	0.1670**		−0.1840***	
	（2.5186）		（−2.6509）	
$AROEDI_t$		0.9668***		−0.3369***
		（3.1425）		（−3.2478）
$Size_t$	−0.0422	0.2150	−0.0432	−0.2995**
	（−0.3717）	（1.6035）	（−0.4032）	（−2.0859）
Lev_t	−0.1099	0.1816	0.0753	−0.0887
	（−0.2673）	（0.4268）	（0.1835）	（−0.2005）
ROA_t	0.3574	2.3600*	0.1668	−1.4459
	（0.2828）	（1.8662）	（0.1271）	（−0.9653）
$Growth_t$	−0.0983	0.0378	0.1278	−0.0179
	（−0.5964）	（0.1649）	（0.7754）	（−0.0773）

续表

变量	(1) INV_{t+1}	(2) INV_{t+1}	(3) $Ainvest_{t+1}$	(4) $Ainvest_{t+1}$
$Cash_t$	0.0577	−0.2004	0.0256	0.2848
	(0.1653)	(−0.5818)	(0.0711)	(0.7909)
$Top1_t$	−0.0870	−0.4105	−0.0053	0.2980
	(−0.2468)	(−0.5241)	(−0.0146)	(0.3725)
$TMTstock_t$	0.1509	0.3179	−0.3839	−0.6877
	(0.3574)	(0.5079)	(−0.8948)	(−1.0970)
$TMTpay_t$	0.0558	−0.3479*	−0.0388	0.3910**
	(0.4782)	(−1.8599)	(−0.3366)	(2.1091)
INV_t	0.0355	−0.1730	0.3174	0.5540
	(0.1178)	(−0.3749)	(1.0295)	(1.1011)
Constant	0.3498	0.2329	1.4586	1.0220
	(0.1459)	(0.1020)	(0.6163)	(0.4374)
Fixed effects	Yes	Yes	Yes	Yes
Observations	857	658	857	658
R^2	0.431	0.435	0.461	0.440
Adjusted R^2	0.420	0.419	0.450	0.424

5.6.1.2 更替股权激励合约中业绩目标的历史基准

在上述回归分析中本章使用实施股权激励公司上一年的同行业、同板块实际业绩均值，作为业绩目标相较于历史基准的相对目标值。因此，首先对历史基准进行更换，使用实施股权激励公司滞后三期的实际业绩指标均值作为历史基准调整项，若公司上市不足三年，则使用已上市年份的历史实际业绩均值，并由此计算出经调整后的股权激励业绩目标，重新对方程（2-1）作回归分析。

回归结果如表 5-15 所示，从表中所展示结果可知，股权激励合约中净利润增长率（$ANIPD3_t$）和净资产收益率（$AROED3_t$）均在 1% 水平上与公司下一年投资规模（INV_{t+1}）显著正相关，在 1% 的水平上与公司下一年投资效率（$Ainvest_{t+1}$）显著负相关，且系数有一定经济意义。各个模型回归结果与主回归结果具有一致性，即假设再次得到了支持。

表 5-15 更替业绩目标衡量基准检验

变量	（1） INV_{t+1}	（2） INV_{t+1}	（3） $Ainvest_{t+1}$	（4） $Ainvest_{t+1}$
$ANIPD3_t$	0.0776***		−0.1783***	
	（2.9276）		（−3.6327）	
$AROED3_t$		3.0258***		−0.2766***
		（3.2487）		（−4.7591）
$Size_t$	0.0245	0.0649	−0.0485	−0.0365
	（0.8046）	（1.5724）	（−1.0756）	（−0.9104）
Lev_t	0.0597	−0.1784	−0.1067	−0.1754
	（0.3602）	（−0.8625）	（−0.4224）	（−0.6662）
ROA_t	0.9748*	−0.5664	−1.1798	−1.0417
	（1.8141）	（−0.8835）	（−1.3360）	（−1.4323）
$Growth_t$	−0.1664**	−0.0425	0.2828**	0.2272*
	（−1.9743）	（−0.4594）	（2.0314）	（1.7300）
$Cash_t$	0.0570	0.0735	−0.0673	−0.1435
	（0.3673）	（0.3721）	（−0.3123）	（−0.6836）
$Top1_t$	0.3037*	0.3622*	−0.3896	−0.2879
	（1.9425）	（1.9098）	（−1.6339）	（−1.2242）
$TMTstock_t$	0.3849***	0.3888***	−0.3715**	−0.2032
	（3.3750）	（3.0055）	（−2.0908）	（−1.1525）

续表

变量	(1) INV_{t+1}	(2) INV_{t+1}	(3) $Ainvest_{t+1}$	(4) $Ainvest_{t+1}$
$TMTpay_t$	0.0688	0.0370	−0.1033	−0.0657
	(0.9839)	(0.4088)	(−1.1788)	(−0.8900)
INV_t	1.0407***	0.7882**	−1.1130**	−0.4926
	(4.1912)	(2.5531)	(−2.5690)	(−1.5503)
Constant	−0.7973	−1.2842	1.3354	1.0050
	(−0.6767)	(−0.8657)	(0.7815)	(0.7641)
Industry	Yes	Yes	Yes	Yes
Year	Yes	Yes	Yes	Yes
Region	Yes	Yes	Yes	Yes
Observations	857	658	857	658
R^2	0.333	0.365	0.262	0.254
Adjusted R^2	0.283	0.301	0.222	0.221

5.6.1.3 更替投资效率衡量方式

本章在回归分析部分已经对不同类型的投资规模进行详细分析，然而并没有对投资效率进行多样化的衡量检验。因此在稳健性部分，为了降低对投资效率衡量的偏差，本章分别使用 Biddle et al.（2009）（模型 2-4）以及 Chen et al.（2011）（模型 2-5）的进一步拓展模型来衡量投资效率。具体模型如下所示：

$$Invest_t = \beta_0 + \beta_1 Growth_{i,t-1} + \varepsilon_{i,t} \quad (2-4)$$

$$Invest_t = \beta_0 + \beta_1 Growth_{i,t-1} + \beta_2 GL_{i,t-1} + \beta_3 Growth_{i,t-1}*GL_{i,t-1} + \varepsilon_{i,t} \quad (2-5)$$

$Ainvest1_t$ 为通过模型 2-4 回归得出的残差绝对值，$Ainvest2_t$

为通过模型 2-5 回归得出的残差绝对值，值越小说明投资效率越高。

回归结果如表 5-16 所示，从结果可知，股权激励合约中净利润增长率（$ANIPDI_t$）和净资产收益率（$AROEDI_t$）均在 10% 水平上与公司下一年投资效率（$Ainvest1_{t+1}$）和（$Ainvest2_{t+1}$）显著负相关，且系数有一定经济意义。因此各个模型回归结果与主回归结果具有一致性，即假设再次得到了支持。

表 5-16　更替投资效率衡量基准检验

变量	(1) $Ainvest1_{t+1}$	(2) $Ainvest1_{t+1}$	(3) $Ainvest2_{t+1}$	(4) $Ainvest2_{t+1}$
$ANIPDI_t$	−0.0048***		−0.0051***	
	(−2.8743)		(−2.7982)	
$AROEDI_t$		−0.0063*		−0.0052*
		(−1.8429)		(−1.7442)
$Size_t$	−0.0133*	−0.0098	−0.0098	−0.0059
	(−1.8220)	(−1.1127)	(−1.3078)	(−0.6457)
Lev_t	0.0788*	0.0804	0.0781*	0.0943*
	(1.7641)	(1.5147)	(1.6912)	(1.7627)
ROA_t	0.4755**	0.6137**	0.4328**	0.6110**
	(2.5174)	(2.2836)	(2.2737)	(2.3048)
$Growth_t$	0.0323**	0.0336*	0.0274	0.0260
	(2.2384)	(1.7346)	(1.6823)	(1.2329)
$Cash_t$	−0.0399	0.0005	−0.0514	−0.0097
	(−1.0013)	(0.0115)	(−1.2738)	(−0.2031)
$Top1_t$	0.0990***	0.0723*	0.1137***	0.0829**
	(2.7796)	(1.8513)	(3.1103)	(2.0933)
$TMTstock_t$	0.0593**	0.0649**	0.0583**	0.0707**
	(2.1349)	(2.1113)	(2.0448)	(2.2122)
$TMTpay_t$	0.0078	0.0059	0.0072	0.0042

续表

变量	（1） Ainvest1$_{t+1}$	（2） Ainvest1$_{t+1}$	（3） Ainvest2$_{t+1}$	（4） Ainvest2$_{t+1}$
	（0.8449）	（0.5633）	（0.7636）	（0.4077）
INV$_t$	−0.0043	−0.0065	−0.0054	−0.0065
	（−0.4517）	（−0.6889）	（−0.5623）	（−0.6737）
Constant	−0.0370	−0.0463	−0.0775	−0.0906
	（−0.2703）	（−0.3354）	（−0.5440）	（−0.6010）
Industry	Yes	Yes	Yes	Yes
Year	Yes	Yes	Yes	Yes
Region	Yes	Yes	Yes	Yes
Observations	857	658	857	658
R^2	0.266	0.272	0.280	0.275
Adjusted R^2	0.204	0.192	0.219	0.195

5.6.1.4 加入国有企业样本的稳健性测试

以上回归研究中均剔除了国有企业样本，由于国有企业在实施股权激励时受到政策性影响较大，国有上市公司股权激励更多体现了国企改革的象征意义（Chen et al.，2013）。然而，由于剔除了国有企业样本也可能引发样本自选择问题。因此，在稳健性检验中再次加入国有企业样本进行回归。

在表 5-17 中，将国有企业样本加入，并加入反映公司性质的变量 State$_t$，当公司性质为国有时，State$_t$ 为 1，非国有则 State$_t$ 为 0。从表中可知，股权激励合约中净利润增长率（ANIPDI$_t$）和净资产收益率（AROEDI$_t$）均在 1% 水平上与公司下一年投资规模（INV$_{t+1}$）显著正相关，在 1% 水平上与公司下一年投资效率

（Ainvest$_{t+1}$）显著负相关，且系数有一定经济意义。因此各个模型回归结果与主回归结果具有一致性，即假设再次得到了支持。

表 5-17　加入国有企业样本检验

变量	（1） INV$_{t+1}$	（2） INV$_{t+1}$	（3） Ainvest$_{t+1}$	（4） Ainvest$_{t+1}$
ANIPDI$_t$	0.1819***		−0.2854***	
	（6.1065）		（−5.7284）	
AROEDI$_t$		0.6068***		−0.9853***
		（4.9852）		（−5.8320）
Size$_t$	0.0182	0.0157	−0.0343	−0.0303
	（0.7694）	（0.7271）	（−1.0588）	（−1.3608）
Lev$_t$	0.1022	0.1932	−0.1356	−0.1150
	（0.7383）	（1.1859）	（−0.6198）	（−0.6178）
ROA$_t$	1.0317**	0.6664	−1.1807	0.2806
	（2.2329）	（1.4646）	（−1.6433）	（0.5916）
Growth$_t$	−0.2142***	−0.0004	0.2773**	−0.0841
	（−2.7106）	（−0.0054）	（2.1633）	（−1.0877）
Cash$_t$	0.1654	0.1834	−0.1861	−0.1734
	（1.1921）	（1.1823）	（−1.0645）	（−0.9852）
Top1$_t$	0.0946	0.1151	−0.1133	−0.1037
	（0.7348）	（0.8121）	（−0.6862）	（−0.7397）
TMTstock$_t$	0.2277**	0.2407**	−0.0696	0.0126
	（2.4898）	（2.1255）	（−0.4847）	（0.1126）
TMTpay$_t$	0.0532	−0.0331	−0.0600	0.0840
	（1.1606）	（−0.5255）	（−0.9803）	（1.3122）
SEO$_t$	0.1775**	0.0218	−0.2918**	−0.0739
	（2.1570）	（0.4485）	（−2.5097）	（−0.8851）
INV$_t$	0.5560***	0.5034***	−0.3449	0.1774
	（3.0829）	（2.8033）	（−1.0415）	（0.7205）
Constant	−1.0353	0.1003	1.2236	−0.5140

续表

变量	（1） INV_{t+1}	（2） INV_{t+1}	（3） $Ainvest_{t+1}$	（4） $Ainvest_{t+1}$
	(-1.2761)	(0.1111)	(0.9717)	(-0.5522)
Industry	Yes	Yes	Yes	Yes
Year	Yes	Yes	Yes	Yes
Region	Yes	Yes	Yes	Yes
Observations	917	717	917	717
R^2	0.301	0.251	0.333	0.301
Adjusted R^2	0.274	0.210	0.307	0.273

5.6.2 内生性检验

5.6.2.1 Heckman 两阶段回归检验

为消除上市公司股权激励实施与否而产生的样本自选择问题，本章使用 Heckman 两阶段回归。Heckman 检验的第一阶段为逻辑回归，本章使用第 t+1 期是否实施股权激励（$Incentive_{t+1}$）作为逻辑回归中因变量，实施股权激励的样本取值为 1，反之则取值为 0。将影响公司是否实施股权激励相关因素作为自变量（Bettis et al.，2010），包括第 t 期公司规模、资产负债率、公司成长性、业绩波动率、第一大股东持股比例、机构投资者持股比例、高管现金薪酬以及持股比例、高管权力、公司年龄，具体变量解释见定义表。通过第一阶段逻辑回归得到逆米尔斯比率（Inverse Mills Ratio），将其加入到第二阶段的回归模型中，用于控制自选择偏差。

Heckman 回归结果如表 5-18 所示，股权激励合约中净利润增长率（ANIPDI$_t$）和净资产收益率（AROEDI$_t$）均在1%水平上与公司下一年投资规模（INV$_{t+1}$）显著正相关，在1%水平上与公司下一年投资效率（Ainvest$_{t+1}$）显著负相关，且系数有一定经济意义。说明在控制内生性问题后，假设的验证具有稳健性。

表 5-18 Heckman 两阶段检验

第一阶段	（1）	第二阶段	（1）	（2）	（3）	（4）
变量	Incentivet	变量	INV$_{t+1}$	INV$_{t+1}$	Ainvest$_{t+1}$	Ainvest$_{t+1}$
Size$_{t-1}$	−0.0165	ANIPDI$_t$	0.1996***		−0.3078***	
	（−0.4410）		（6.5366）		（−6.3244）	
Lev$_{t-1}$	−0.3466**	AROEDI$_t$		0.6198***		−0.9522***
	（−2.4786）			（5.1975）		（−4.7644）
Growth$_{t-1}$	0.2610***	Size$_t$	0.0546*	0.0249	−0.0796*	−0.0515
	（5.0828）		（1.7246）	（0.7563）	（−1.7085）	（−1.5907）
Dev$_{t-1}$	0.1112***	Lev$_t$	0.0610	0.3018	−0.0299	−0.1883
	（4.1771）		（0.3192）	（1.3065）	（−0.1041）	（−0.7814）
Top1$_{t-1}$	−0.2234	ROA$_t$	1.0641*	0.7416	−1.2363	0.5750
	（−1.3537）		（1.7067）	（1.0304）	（−1.2647）	（0.7040）
Institution$_{t-1}$	0.2788**	Growth$_t$	−0.3144**	−0.0438	0.3772**	0.0075
	（2.4577）		（−2.3594）	（−0.3580）	（1.9805）	（0.0601）
TMTstock$_{t-1}$	0.3884***	Cash$_t$	0.2011	0.1820	−0.2413	−0.1724
	（3.0229）		（1.1987）	（0.8555）	（−1.0018）	（−0.6508）
TMTpay$_{t-1}$	0.1925***	Top1$_t$	0.0481	0.0503	−0.2185	−0.1553
	（5.2782）		（0.2507）	（0.2406）	（−0.8744）	（−0.6403）
Independent$_{t-1}$	0.7840**	TMTstock$_t$	0.3233**	0.2551	−0.1541	0.2302
	（2.0224）		（2.3175）	（1.3694）	（−0.7578）	（1.4457）
Age$_{t-1}$	−0.6765***	TMTpay$_t$	0.0331	−0.0768	−0.0432	0.2018**
	（−7.5048）		（0.6159）	（−0.8838）	（−0.5657）	（2.1495）
		INV$_t$	0.5645**	0.4682**	−0.4756	0.1237

续表

第一阶段	（1）	第二阶段	（1）	（2）	（3）	（4）
变量	Incentive$_t$	变量	INV$_{t+1}$	INV$_{t+1}$	Ainvest$_{t+1}$	Ainvest$_{t+1}$
			（2.3728）	（2.1586）	（−1.1835）	（0.5161）
		IMR$_t$	−0.1315	−0.2573	0.0204	0.3718
			（−0.7014）	（−1.0283）	（0.0873）	（1.5796）
Constant	−5.0705***	Constant	−0.8428	1.4553	1.4110	−2.8896**
	（−6.8216）		（−0.8507）	（1.0590）	（0.8224）	（−2.0444）
Industry	Yes	Industry	Yes	Yes	Yes	Yes
Year	Yes	Year	Yes	Yes	Yes	Yes
Region	Yes	Region	Yes	Yes	Yes	Yes
Observations	8768	Observations	857	658	857	658
		R^2	0.363	0.273	0.390	0.222
Pseudo R^2	0.1051	Adjusted R^2	0.330	0.218	0.360	0.286

5.6.2.2　两阶段工具变量回归检验

考虑到股权激励合约中的业绩目标与公司投资行为的显著关系可能由于公司其他特征影响所导致，为解决这一内生性问题，本书尝试寻找股权激励合约中业绩目标设定的工具变量。借鉴相类似研究（Chen et al., 2015; Kim et al., 2015），本书以股权激励公司所在同行业同板块其他没有实施股权激励公司在实施股权激励公司公告草案当期的实际业绩均值作为业绩目标设定的工具变量。

另外，如表5-19所示，本书还同时对工具变量进行识别不足检验（Underidentification test）和弱工具变量检验（Weak identification test）。识别不足检验结果均在1%上显著，这说明工具变量与业绩目标设定这一内生变量显著相关。弱工具变量检验所有 F 值均大于 10，这说明不存在弱工具变量问题，即工具变量是有效的。

基于工具变量二阶段法，本章对假设重新进行了回归分析，从表 5-19 回归结果可知，使用工具变量后，股权激励合约中净利润增长率（ANIPDI$_t$）和净资产收益率（AROEDI$_t$）均在 1% 水平上与公司下一年投资规模（INV$_{t+1}$）显著正相关，在 1% 水平上与公司下一年投资效率（Ainvest$_{t+1}$）显著负相关，且系数有一定经济意义。说明在控制内生性问题后，假设的验证具有稳健性。

表 5-19 两阶段工具变量检验

变量	第一阶段		第二阶段			
	（1）	（2）	（3）	（4）	（5）	（6）
	ANIPDI$_t$	AROEDI$_t$	INV$_{t+1}$	INV$_{t+1}$	Ainvest$_{t+1}$	Ainvest$_{t+1}$
IVANIPDI$_t$	2.0277***		0.2545***		-0.4482***	
	(9.6161)		(9.0131)		(-8.9660)	
IVAROEDI$_t$		0.9290***		0.6955***		-1.0550***
		(9.8019)		(4.6122)		(-5.4297)
Size$_t$	-0.0691	-0.0073	0.0275	0.0170	-0.0707*	-0.0449*
	(-0.9146)	(-0.5748)	(1.2349)	(0.8142)	(-1.9027)	(-1.8091)
Lev$_t$	-0.4216	0.0337	0.1769	0.2342	-0.1305	-0.2321
	(-0.7370)	(0.6896)	(1.1808)	(1.3712)	(-0.4704)	(-0.9706)
ROA$_t$	-3.7310**	0.2505*	1.0850**	0.7023	-1.0315	0.3958
	(-2.5527)	(1.6880)	(2.2959)	(1.5876)	(-1.4228)	(0.6676)
Growth$_t$	0.9693***	-0.0416*	-0.2840***	0.0124	0.6150***	-0.1023
	(2.6347)	(-1.8192)	(-3.5782)	(0.1890)	(4.0037)	(-1.3017)
Cash$_t$	-0.6869	-0.0086	0.2890**	0.1944	-0.4244**	-0.2040
	(-1.5047)	(-0.1739)	(2.2904)	(1.2652)	(-2.3443)	(-0.9772)
Top1$_t$	0.4829	-0.0404	-0.0138	0.1110	-0.0308	-0.1425

续表

	第一阶段		第二阶段			
	（1）	（2）	（3）	（4）	（5）	（6）
变量	ANIPDI$_t$	AROEDI$_t$	INV$_{t+1}$	INV$_{t+1}$	Ainvest$_{t+1}$	Ainvest$_{t+1}$
	(1.1990)	(−0.6699)	(−0.1021)	(0.7983)	(−0.1439)	(−0.8480)
TMTstock$_t$	−0.0096	0.0026	0.1879**	0.2226**	−0.0377	0.0663
	(−0.0341)	(0.0922)	(1.9894)	(2.0134)	(−0.2479)	(0.5630)
TMTpay$_t$	−0.2548**	0.0273	0.0497	−0.0498	−0.0003	0.1293*
	(−2.0500)	(1.5958)	(1.3256)	(−0.7761)	(−0.0055)	(1.6486)
INV$_t$	−0.1236	0.0002	0.4274**	0.4420**	−0.2522***	0.0243
	(−0.1808)	(0.0044)	(2.0517)	(2.4537)	(−2.9144)	(0.8491)
Constant	5.6777***	−0.4536	−1.3709**	0.3359	1.7090	−0.9396
	(2.7273)	(−1.5789)	(−2.1136)	(0.3865)	(1.4439)	(−0.8981)
Industry	Yes	Yes	Yes	Yes	Yes	Yes
Year	Yes	Yes	Yes	Yes	Yes	Yes
Region	Yes	Yes	Yes	Yes	Yes	Yes
Observations	857	658	857	658	857	658
R^2	0.339	0.386	0.289	0.254	0.348	0.311
Adjusted R^2	0.319	0.384	0.258	0.209	0.318	0.379
Underidentification test			0.0005	0.0043	0.0010	0.0047
Weak identification test			66.52	27.43	83.59	34.06

5.7 本章小结

当前关于股权激励的研究主要将其为一个整体进行研究，却忽略了股权激励具体合约设置对后续激励效果的影响，尤其是业绩目标作为受激励高管所面临的首要压力，会显著影响高管的投资行为。投资是公司日常经营的关键行为，是公司持续发展获得现金流的基础（Stulz，1988）。高管作为公司投资活动的主要执行和决策者，其行为直接影响到公司投资规模以及投资效率，进而影响未来公司收益以及公司价值。因此，本章详细考察了股权激励业绩目标设定对投资规模和投资效率两方面考察。同时对公司投资行为进一步划分，分别从固定资产投资、创新研发投资和长期股权投资，即对外并购投资三方面考察股权激励业绩目标的激励效果。

基于中国上市公司股权激励政策背景，结合最优契约理论和管理者权力理论，对上市公司股权激励进行探讨，从合约业绩目标设定角度考察其可能存在的经济后果，分析股权激励业绩目标设定对公司投资行为的影响。本章研究结论最终支持最优契约理论，股权激励业绩目标可有效提高公司的投资规模和投资效率，抑制非效率投资行为。因此，本章研究对关于股权激励与投资行为的文献进行了补充，并从合约设置角度进一步明确了实施股权激励的效果。

接下来本章进一步细化公司投资行为，将公司投资行为划分为固定资产投资、长期股权投资和创新研发投资三种类型，检验股权激励业绩目标设定对不同投资行为的影响。研究发现，当存在业绩压力时，高管更倾向使用固定资产投资和长期股权投资等稳健型投资方式。并且，由于公司研发创新投资风险更大，收益周期长，一旦研发失败，会提高费用成本，降低公司净利润，因此当高管面临业绩目标压力较大时，股权激励并不能有效激励高管提高研发投入。

然后，本章基于不同公司情境，讨论对股权激励业绩目标设定与公司投资行为关系的进一步影响。分别从股权激励类型、高管受激励强度和公司未来业绩展望三方面进行分析，研究发现，使用限制性股票作为股权激励类型以及高管受激励强度更高时股权激励业绩目标更显著提高未来公司投资规模以及提高未来投资效率。而当公司未来业绩展望较为负面时，高管会降低新项目投资规模，降低了投资效率，抑制业绩目标的有效激励。因此基于不同情境的研究，本章解释了当前实施股权激励的实际效果，同时解决了理论上的分歧。

另外本章根据公司所处的生命周期将实施股权激励的公司分为成长型、成熟型和衰退型，通过分组回归发现，在成熟型公司中股权激励业绩目标的激励效果最有效，其次是成长型公司，而在衰退型公司中股权激励无显著激励效果。

进一步，本章检验了通过股权激励业绩目标设定的严格度激励高管提高投资规模和投资效率，最终是否能够保证业绩目标的顺利完成。回归结果发现当股权激励业绩目标设定较严格时，高管会通过提高投资规模和投资效率来完成业绩目标。而当股权激励业绩目标设定较低时，并不能有效激励高管为提升公司价值而努力，反而高管为了个人利益的实现，会倾向于选择更轻松的盈余操纵方式来实现业绩目标。

最后，是稳健性和内生性检验。通过固定效应模型，更换业绩目标衡量方式以及更换投资效率衡量方式，使用 Heckman 两阶段、工具变量两阶段回归结果均没有改变，支持本章研究假设。

本章的结论对中国上市公司股权激励制度的完善有重要意义，从研究结果可知，股权激励业绩目标可有效提高公司的投资规模和投资效率，抑制非效率投资行为。但是基于对公司投资行为的进一步划分发现，高管会选择更加稳妥安全收益稳定的固定资产投资和长期股权投资，而放弃风险较高的研发创新投资，尤其当未来业绩展望不好时，会显著降低研发创新投资。因此，作者认为在设定股权激励业绩目标时应具有更高灵活性。如作为创新型成长公司，可适度降低对净利润增长率的考核，更重视公司产品研发或市场拓展等，或在考核净利润时剔除由于研发创新而产生的费用。基于公司的实际情况灵活考核高管业绩完成情况，而不是"一刀切"，从而使股权激励合约更有效激励高管为公司价值最大化而努力。

第六章 股权激励合约中业绩目标设定对公司内部控制的影响

6.1 引言

第五章从公司投资规模和效率角度检验了股权激励业绩目标的激励效果,即检验高管通过有效投资增加公司利润、提升公司价值从而实现股权激励所设定的业绩目标。进一步通过案例分析可知,各个公司实施股权激励计划的目的各有侧重。如,2017年上市的一品红药业通过实施股权激励计划,明确提出要继续推进技术创新和管理模式创新。因此,提高公司风险管理能力也是公司实施股权激励的一个重要目的。接下来,本章将从公司内部控制角度来探究股权激励业绩目标设定如何影响公司的风险管理能力。

公司内部控制建设是公司高管团队的主要责任之一,需要高管发挥个人能力以及公司资源不断提升公司内部控制质量以应对不断变化的内部外环境(逯东等,2014)。内部控制质量反映了公司整体的风险管理效率,更重要的是,公司内部控制流程囊括了公司日常所有运营活动,如生产销售流程、投资融资流程以及信息披露流程等,这些活动通过所产生的成本费用、信用评级、财务舞弊风险等一系列途径,最终影响到公司股价和高管个人在股权激励中的收益(Indjejikian and Matejka,2009)。股权激励计划实施目的不仅是促进投资提高公司收益,同时激励高管对公司内部管理进行改进,进而增加股东财务和公司价值(Mergenthaler et al.,2012)。而现有文献较少从公司内部管理角度研究股权激励的效果(逯东等,2014;Balsam et al.,2014)。

内部控制是公司内部风险管理的重要因素,并且从权责关系角度,公司高管对内部控制负有主要责任。同时,内部控制制度并非一劳永逸,内部控制制度需要不断改进才能应对由于公司不断发展、外部市场以及经济环境的不断变化所产生的各种新型问题,否则将容易出现内部控制缺陷(Kinney,1989),进而影响公司股价(黄政和吴国萍,2017)。因此,在公司的成长过程中需要不断改进和完善内部控制制度,而公司内部控制质量又依赖高管的努力(Jiang et al. 2010)。从利益驱动角度,完善的公司内部控制制度可以通过影响公司经营费用(韩岚岚和马元驹,2017)、融资成本(陈汉文和周中胜,2014;林钟高和丁茂桓,2017)、公司风险承担(方红星和陈作华,2015;杨增生和杨道广,2017)、投资效率(张超和刘星,2015;王治等,2015)等方面影响公司业绩目标的实现(Indjejikian and Matejka,2009),也有研究证实内部控制质量可直接影响公司的财务业绩(田利军和陈甜甜,2015;叶陈刚等,2016)。因此,面临股权激励业绩目标压力的高管,除了可以通过对外投资来提高公司未来盈利能力,也可以通过不断改进和完善公司内部控制,从而夯实公司的管理基础,提高运营效率，最终通过完成业绩目标来获得股权激励所给予的个人利益。

基于研究现状，中国上市公司股权激励相关制度背景与以美国为主的其他国家上市公司推行的股权激励存在一个明显的不同，中国上市公司授予高管的股权激励合约必须设置业绩目标作为考核条件，即在股权激励有效期内公司需要实现预定的业绩目标，高管才有资格行权或解锁股票。因此，基于这一现实背景，在研究中国上市公司股权激励计划实施有效性时，需要重点关注业绩目标设定的严格度是否能够有效激励高管努力管理好公司。然而，当前国内外文献中鲜有对此进行详细研究。在仅有的相关研究中，Balsam et al.（2014）以美国上市公司实施萨班斯法案为背景，分析了2004年至2005年期间高管激励程度对内部控制缺陷的影响。逯东等（2014）关注了中国国有上市公司的高管股权激励合约实施与否同内部控制有效性的关系。同时 Balsam et al.（2014）的研究发现，虽然公司内部控制质量较弱时，为管理者提供了操纵公司盈余的机会，从而有利于管理者达到绩效考核要求因此获益。但是管理者还要考虑当出现重大内部控制缺陷时所需要承担的巨大损失，尤其是外部投资者对公司失去信心而导致股价下跌。这种损失很可能超出使用操纵盈余等手段而获得的收益。因此实施股权激励后，管理者更有动力提高内部控制质量，保证获得较高的权益收益。然而，以上文章主要从股权激励强度或是 CEO、CFO 股权激励强度对内部控制影响进行研究，并没有基于业绩型股权激励合约中业绩目标设定对提高内部控制质量的探讨分析。

基于最优契约理论和管理者权力理论，本章将探讨上市公司股权激励合约中业绩目标设定对公司内部控制质量的影响。通过实证检验，作者发现股权激励业绩目标设定严格度与公司下一年内部控制质量有显著正相关关系，即当高管面临股权激励业绩目标压力时，会努力改善公司内部控制，从而提高公司运行效率，降低运营风险，最终保证业绩目标的顺利实现，支持了最优契约理论。进一步研究中，本章首先基于不同合约特征，即不同股权激励类型和高管受激励强度来分析股权激励业绩目标设定对公司内部控制质量的影响。研究发现，使用限制性股票作为股权激励类型以及高管受激励强度更高时股权激励业绩目标更显著提高未来公司内部控制质量。其次，基于不同的外部治理特征，即从注册会计师审计质量、行业竞争程度以及地区法律监管三方面来分析对股权激励业绩目标与内部控制质量关系的影响。研究发现，注册会计师来自于中国注册会计师协会排名的四大会计师事务所、公司所处行业竞争程度越高以及公司所处地区法律监管环境越严格，股权激励业绩目标更显著提高未来公司内部控制质量。另外，关于内部控制研究的外延已从会计基础和审计进一步拓展到公司治理问题，因此，本章的研究不仅局限于内部控制质量，进一步拓展到公司治理的研究。使用高管在职消费、公司信息透明度和公司违规来反映公司治理水平。从检验结果发现，股权激励业绩目标设定越严格可有效降低未来高管在职消费水平，并且提升公司信息透明度水平，降低公司违规发生率，从而说明股权激励的实施也使公司治理得到了改善。最后，本书检验了通过股权激励业绩目标设定的严格度激励高管提高公司内部控制质量，最终是否能够实现业绩目标的顺利完成。回归结果发现当股权激励业绩目标设定较严格时，高管会通过提高内部控制质量来实现业绩目标。而当股权激励业绩目标设定较低时，并不能有效激励高管改善公司内部控制质量，反而为了个人利益的实现，高管更倾向使用盈余操纵的方式来实现业绩目标。

6.2 理论分析与研究假设

股权激励的目的之一是激励公司高管，促使其更努力地管理好公司（Indjejikian and Matejka，2009）。随着公司的内部管理改进，公司价值和股东财富均会稳步增长（Mergenthaler et al.，2011），受到股权激励的高管可以从股价提升中获取收益。高管对公司内部控制负有直接责任，并且公司内部控制质量是衡量高管管理绩效的一个重要维度（Jiang et al. 2010）。因此，当高管面临股权激励业绩目标压力时，其有动力提高公司内部控制质量，最终顺利实现公司业绩。

内部控制由五要素构成，即风险评估、内部环境、控制活动、信息与沟通和内部监督。从这五要素可知，内部控制可以分为两方面：与运营和风险控制有关的内部控制，以及与信息披露有关的内部控制。接下来，作者深入分析股权激励业绩目标如何通过激励高管提升这两方面的内部控制质量。

首先，Ashbaugh-Skaife et al.（2013）研究发现，当公司内部控制缺陷较多，由于内部流程不规范使得内部人拥有更多私有信息，内部人寻租行为增加，低效率甚至无效的内部交易盈利增加。从而内部控制流程设计和实施环节上存在缺陷，会给内部人寻租提供更多机会，引起不必要的费用支出和资金流失，从而对公司实现业绩目标构成了负面影响。另外，Ashbaugh-Skaife et al.(2009)发现，内部控制缺陷较高的公司，其特有风险和权益成本也较高。Deumes and Knechel（2008）的研究进一步表明，当内部控制质量越高时，外部投资者更加信赖公司的运营流程以及信息披露内容，可降低投资者的投资风险，进而投资者会降低对资产成本的要求，避免公司管理者因融资成本过高而放弃净现值为正的好项目。此外，还有一些研究发现，存在内部控制缺陷的公司债务融资成本更高（Dhaliwal et al., 2011；Kim et al., 2015；陈汉文和周中胜，2014）。因此，当高管面对股权激励业绩目标压力时，为保证自身利益成功实现，会努力提高内部控制质量，降低内部控制缺陷发生概率，从而降低不必要的因寻租而增加的成本或费用支出、或较高的股权和债券融资成本，以保证公司正常经营，收入和利润稳步提升。

其次，Altamuro and Beatty（2010）发现，较高的内部控制质量有利于减少盈余管理，提升公司盈利的持续性和可预测性。而较差的内部控制质量，则会导致公司的财务信息可靠性较差（Ashbaugh-Skaife et al., 2007；Feng et al., 2010；刘启亮等，2013）。公司内部控质量提升带来内部决策信息质量的提升，可满足高质量高效率的公司决策。因此，内部控制越有效，公司日常经营效率以及对外投资效率越高（Biddle et al., 2009）。而内部控制缺陷越多的公司，会显著提高公司日常运营成本，提高经营和投资的不确定性风险（李万福等，2011）。因此与信息披露方面有关的内部控制机制有效性越高，则会显著提高公司关键决策所需信息的质量，进而对实现公司业绩目标具有重要的影响。

管理者权力理论认为，面对股权激励合约中的业绩目标压力，高管会实施盈余管理行为（Cheng and Warfield，2005；Bergstresser and Philippon，2006）。受到制约较少的管理者在业绩目标的刺激下，会倾向于保持宽松的内部控制，以便开展盈余管理（Hogan and Wilkins，2008；赵息等，2013）。然而，管理者权力理论忽略一个问题，当面临股权激励业绩目标压力的高管通过降低内部控制质量、使用盈余管理实现业绩时，会提高公司内部控制缺陷数量。而内部控制缺陷的披露将造成公司股价下跌风险（黄政和吴国萍，2017）。Balsam et al.（2014）发现，虽然公司内部控制质量较弱时，为高管提供了操纵公司盈余的机会，从而有利于高管达到绩效考核要求因此获益。但是高管还要考虑当出现重大内部控制缺陷时所需要承担的巨大损失。当公司出现内部控制重大缺陷，高管所遭受的损失较大，可能超出使用操纵盈余等手段而获得的收益。从而当高管面对业绩目标压力时，更有动力提高内部控制质量，获得较高的股权收益。因此高管虽然通过盈余管理实现业绩目标，可以行权或解锁股票，但由于存在内部控制缺陷而导致的股价下跌，高管并不能从股票中获得应有的高收益，还可能由于股价跌破成本，而使得个人收益为负。

基于以上论证，被授予股权激励且承担业绩目标的高管有动力提高所在公司的内部控制质量，以避免内部控制出现缺陷影响公司运营风险和信息质量，进而影响股权激励合约中的业绩目标实现。

假设3：给定其他因素，股权激励合约业绩目标严格度与公司未来内部控制质量正相关。

6.3 样本选择、模型构建与变量定义

6.3.1 样本选择

本书选择 2006 年 −2016 年期间的沪深两市 A 股已成功实施股权激励的上市公司作为研究样本。截止 2016 年，实施股权激励的总样本为 989 个。手工收集了股权激励草案中业绩目标以及受激励高管获得的激励份额等信息。以这些数据为基础，本书作者根据实证研究常见的筛选原则，对样本予以筛选：（1）剔除金融业的上市公司；（2）剔除停止实施股权激励的上市公司，包括未通过股东大会决议、停止实施和延期实施；（3）剔除了内部控制相关信息或财务数据缺失的样本。

经过上述筛选，本书获得了 913 个股权激励实施样本。在回归分析中，剔除了国有上市公司样本 69 个，最终回归样本为 844 个。本书对于上市公司股权激励计划的研究主要关注民营上市公司，由于国有上市公司实施股权激励计划受到更多政策性影响，从而更多呈现的是国企改革的象征意义（Chen et al., 2013），因此同理刘志远和刘倩茹（2015）研究中关于上市公司股权激励计划样本的筛选，剔除国有上市公司样本。

在后续回归分析中，为了降低数据极端值的影响，本书对连续变量进行上下各 1% 水平的 winsorize 处理。

6.3.2 模型构建

基于本章基础假设，首先检验股权激励业绩目标设定对公司

内部控制质量的影响。为此，作者构造回归方程（3-1）如下：

$ICV_{t+1} = \alpha + \beta_1 Hurdle_t + \sum \beta_i Controls_t + Year + Industry + Region + \varepsilon$ （3-1）

回归方程 3-1 中，ICV_{t+1} 是指公司第 t+1 期根据迪博数据库中内部控制指数计算的公司内部控制质量。$Hurdle_{t+1}$ 是指公司第 t 期实施的股权激励合约中设定的业绩目标。如第三章样本描述性统计所述，这些业绩目标一部分采用了净利润增长率指标，另一部分采用了净资产收益率指标，且两部分样本不完全重合，所以在接下来的检验中，作者分别对净利润增长率（$ANIPDI_t$）和净资产收益率（$AROEDI_t$）逐一检验。在研究中还需要控制住其他影响公司内部控制质量的因素，这些因素如变量定义表中所述，将综合以往研究，以公司规模、资产负债率、公司成长性、第一大股东持股比例等变量等作为控制变量，在方程 3-1 中以 Controls 概括。另外，方程 3-1 中 Year、Industry、Region 分别为年度、行业、地区虚拟变量。

同时，本章使用第 t 期股权激励业绩目标设定检验对第 t+1 期公司内部控制质量的影响，为缓解互为因果所引发的内生性问题。并且在控制变量中加入了公司第 t 期的公司内部控制质量（ICV_t），进一步控制了可能影响公司未来内部控制质量的基准因素。

6.3.3 变量定义

（1）内部控制质量。本章的被解释变量，借鉴已有研究（赵息和张西栓，2013；逯东等，2014；刘浩等，2015；余海宗和吴艳玲，2015），本章使用迪博数据中内部控制指数作为衡量公司内部控制质量的主要依据（中国上市公司内部控制指数研究课题组，2011）。

（2）股权激励合约的业绩目标。基于第三部分对股权激励合约中业绩目标设定情况的统计，本书主要关注了两个最具有代表性的业绩目标，分别是净利润增长率和净资产收益率在股权激励合约中设定的目标值。另外，股权激励合约有效期以四到五年为主，因此在设置业绩目标时一般会涉及三年或以上业绩考核期，同时每个业绩考核期的业绩目标数值是逐年递增。因此，本书使用业绩考核期内净利润复合增长率以及加权平均净资产收益率，来反映股权激励合约中业绩目标设定的增长趋势。同时根据股权激励相关政策制度，净利润增长率和净资产收益率均选取扣除了非经常性损益的指标。

并且，由于不同行业、不同板块以及不同时期所处行业发展状况、公司成长前景等有较大差异，因此，上市公司在设定股权激励合约中业绩目标时也会存在差异，不同行业板块地域的两家公司虽然设置相近的业绩指标但传递的信息可能有较大差异。因此，为加强实施股权激励公司之间的可比性，本书对业绩目标进行调整，扣除实施股权激励公司上一年的同行业、同板块实际业绩均值，从而得到业绩目标相较于历史基准的相对目标值。在稳健性测试中，本书还会将股权激励合约中的业绩目标与实施股权激励合约公司过去三年实际平均值做比较。

（3）控制变量。现有文献表明，股权激励的实施以及合约的设置会受到公司特征的影响，包括公司规模、负债情况、公司盈亏状态、公司治理特征等方面（Krishnan，2005；DeFond et al.，

1994)。因此，综合已有研究，本章以公司规模、资产负债率、总资产收益率、公司成长性、第一大股东持股比例、独立董事占比、高管薪酬和高管持股比例等作为控制变量，以控制住影响股权激励公司合约设计以及公司内部控制质量的其他因素。变量定义描述见变量定义表。

6.4 实证检验分析

6.4.1 描述性统计和相关性分析

从表6-1描述性统计可知内部控制质量的均值为666.500，中位数为680.500。公司股权激励业绩目标中净利润增长率差额（$ANIPDI_t$）和公司净资产收益率差额（$AROEDI_t$）的均值分别为0.602和0.001，中位数分别为0.411和0.000，从而说明股权激励公司设置的业绩目标平均高于同行业、同板块的实际均值，表明业绩目标设定普遍较严格。其他变量的描述性统计结果也未见异常。

通过表6-2的相关性分析可知，公司内部控制质量与股权激励业绩目标有显著正相关性，初步证实本章假设。同时其他控制变量间不存在多重共线性。

表6-1 描述性统计

变量	最小值	平均值	中位数	最大值	标准差
ICV_{t+1}	0.0000	666.5000	680.5000	976.1000	93.3000
$Perk_{t+1}$	−0.4660	0.0020	0.0010	0.4730	0.0440
$Opec_{t+1}$	0.0157	0.3360	0.2500	3.2220	0.2840
$Violate_{t+1}$	0.0000	0.1223	0.0000	1.0000	0.3278

续表

变量	最小值	平均值	中位数	最大值	标准差
$ANIPDI_t$	−14.4800	0.6020	0.4110	25.1900	3.9940
$AROEDI_t$	−0.2130	0.0010	0.0000	0.2230	0.0780
$Type_t$	0.0000	0.6190	0.0000	1.0000	0.4860
$Intensity_t$	0.0000	0.5910	1.0000	1.0000	0.4890
$Big4_t$	0.0000	0.2850	0.0000	1.0000	0.4516
HHI_t	0.0000	0.7121	1.0000	1.0000	0.2832
$Protect_t$	0.0000	0.7859	1.0000	1.0000	0.3180
$Size_t$	19.7200	21.7300	21.5800	25.7700	1.0310
Lev_t	0.0523	0.3550	0.3330	0.9210	0.1870
ROA_t	−0.1820	0.0828	0.0775	0.2910	0.0559
$Growth_t$	−0.6490	0.3330	0.2430	2.2680	0.4010
$Top1_t$	0.0845	0.3310	0.3110	0.7430	0.1430
$TMTstock_t$	0.0000	0.2530	0.2490	0.6580	0.2210
$TMTpay_t$	12.2100	14.2900	14.2500	16.0300	0.6530
$Independent_t$	0.3000	0.3790	0.3640	0.5710	0.0565

表 6-2 相关性分析

变量	ICV_{t+1}	$Perk_{t+1}$	$Opec_{t+1}$	$Violate_{t+1}$	$ANIPDI_t$	$AROEDI_t$	$Size_t$
ICV_{t+1}	1.0000						
$Perk_{t+1}$	0.0050	1.0000					
$Opec_{t+1}$	0.0610*	−0.0270	1.0000				
$Violate_{t+1}$	−0.1100*	0.0040	0.0320	1.0000			
$ANIPDI_t$	0.0410**	−0.800***	−0.0390**	−0.017*	1.0000		
$AROEDI_t$	0.0100**	−0.972***	−0.0160***	−0.027*	0.779***	1.0000	
$Size_t$	0.079**	−0.0470	−0.0050	0.056*	0.0060	0.0110	1.0000
Lev_t	0.0110	−0.0430	0.0420	0.063*	0.0290	0.0610	0.602***
ROA_t	0.124***	−0.0470	0.059*	−0.0180	−0.0200	−0.0370	0.0040
$Growth_t$	0.0140	−0.0140	0.090***	0.0450	0.151***	0.0080	0.059*

续表

变量	ICV$_{t+1}$	Perk$_{t+1}$	Opec$_{t+1}$	Violate$_{t+1}$	ANIPDI$_t$	AROEDI$_t$	Size$_t$
Top1$_t$	0.092***	−0.073**	0.0000	−0.0440	0.065*	0.076*	0.0390
TMTstock$_t$	−0.0340	−0.0320	0.0190	−0.0050	0.0470	0.0570	−0.340***
TMTpay$_t$	0.123***	−0.0460	0.0010	0.0230	−0.0130	0.0560	0.461***
Independent$_t$	−0.0070	0.0170	−0.0230	−0.0520	−0.0200	−0.0260	−0.0450

变量	Lev$_t$	ROA$_t$	Growth$_t$	Top1$_t$	TMTstock$_t$	TMTpay$_t$	Independent$_t$
Lev$_t$	1.0000						
ROA$_t$	−0.215***	1.0000					
Growth$_t$	0.0180	0.070**	1.0000				
Top1$_t$	0.059*	0.059*	−0.0510	1.0000			
TMTstock$_t$	−0.264***	0.0420	0.0410	−0.096***	1.0000		
TMTpay$_t$	0.182***	0.189***	−0.0110	−0.0280	−0.204***	1.0000	
Independent$_t$	−0.095***	0.0090	−0.089***	0.119***	0.0310	−0.0380	1.0000

6.4.2 主检验实证结果

表6-3对本章提出的假设进行了检验，结果如表所示。模型（1）和（2）中股权激励合约的净利润增长率（ANIPDI$_t$）和净资产收益率（AROEDI$_t$）（调整滞后一期同行业、同板块实际均值）分别与公司下一年内部控制质量（ICV$_{t+1}$）在1%的水平下显著正相关，系数分别为2.75和4.60，系数具有一定的经济含义。这一统计检验结果说明，在其他影响因素不变的情况下，股权激励业绩目标设定越严格可有效提升未来内部控制质量。支持了假设3，股权激励合约中业绩目标设定越严格，可有效激励高管努力完善公司内部控制制度，从而将会提升未来公司内部控制质量。

表 6-3　假设回归结果

变量	(1) ICV_{t+1}	(2) ICV_{t+1}
$ANIPDI_t$	2.7515***	
	(2.7197)	
$AROEDI_t$		4.5989***
		(2.7633)
$Size_t$	1.2514	1.2911
	(0.2574)	(0.2157)
Lev_t	−23.4724	−25.6890
	(−0.8491)	(−0.7535)
ROA_t	−61.6787	−76.9364
	(−0.8296)	(−0.8216)
$Growth_t$	5.6835	18.1632*
	(0.6793)	(1.9318)
$Top1_t$	31.0154	32.1567
	(1.2687)	(1.1450)
$TMTstock_t$	12.7681	24.4400
	(0.8342)	(1.4102)
$TMTpay_t$	17.4407***	21.6719***
	(3.0132)	(3.2938)
$Independent_t$	60.5181	50.6676
	(1.1234)	(0.8672)
ICV_t	0.2294***	0.2691***
	(2.8044)	(2.5930)
Constant	262.5170**	220.1690
	(2.2929)	(1.6306)
Industry	Yes	Yes

续表

变量	(1)	(2)
	ICV_{t+1}	ICV_{t+1}
Year	Yes	Yes
Region	Yes	Yes
Observations	803	628
R^2	0.271	0.337
Adjusted R^2	0.213	0.267

6.5 进一步研究

6.5.1 其他合约特征研究

在进一步研究中，首先本章主要关注了在不同合约特征下，股权激励业绩目标对公司内部控制质量的影响。为此，本书作者构造回归方程（3-2）如下：

$$ICV_{t+1} = \alpha + \beta_1 Hurdle_t + \beta_2 InterV_t + \beta_3 Hurdle_t * InterV_t +$$
$$\sum \beta_i Controls_t + Year + Industry + Region + \varepsilon \tag{3-2}$$

方程（3-2）在方程（3-1）的基础上，加入 $interV_t$，$interV_t$ 分别代表股权激励类型（$Type_t$）和高管受激励强度（$Intensity_t$）。从而研究在不同条件下，股权激励业绩目标对公司内部控制的影响。

首先，中国上市公司实施股权激励主要使用股票期权和限制性股票两种类型（支晓强等，2014；卢闯等，2015）。基于这两种不同股权激励合约，业绩目标产生的影响是否会有所不同？

Greenbury（1995）提出，限制性股权的激励效果更好，因为相比股票期权，使用限制性股票作为股权激励类型，可使高管未来薪酬与企业业绩的联系更密切。然而，也有不少学者认为使用股票期权可以最大化长期业绩报酬激励，增加高管风险承担的激励，从而更好的激励高管提升公司股价（Pinto and Widdicks，2014；田轩和孟清扬，2018）。因此，关于限制性股票和股票期权的激励效果优势，并没有统一结论。作者认为其中一个原因是有关不同激励类型的相关政策制度存在差异，导致激励效果存在差异。

通过第三部分中对股权激励计划实施现状的统计可知，近年来越来越多的公司倾向使用限制性股票作为股权激励类型，而不像国外的公司更倾向使用股票期权。因为基于中国上市公司股权激励相关政策，相比于股票期权，使用限制性股票的优势更明显。一方面，限制性股票的授予价格可设定为股权激励草案公告前一段期间股票平均价格的50%，未来收益空间大。而股票期权授予价格一般设定为股权激励草案公告前一段期间股票的平均价格，鉴于中国股票市场价格波动的不确定性较大，从而授予价格与行权价格会出现"股价倒挂"现象，导致无法行权的风险较高。另一方面，限制性股票需要先出资购买股票，因此受激励对象需要承担初始成本，从而受激励对象会更努力工作，并增加其愿意留在公司的意愿。

余海宗和吴艳玲（2015）研究发现，上市公司股权激励的实施可以提高内部控制有效性。并进一步研究股权激励强度和激励类型的影响，发现股权激励强度与内部控制有效性是正U型关系，即随着股权激励强度增加，内部控制有效性先提高后降低。另外，此关系在公司使用限制性股票时更显著。肖淑芳等（2016）的研究也发现，公司更倾向选择限制性股票，因为其获利空间更大，并且权力义务对等。因此，本书认为，当公司使用限制性股票作为股权激励类型时，其激励效果更明显，可进一步提升股权激励业绩目标与公司内部控制质量的显著关系。

为此，本书引入 $Type_t$ 来衡量股权激励类型，当使用限制性股票时 $Type_t$ 为 1，使用股票期权时 $Type_t$ 为 0。

回归结果如表6-4中模型（1）和（2）所示，股权激励合约的净利润增长率（$ANIPDI_t$）、净资产收益率（$AROEDI_t$）和股权激励类型（$Type_t$）的交互项分别在5%的水平下，分别同公司下一年的公司内部控制质量（ICV_{t+1}）显著正相关，且系数具有一定的经济意义。这一统计检验结果说明在其他影响因素不变的情况下，相对于股票期权，使用限制性股票，股权激励业绩目标与公司内部控制质量正相关关系更显著。

其次，基于对高管股权激励强度的研究，Balsam et al.（2014）通过对美国上市公司CEO和CFO的股权激励强度进行比较分析，发现股权激励强度与内部控制重大缺陷存在显著负相关关系，即股权激励强度越大，CEO和CFO越有动力提升公司内部控制质量。类似地，Hoitash et al.（2012）研究发现，CFO总体报酬中有关奖金部分和股权激励部分，分别与内部控制实质性缺陷披露成负相关关系，而且这种负相关关系在治理较好的公司和财务报告错报成本较高的公司表现更为显著。这一研究结论意味着CFO的薪酬上涨或股权激励较多，有助于减少内部控制重大缺陷。追本溯源，这些研究结论与最优契约理论是一脉相承。当受到股权激励的高管未来可获得更高潜在收益,其会更努力提升公司价值,从而提升股价来获得高额收益。而面对股权激励合约的业绩目标压力,高管会有动力提升公司内部控制质量,从而提升公司决策效率、降低运营费用和融资成本,在完成业绩目标的同时降低内部控制缺陷发生概率,提升公司价值。因此当对高管的激励较高时,其激励效果更明显,可进一步提升业绩目标与内部控制质量的显著关系。

因此,本书引入 $Intensity_t$ 来衡量高管股权激励强度,高管激励强度的计算方法见 4.5.2,当高管激励强度高于中位数时,$Intensity_t$ 为 1,否则为 0。

回归结果如表 6-4 中模型(3)和(4)所示,股权激励合约的净利润增长率($ANIPDI_t$)、净资产收益率($AROEDI_t$)和高管股权激励强度($Intensity_t$)的交互项在 5% 以上分别同公司下一年公司内部控制质量(ICV_{t+1})显著正相关,且系数具有一定的经济意义。这一统计检验结果说明,在其他影响因素不变的情况下,当高管股权激励强度越高时,股权激励业绩目标与公司内部控制质量正相关关系更显著。

表 6-4 他合约特征回归结果

变量	(1) ICV_{t+1}	(2) ICV_{t+1}	(3) ICV_{t+1}	(4) ICV_{t+1}
$ANIPDI_t$	1.4095***		3.5127**	
	(14.2217)		(2.2209)	
$AROEDI_t$		1.6271***		2.5034**
		(8.3149)		(2.2839)
$ANIPDI_t*Type_t$	0.2655**			

续表

变量	（1）ICV_{t+1}	（2）ICV_{t+1}	（3）ICV_{t+1}	（4）ICV_{t+1}
	（2.0130）			
$AROEDIt*Type_t$		0.4793**		
		（2.3882）		
$ANIPDIt* Intensity_t$			1.3035***	
			（2.7943）	
$AROEDI_t* Intensity_t$				4.1010**
				（2.4951）
$Type_t$	−6.6992	−6.9357		
	（−1.0476）	（−1.0718）		
$Intensity_t$			−4.7446	−10.6899
			（−0.7279）	（−1.4577）
$Size_t$	4.3372	5.3566	1.0079	1.0480
	（0.9661）	（1.2059）	（0.2047）	（0.1754）
Lev_t	−32.9316	−20.0647	−22.3795	−23.7902
	（−1.2580）	（−0.7505）	（−0.7979）	（−0.6899）
ROA_t	−96.3664	−74.1421	−64.8930	−74.8471
	（−1.3450）	（−1.0205）	（−0.8762）	（−0.7959）
$Growth_t$	5.0617	4.4635	5.5442	18.4317**
	（0.7117）	（0.6127）	（0.6599）	（1.9705）
$Top1_t$	31.4868	31.3490	33.4182	36.3948
	（1.3930）	（1.3702）	（1.3486）	（1.2845）
$TMTstock_t$	16.7153	14.2103	11.8495	21.6902
	（1.1893）	（0.9778）	（0.7810）	（1.2737）
$TMTpay_t$	15.4391***	14.7613***	16.4237***	19.3827***
	（2.8371）	（2.6108）	（2.8210）	（3.0240）
$Independent_t$	33.3196	31.0128	55.0515	46.7193
	（0.6999）	（0.6126）	（1.0449）	（0.8232）
ICV_t	0.1958**	0.1881**	0.2343***	0.2623**
	（2.3608）	（2.3278）	（2.9069）	（2.5325）

续表

变量	(1) ICV_{t+1}	(2) ICV_{t+1}	(3) ICV_{t+1}	(4) ICV_{t+1}
$Constan_t$	280.3889***	268.4304**	281.6124**	264.7231*
	(2.6162)	(2.3418)	(2.3651)	(1.9319)
Industry	Yes	Yes	Yes	Yes
Year	Yes	Yes	Yes	Yes
Region	Yes	Yes	Yes	Yes
Observations	803	628	803	628
R^2	0.416	0.369	0.272	0.342
Adjusted R^2	0.368	0.317	0.212	0.269

6.5.2 外部治理特征研究

其次，本章主要关注了在不同外部治理特征情境下，股权激励业绩目标对公司内部控制质量的影响。为此，本书作者构造回归方程（3-3）如下：

$$lCV_{t+1}=\alpha+\beta_1 Hurdle_t+\beta_2 Govern_t+\beta_3 Hurdle_t*Govern_t+\sum\beta_i Controls_t+Year+Industry+Region+\varepsilon \quad (3-3)$$

方程（3-3）在方程（3-1）的基础上，加入 $Govern_t$，其分别代表是注册会计师审计质量（$Big4_t$）、行业竞争程度（HHI_t）和地区法律监管（$Protect_t$）。从而研究在不同外部治理条件下，股权激励业绩目标对公司内部控制的影响。

6.5.2.1 注册会计师审计质量

注册会计师对上市公司进行年度财务报表审计保证公司报表

信息完整准确，是减少股东与管理者间利益冲突和代理成本的重要外部机制保证。并且注册会计师需要具备高质量的专业能力，向上市公司提供专业的审计服务，才能保证公司经营财务状况的准确性（张嘉兴和傅绍正，2014）。另外，随着内部控制审计指引政策的出台，注册会计师在审计上市公司年度财务报表的同时，还要对公司内部控制流程进行审计，保证内部控制的有效性，提升公司风险防范能力和经营管理水平。高质量的注册会计师可以在内部控制审计过程中提供专业、全面并深入的服务，提升公司内部控制质量（刘玉廷和王宏，2010）。另外，高质量的注册会计师更注重自身声誉，在审计过程中会更加严谨和严格，避免过度乐观，有更强风险控制观（郑登津和闫天一，2016）。因此，当注册会计师审计质量和专业能力更高时，因顾及自身声誉而更加努力，则对内部控制流程的审查将更加严格。面对股权激励业绩目标的压力，受激励高管为保证业绩目标顺利完成，会努力完善内部控制流程，以降低审计风险。从而当注册会计师质量更高时可以进一步提升股权激励业绩目标与内部控制间的正向关系。

本章引入 $Big4_t$ 来衡量注册会计师审计质量，中国注册会计师协会每年会根据事务所年度收入对会计师事务所排名，排名前四的事务所为四大会计师事务所，当上市公司注册会计师来自于四大会计师事务所时，$Big4_t$ 为 1，否则为 0。

回归结果如表 6-5 中模型（1）和（2）所示，股权激励合约的净利润增长率（$ANIPDI_t$）、净资产收益率（$AROEDI_t$）和注册会计师审计质量（$Big4_t$）的交互项在 5% 以上分别同公司下一年公司内部控制质量（ICV_{t+1}）显著正相关，且系数具有一定的经济意义。这一统计检验结果说明在其他影响因素不变的情况下，当注册会计师审计质量越高时，股权激励业绩目标与公司内部控制质量正相关关系更显著。

6.5.2.2 行业竞争程度

当外部行业市场竞争更激烈时，公司将面临更高的经营、融资、投资等方面的风险，不确定性程度更高。因此，处在行业竞争程度更高的市场中，公司会更有动力完善内部控制制度体系，保证内部控制质量，以规范公司日常经营与投融资活动，降低由于竞争压力而导致的高风险（张传财和陈汉文，2017）。因此，面对股权激励业绩目标的压力，受激励高管为保证业绩目标顺利完成，会努力完善内部控制流程，以降低由于外界竞争压力所导致的经营失败、收入下降等风险。从而当行业竞争程度更高时可以进一步提升股权激励业绩目标与内部控制间的正向关系。

本章引入 HHI_t 衡量行业竞争程度，使用赫芬达尔—赫希曼指数（Herfindahl‐Hirschman Index）来衡量行业竞争程度（李小荣和张瑞君，2014）。当行业竞争程度指标高于总体中位数时，行业竞争程度较高，HHI_t 为 1，否则为 0。

回归结果如表 6-5 中模型（3）和（4）所示，股权激励合约的净利润增长率（$ANIPDI_t$）、净资产收益率（$AROEDI_t$）和行业竞争程度（HHI_t）的交互项在 10% 以上分别同公司下一年内部控制质量（ICV_{t+1}）显著正相关，且系数具有一定的经济意义。这一统计检验结果说明，在其他影响因素不变的情况下，当行业竞争程度越高时,股权激励业绩目标与公司内部控制质量正相关关系更显著。

6.5.2.3 地区法律监管

在法律环境较严格的地区,公司所面临的违法成本也较高,所以公司会加强内部控制建设,以防范因内部控制缺陷而产生违法行为所产生的高额损失(赵渊贤和吴伟荣,2014)。因此,外部法律环境可以提高公司治理效果,保证内部控制质量(Defond and Hung,2004)。面对股权激励业绩目标的压力,受激励高管为保证业绩目标顺利完成,会努力完善内部控制流程,以降低由于生产经营过程中可能引发高额违法成本所造成的损失。从而当地区法律环境更高时可以进一步提升股权激励业绩目标与内部控制间的正向关系。

为此,本章引入 $Protect_t$ 来衡量行业竞争程度,本章使用樊纲等(2016)中国市场化指数中"市场中介组织的发育和法律制度环境"数据来反映公司所在省份(直辖市)的法律环境,此指数高于总样本中位数,则说明法律环境较严格,$Protect_t$ 为1,否则为0。

回归结果如表6-5中模型(5)和(6)所示,股权激励合约的净利润增长率($ANIPDI_t$)、净资产收益率($AROEDI_t$)和地区法律环境($Protect_t$)的交互项在10%上分别同公司下一年公司内部控制质量(ICV_{t+1})显著正相关,且系数具有一定的经济意义。这一统计检验结果说明在其他影响因素不变的情况下,当地区法律环境严格度越高时,股权激励业绩目标与公司内部控制质量正相关关系更显著。

表 6-5　外部治理特征回归结果

变量	（1）ICV_{t+1}	（2）ICV_{t+1}	（3）ICV_{t+1}	（4）ICV_{t+1}	（5）ICV_{t+1}	（6）ICV_{t+1}
$ANIPDI_t$	2.0061***		2.7371		1.4600	
	（3.0153）		（0.8690）		（0.3047）	
$AROEDI_t$		2.3158		3.9576***		1.0516
		（1.5152）		（5.9873）		（1.6094）
$ANIPDI_t*Big4_t$	6.0000***					
	（4.0122）					
$AROEDI_t* Big4_t$		18.4366**				
		（2.3631）				
$ANIPDI_t* HHI_t$			9.1548*			
			（1.6935）			
$AROEDI_t* HHI_t$				4.3628**		
				（2.0050）		
$ANIPDI_t*Protect_t$					4.2927*	
					（1.8729）	
$AROEDI_t*Protect_t$						15.7081*
						（1.6648）
$Big4_t$	−5.9657	−8.1165				
	（−1.0509）	（−0.7557）				
HHI_t			−10.0412	−12.2152		
			（−0.0126）	（−1.3792）		
$Protect_t$					−11.2536	−14.4276
					（−0.6294）	（−0.6731）
$Size_t$	1.1886	3.5491	1.1554	3.1950	1.0053	0.7757
	（0.2310）	（0.6765）	（0.2371）	（0.5400）	（0.2045）	（0.1288）
Lev_t	−22.9048	−26.2945	−23.8895	−19.0542	−23.6952	−25.0452

续表

变量	(1) ICV_{t+1}	(2) ICV_{t+1}	(3) ICV_{t+1}	(4) ICV_{t+1}	(5) ICV_{t+1}	(6) ICV_{t+1}
	(-0.8218)	(-0.9565)	(-0.8598)	(-0.5582)	(-0.8538)	(-0.7334)
ROA_t	-57.9432	-43.4606	-56.7250	-37.2021	-59.3124	-74.7027
	(-0.8305)	(-0.6190)	(-0.7509)	(-0.4043)	(-0.8011)	(-0.8006)
$Growth_t$	5.3702	9.8156	5.8174	17.4917*	6.2417	18.8952**
	(0.6400)	(1.1224)	(0.6935)	(1.8686)	(0.7426)	(1.9917)
$Top1_t$	31.5254	32.2819	28.2282	28.0793	28.2907	28.4564
	(1.2793)	(1.2957)	(1.1463)	(0.9855)	(1.1558)	(1.0091)
$TMTstock_t$	11.0694	14.0857	12.8031	19.7417	11.6014	24.5688
	(0.7668)	(0.9699)	(0.8398)	(1.1733)	(0.7583)	(1.4137)
$TMTpay_t$	19.1742***	20.3673***	17.6635***	18.4545***	18.0188***	22.5857***
	(3.0647)	(3.1623)	(3.0902)	(2.9523)	(3.0594)	(3.3514)
$Independent_t$	71.3332	48.1640	64.4188	70.8433	67.1710	52.1553
	(1.2898)	(0.8897)	(1.2025)	(1.2286)	(1.2357)	(0.8806)
ICV_t	0.2499***	0.2530***	0.2249***	0.1845**	0.2236***	0.2623**
	(3.1822)	(3.0384)	(2.8384)	(2.0226)	(2.7256)	(2.5160)
Constant	250.5325**	268.3862**	273.1888**	318.2812***	279.8774***	242.0009**
	(2.2463)	(2.0721)	(2.5741)	(2.8331)	(2.7166)	(2.0477)
Industry	Yes	Yes	Yes	Yes	Yes	Yes
Year	Yes	Yes	Yes	Yes	Yes	Yes
Region	Yes	Yes	Yes	Yes	Yes	Yes
Observations	803	628	803	628	803	628
R^2	0.281	0.266	0.272	0.358	0.272	0.339
Adjusted R^2	0.222	0.205	0.212	0.288	0.212	0.267

6.5.3 公司治理变量研究

自 2008 年财政部联合审计署、证监会、保监会和银监会五部门发布《企业内部控制基本规范》到 2010 年《企业内部控制规范 2010》以及相关配套指引均强调了公司治理是企业内部控制的重要内部环境，强调了公司治理与内部控制间的相互影响，相互促进（张萍等，2015）。因此，关于内部控制研究的外延已从会计基础和审计进一步拓展到公司治理问题。公司治理的完善可进一步完善内部控制，同时完善的内部控制也反映了公司高质量的公司治理制度（李维安和戴文涛，2013）。因此，本章的研究不仅局限于内部控制质量，进一步拓展到公司治理的研究，检验股权激励业绩目标设定的严格度是否可以进一步提升公司治理质量。本章主要从高管在职消费、公司信息透明度和公司违规来反映公司治理情况。

6.5.3.1 高管在职消费

从公司治理角度出发，高管薪酬制度是公司治理的重要内容之一。基于管理者权力理论，高管可以利用自己的职务之便谋求私有收益，这种收益不仅包括薪酬收益也包括非薪酬收益，例如豪华办公室或高级轿车支出、乘坐头等舱飞机出差、公款吃喝等。这些消费主要反映在公司管理费用中，属于高管在职消费。高管在职消费一方面属于高管私有收益，增加了公司费用支出，降低净利润，从而损害公司价值以及股东利益；另一方面，高管过高的在职消费将面临社会较高的道德谴责，影响公司股价（权小锋等，2010）。因此，高管在职消费一直是公司治理研究的一个主要问题。

本书认为股权激励的实施可以降低高管的在职消费问题。首先，当高管面临股权激励业绩目标压力时，会尽全力提升公司收入并降低成本,保证业绩目标顺利完成。而在职消费直接计入公司管理费用,提高了公司总成本,降低了以净利润为主的业绩目标完成概率。因此受激励的高管会尽量降低在职消费水平。其次,较高的在职消费面临着来自公司员工、社会群众的较高道德谴责,因此不利于股价的提升。股价的高低直接影响了受股权激励高管的个人收益,因此为避免权益收益的降低高管会降低在职消费水平。最后,高管通过股权激励所获得的收益要远高于放弃的在职消费支出。因为,股权激励收益是显性的中长期收益,是由董事会和股东大会一致通过的薪酬激励制度。股权激励将高管与股东的利益联系到一起,在提升公司利润和股价的同时,高管还可因其出色的表现有机会提升个人职位。而在职消费并不被董事会和股东支持,因此过度在职消费支出会使高管面临较高职业危机。因此,综上所述,作者认为股权激励业绩目标的设置严格度可以降低高管在职消费水平。

因此,本书引入高管在职消费变量(Perk$_t$)。本书主要借鉴以往研究(Luo et al.,2011;权小锋等,2010;王曾等,2014;翟胜宝等,2015),以超额在职消费水平来衡量高管的私有收益。首先,基于以往研究构建高管超额在职消费水平回归模型,如方程(3-3):

$$\frac{MFee_{i,t}}{Asset_{i,t-1}} = \alpha + \beta_1 \frac{1}{Asset_{i,t-1}} + \beta_2 \frac{\Delta sale_{i,t}}{Asset_{i,t-1}} + \beta_3 \frac{PPE_{i,t-1}}{Asset_{i,t-1}} + \beta_4 \frac{Inventory_{i,t-1}}{Asset_{i,t-1}} + \beta_5 \frac{Wages_{i,t}}{Asset_{i,t-1}} + \beta_6 LnCongress_{i,t} + \beta_7 LnMeeting_{i,t} + \varepsilon_{i,t} \quad (3-4)$$

其中,MFee$_{i,t}$代表公司第t期高管层在职消费总额,计算依据基于年报所披露的管理费用,并扣除董事、高管以及监事薪酬、无形资产摊销、固定资产折旧、存货跌价准备、计提坏账准备以及税费等与高管在职消费无关的项目后所得余额;$Asset_{i,t-1}$为公司第 t−1 期期末公司的总资产;$\triangle Sale_{i,t}$为公司第 t 期主营业务收入的变动额;$PPE_{i,t}$为公司第 t 期厂房、机器设备等固定资产的净额;$Inventory_{i,t}$为公司第 t 期存货总额;$Wages_{i,t}$为公司第 t 期职工薪酬与职工福利费总和,从而控制了地区薪酬差异;$LnCongress_{i,t}$为公司第 t 期参加股东代表大会和临时股东代表大会人数的自然对数;$LnAvelock_{i,t}$为公司第 t 期召开董事会、监事会、薪酬委员会、审计委员会、战略委员会以及提名委员会会议次数之和的自然对数。然后,对方程(3-4)中的所有公司样本进行分年度、分行业回归,回归得到的因变量预测值即为合理在职消费水平,残差是实际在职消费总额中偏离合理水平,即为本书所要关注的高管超额在职消费水平($Perk_t$)。该数值越大,说明高管超额在职消费越高。

基于方程(3-1)的检验模型,接下来本章检验第 t 期股权激励业绩目标设定对第 t+1 期高管超额在职消费水平的影响。同时,在模型中控制了第 t 期高管超额在职消费水平。最终回归结果如表 6-6 中模型(1)和(2)所示,股权激励合约的净利润增长率($ANIPDI_t$)和净资产收益率($AROEDI_t$)(调整滞后一期同行业、同板块实际均值)分别与在 1% 的水平下同公司下一年高管超额在职消费水平($Perk_{t+1}$)显著负相关,系数分别为 −0.14 和 −0.55,且系数具有一定的经济意义。这一统计检验结果说明在其他影响因素不变的情况下,股权激励业绩目标设定越严格可有效降低未来高管在职消费水平,公司治理得到了改善,与主假说的结论统一。

6.5.3.2 公司信息透明度

另外,信息透明度作为反映公司信息披露行为的主要变量,也是公司治理研究的主要问题之一(黎文靖和孔东民,2013)。已有研究发现,当信息透明度较高时,由于公司对外披露的信息更详尽,因此,CEO 因为业绩下滑而导致被更换的可能性更大,从而提升了公司治理效率(游家兴和李斌,2007)。并且较高的信息透明度则高管的业绩薪酬敏感度也更高(王俊秋和张奇峰,2009)。上市公司股权激励计划对高管的有效激励,尤其是面临业绩目标压力时,使高管有动力改善内部控制环境等运行机制,最终也将反映到公司信息透明度水平上。综上所述,本书认为股权激励业绩目标的设置严格度可提高公司信息透明度水平。

本章引入 $Opec_{t+1}$ 来反映信息透明度水平。基于已有研究,本章对信息透明度的度量为公司第 t+1 期之前三年内操纵性应计盈余绝对值之和,该指标的数值越低,表明公司信息透明度越高(Bergstresser and Philippon,2006)。

基于方程(3-1)的检验模型,接下来本章检验第 t 期股权激励业绩目标设定对第 t+1 期公司信息透明度的影响。同时在模型中控制了第 t 期公司盈余管理水平(DA_t)。最终回归结果如表 6-6 中模型(3)和(4)所示,股权激励合约的净利润增长率($ANIPDI_t$)和净资产收益率($AROEDI_t$)(调整滞后一期同行业、同板块实际均值)分别与在 5% 和 1% 的水平下同公司下一年公司信息透明度($Opec_{t+1}$)显著负相关,系数分别为 −0.01 和 −0.03,

且系数具有一定的经济意义。这一统计检验结果说明在其他影响因素不变的情况下，股权激励业绩目标设定越严格可有效提升未来公司信息透明度水平，公司治理得到了改善，与主假说的结论统一。

6.5.3.3 公司违规

公司违规行为可能由于公司内部管理者的主观行为而导致。管理者通过违规行为可以较安全地获得短期利益时，会增加其主动行使违规行为的动力。但是一旦违规行为被发现，不仅管理者会受到监管部门的处罚，同时外部市场也会对公司产生负面情绪或抵触情绪，导致投资者的不信任，增加公司融资成本（周开国等，2016）。已有研究认为，公司违规所产生的负面影响不仅局限于监管部分处罚、公司声誉下降，同时还会影响与供应商或客户的关系，导致未来收入不确定性增加，并且商业信用等无息借贷行为难度增大，对公司日常经营造成困难（Chen et al., 2005; Chen et al., 2011; 陈运森和王汝花，2014）。因此，上市公司股权激励计划对高管的有效激励，尤其是面临业绩目标压力时，可以降低公司违规行为的发生。

本章引入 $Violate_{t+1}$ 来反映公司是否违规。当公司在 t+1 期存在违规行为，则 $Violate_{t+1}$ 取 1，否则取 0。

基于方程（3-1）的检验模型，接下来本章检验第 t 期股权激励业绩目标设定对第 t+1 期公司是否存在违规行为的影响。同时，在模型中控制了第 t 期公司内部控制水平（ICV_t）。最终回归结果如表 6-6 中模型（5）和（6）所示，股权激励合约的净利润增长率（ANIPDI$_t$）和净资产收益率（AROEDI$_t$）（调整滞后一期同行业、同板块实际均值）在 10% 的水平下同公司下一年公司违规（Violate$_{t+1}$）显著负相关，系数分别为 -0.0036 和 -0.0035。这一统计检验结果说明，在其他影响因素不变的情况下，股权激励业绩目标设定越严格可有效降低未来公司违规行为的发生风险，公司治理得到了改善，与主假说的结论统一。

表 6-6 公司治理因素回归结果

变量	（1）Perk$_{t+1}$	（2）Perk$_{t+1}$	（3）Opec$_{t+1}$	（4）Opec$_{t+1}$	（5）Violate$_{t+1}$	（6）Violate$_{t+1}$
ANIPDI$_t$	-0.1419***		-0.0097**		-0.0036*	
	(-5.8816)		(-2.5383)		(-1.9047)	
AROEDI$_t$		-0.5460***		-0.0329***		-0.0035*
		(-4.4062)		(-2.7354)		(-1.8301)
Size$_t$	-0.0440***	-0.0276***	-0.0124	-0.0146	-0.0096	0.0026
	(-2.8190)	(-2.9597)	(-0.6451)	(-0.6684)	(-0.5281)	(0.1376)
Lev$_t$	0.0897	0.0590	0.2571**	0.2616*	0.2171**	0.1114
	(0.9712)	(1.5235)	(1.9815)	(1.9161)	(2.2469)	(1.0534)
ROA$_t$	-0.5047	0.3627***	0.3998**	0.2982	0.5622**	0.4604
	(-1.4722)	(2.9476)	(2.2951)	(1.3187)	(1.9938)	(1.3701)
Growth$_t$	0.1336**	-0.0182	0.0448	0.1196*	0.0129	0.0173
	(2.2660)	(-1.0472)	(0.9154)	(1.8280)	(0.3444)	(0.4111)
Top1$_t$	-0.1007	-0.0295	0.0272	0.0511	-0.0654	-0.0985
	(-1.2134)	(-0.7362)	(0.2655)	(0.4368)	(-0.7808)	(-1.0601)
TMTstock$_t$	-0.1136**	-0.0266	-0.0642	-0.0982	-0.0129	0.0284
	(-2.0361)	(-1.1340)	(-1.0524)	(-1.3479)	(-0.1876)	(0.4020)
TMTpay$_t$	-0.0560**	0.0214	-0.0096	-0.0211	-0.0234	-0.0050
	(-2.0869)	(1.0397)	(-0.4449)	(-0.8765)	(-0.8754)	(-0.1624)

续表

变量	(1) Perk$_{t+1}$	(2) Perk$_{t+1}$	(3) Opec$_{t+1}$	(4) Opec$_{t+1}$	(5) Violate$_{t+1}$	(6) Violate$_{t+1}$
Independent$_t$	0.2065	−0.0061	0.0259	−0.1390	−0.3709*	−0.4955**
	(0.9878)	(−0.0643)	(0.1405)	(−0.6408)	(−1.8346)	(−2.1535)
Perk$_t$	−0.7967	−0.5152**				
	(−0.9612)	(−1.9837)				
DA$_t$			0.0235	−0.1178		
			(0.1018)	(−0.4347)		
ICV$_t$					−0.0008***	−0.0007**
					(−3.0185)	(−2.2081)
Constant	1.3441**	0.1085	0.6698	0.7021	0.9172**	0.5907
	(2.2977)	(0.3216)	(1.5158)	(1.3449)	(2.4355)	(1.3967)
Industry	Yes	Yes	Yes	Yes	Yes	Yes
Year	Yes	Yes	Yes	Yes	Yes	Yes
Region	Yes	Yes	Yes	Yes	Yes	Yes
Observations	854	656	836	640	803	628
R^2	0.344	0.254	0.140	0.179		
Adjusted R^2	0.324	0.249	0.0763	0.0971		
Pseudo R^2					0.1295	0.1509

6.5.4 内部控制质量对业绩目标实现的影响研究

最后，本章将检验通过股权激励业绩目标设定的严格度激励高管提高公司内部控制质量，最终是否能够实现业绩目标的顺利完成。因此，将股权激励业绩目标基于行业中位数分为高低两组，检验不同组别内部控制质量对最终业绩实现程度的影响。具体模型如下方程：

$$Filndex_{t+1}=\alpha+\alpha_1 Icv_t+\sum \alpha_i controls_t+Year+Industry+Region+\varepsilon \quad (3-5)$$

回归模型的因变量（$FiIndex_{t+1}$）是股权激励业绩目标的实现程度，具体是净利润增长率的实现程度（$DNIP_{t+1}$）—股权激励考核期第 t+1 年实际净利润增长率和股权激励合约中该项业绩目标的差额；和加权平均净资产收益率的实现程度（$DROE_{t+1}$）—股权激励考核期第 t+1 年加权平均净资产收益率和股权激励合约中该项业绩目标的差额。自变量（ICV_t）为第 t 期的公司内部控制质量。控制变量除了主回归模型的控制变量外，本书参照 Fang et al.（2016）的研究，在控制控制变量中还加入应计盈余管理指标（DA_t）和真实盈余管理指标（RM_t）。控制盈余管理对业绩目标实现产生的影响。

回归结果如表 6-7 所示，在高业绩目标组，公司内部控制质量（ICV_t）在 5% 的水平下同公司下一年股权激励业绩目标的实现程度（$DNIP_{t+1}$ 和 $DROE_{t+1}$）显著正相关，说明当股权激励业绩目标设定较严格时，高管会通过提高内部控制质量来完成业绩目标，进一步证明了研究假说。而在低业绩目标组，即股权激励业绩目标设定较低，内部控制质量与股权激励业绩目标实现程度（$DNIP_{t+1}$ 和 $DROE_{t+1}$）之间没有完全显著关系，而应计盈余管理指标（DA_t）和真实盈余管理指标（RM_t）对业绩目标的实现程度（$DNIP_{t+1}$ 和 $DROE_{t+1}$）的显著性更高。因此，当股权激励业绩目标设定较低时，并不能有效激励高管改善公司内部控制质量，反而为了个人利益的实现，使用盈余操纵的方式来实现业绩目标。

表 6-7 内部控制对业绩目标实现回归结果

变量	高业绩目标		低业绩目标	
	（1）	（2）	（3）	（4）
	$NIPD_{t+1}$	$ROED_{t+1}$	$NIPD_{t+1}$	$ROED_{t+1}$
ICV_t	0.2716**	0.0103**	0.1826	−0.0011
	(2.1084)	(2.1036)	(1.6151)	(−0.0067)
$Size_t$	−0.5036**	0.0013	0.0493	0.0412
	(−2.2116)	(0.1403)	(0.4248)	(0.6406)
Lev_t	1.5755*	0.0630	0.0970	−0.0635
	(1.9133)	(1.4660)	(0.2109)	(−0.4343)
ROA_t	4.3567	0.4450***	−2.1258	1.7703
	(1.3198)	(3.6657)	(−0.8722)	(0.9507)
$Growth_t$	0.6444*	0.0292***	0.4856	0.0200
	(1.6726)	(2.6663)	(0.9555)	(0.5609)
$Top1_t$	−1.3443	0.0370	−0.5805	−0.2448
	(−1.6229)	(0.7519)	(−1.2225)	(−1.3930)
$TMTstock_t$	−0.6137	−0.0207	−0.3547	−0.1553
	(−1.1592)	(−1.2501)	(−1.1119)	(−1.0881)
$TMTpay_t$	0.1246	−0.0053	−0.1784*	−0.0674
	(0.8504)	(−0.6873)	(−1.8186)	(−1.3059)
$Independent_t$	−0.6646	−0.0091	−1.2072	−0.1182
	(−0.4231)	(−0.1399)	(−1.2859)	(−0.4930)
DA_t	0.3248	0.0398	0.3870**	0.3851*
	(0.4013)	(1.5091)	(2.3353)	(1.8725)
RM_t	−0.0707	−0.0190	0.0323	0.0221**
	(−0.1802)	(−1.0600)	(1.1301)	(2.3078)
Constant	2.9501	−0.0604	2.0702	0.6851
	(1.0084)	(−0.4177)	(1.3191)	(0.4915)
Industry	Yes	Yes	Yes	Yes
Year	Yes	Yes	Yes	Yes
Region	Yes	Yes	Yes	Yes

续表

变量	高业绩目标		低业绩目标	
	（1）	（2）	（3）	（4）
	$NIPD_{t+1}$	$ROED_{t+1}$	$NIPD_{t+1}$	$ROED_{t+1}$
Observations	910	506	789	452
R^2	0.157	0.299	0.142	0.082
Adjusted R^2	0.0988	0.222	0.0742	0.0401

6.6 稳健性与内生性检验

在稳健性和内生性检验中，本章分别从固定效应模型、替换变量测试、增加样本量测试、Heckman两阶段回归、工具变量回归等方面展开。

6.6.1 稳健性检验

6.6.1.1 固定效应模型检验

首先，使用固定效应模型对研究假设重新进行回归分析，结果如表6-8所示，结果与假设回归结果具有一致性，即假设再次得到了支持。

表6-8 固定效应模型检验

变量	（1）	（2）
	ICV_{t+1}	ICV_{t+1}
$ANIPDI_t$	1.1971**	
	（1.9900）	
$AROEDI_t$		3.0509**
		（2.2930）

续表

变量	(1) ICV_{t+1}	(2) ICV_{t+1}
$Size_t$	4.5454	16.5225
	(0.2281)	(0.6336)
Lev_t	−17.5531	−20.9145
	(−0.2247)	(−0.2193)
ROA_t	−61.5115	−294.3606
	(−0.4714)	(−1.4404)
$Growth_t$	66.7662***	97.5332***
	(2.7265)	(3.4288)
$Top1_t$	−30.8812	126.0393
	(−0.2415)	(1.0322)
$TMTstock_t$	91.3936	55.6051
	(1.3548)	(0.9356)
$TMTpay_t$	59.9467	80.2747
	(1.2272)	(1.4485)
$Independent_t$	313.9015	576.6099*
	(1.2406)	(1.7999)
ICV_t	−0.2717*	−0.3750**
	(−1.8200)	(−2.2949)
Constant	−109.6170	−654.6260
	(−0.1334)	(−0.7091)
Fixed effects	Yes	Yes
Observations	803	628
R^2	0.246	0.341
Adjusted R^2	0.230	0.321

6.6.1.2 更替股权激励合约中业绩目标的历史基准

在上述回归分析中本章使用实施股权激励公司上一年的同行

业、同板块实际业绩均值，作为业绩目标相较于历史基准的相对目标值。因此，首先对历史基准进行更换，使用实施股权激励公司滞后三期的实际业绩指标均值作为历史基准调整项，若公司上市不足三年，则使用已上市年份的历史实际业绩均值，并由此计算出经调整后的股权激励业绩目标，重新对方程（3-1）作回归分析。

回归结果如表 6-9 中模型（1）和（2）所示，股权激励合约中净利润增长率（$ANIPD3_t$）和净资产收益率（$AROED3_t$）均在 1% 水平上与公司下一年内部控制质量（ICV_{t+1}）显著正相关，且系数有一定经济意义。

6.6.1.3 更替内部控制质量衡量方式

在本章的研究中使用迪博数据中内部控制指数作为衡量公司内部控制质量的主要依据，接下来本章将替换内部控制质量衡量方式，使用内部控制评价报告中披露的内部控制是否存在缺陷进行衡量。因此，引入新变量 $Deficiency_{t+1}$，当第 t+1 期公司存在内部控制缺陷时，$Deficiency_{t+1}$ 取 1，说明内部控制质量较低，反之公司不存在内部控制缺陷，$Deficiency_{t+1}$ 取 0，内部控制质量较高。回归结果如表 6-9 中模型（3）和（4）所示，股权激励合约中净利润增长率（$ANIPDI_t$）和净资产收益率（$AROEDI_t$）均在 5% 水平上与公司下一年内部控制缺陷（$Deficiency_{t+1}$）显著负相关，且系数有一定经济意义。因此，各个模型回归结果与主回归结果具有一致性，即假设得到了支持。

表 6-9　替换变量衡量基准检验

变量	(1) ICV_{t+1}	(2) ICV_{t+1}	(3) $Deficiency_{t+1}$	(4) $Deficiency_{t+1}$
$ANIPD3_t$	1.5979***			
	(3.3659)			
$AROED3_t$		2.1488***		
		(4.6610)		
$ANIPDI_t$			−0.0099**	
			(−2.3223)	
$AROEDI_t$				−0.1271**
				(−2.5338)
$Size_t$	2.7963	1.6742	0.1736*	0.2167*
	(0.5947)	(0.3443)	(1.8395)	(1.8926)
Lev_t	−23.0378	−19.7512	0.0708	0.4683
	(−0.8742)	(−0.7056)	(0.1490)	(0.8965)
ROA_t	−53.0748	−50.1232	−0.4650	−1.0048
	(−0.7198)	(−0.6272)	(−0.4391)	(−0.7754)
$Growth_t$	7.3782	6.7678	−0.1819	−0.1693
	(0.8976)	(0.7817)	(−1.0403)	(−0.8294)
$Top1_t$	29.2511	32.0752	−1.2211**	−1.7437***
	(1.2285)	(1.3237)	(−2.3526)	(−3.0720)
$TMTstock_t$	15.7907	17.4121	−1.1825***	−1.1727***
	(1.0438)	(1.1147)	(−3.2611)	(−2.9384)
$TMTpay_t$	19.8982***	19.2630***	0.1777	0.1295
	(3.3773)	(3.1517)	(1.5659)	(1.0165)
$Independent_t$	50.0370	47.1825	−2.0231*	−3.2820**
	(0.9540)	(0.8733)	(−1.7523)	(−2.3707)
ICV_t	0.2408***	0.2721***	−0.0019***	−0.0020**
	(2.9337)	(2.9149)	(−2.9130)	(−2.4769)

续表

变量	(1) ICV_{t+1}	(2) ICV_{t+1}	(3) $Deficiency_{t+1}$	(4) $Deficiency_{t+1}$
Constant	206.9461**	225.1322**	−2.8959	−1.7027
	(1.9964)	(2.0664)	(−1.5640)	(−0.7683)
Industry	Yes	Yes	Yes	Yes
Year	Yes	Yes	Yes	Yes
Region	Yes	Yes	Yes	Yes
Observations	803	628	788	607
R^2	0.291	0.300		
Adjusted R^2	0.235	0.241		
Pseudo R^2			0.1537	0.1739

6.6.1.4 加入国有企业样本的稳健性测试

以上回归研究中均剔除了国有企业样本，由于国有企业在实施股权激励时受到政策性影响较大，国有上市公司股权激励更多体现了国企改革的象征意义（Chen et al.，2013）。然而，由于剔除了国有企业样本也可能引发样本自选择问题，因此，在稳健性检验中再次加入国有企业样本进行回归。

在表6-10中，将国有企业样本加入，并加入反映公司性质的变量$State_t$，当公司性质为国有时，$State_t$为1，非国有则$State_t$为0。从表中结果可知，股权激励合约中净利润增长率（$ANIPDI_t$）和净资产收益率（$AROEDI_t$）在5%以上水平上与公司下一年内部控制质量（ICV_{t+1}）显著正相关，且系数有一定经济意义。因此各个模型回归结果与主回归结果具有一致性，即假设再次得到了支持。

表 6-10 加入国有企业样本检验

变量	(1) ICV_{t+1}	(2) ICV_{t+1}
$ANIPDI_t$	2.3571**	
	(2.2829)	
$AROEDI_t$		3.0886***
		(2.8884)
$Size_t$	5.3186	4.9938
	(1.1551)	(0.8599)
Lev_t	−52.4570*	−59.5801
	(−1.7249)	(−1.6054)
ROA_t	−113.3096	−142.6427
	(−1.4736)	(−1.4907)
$Growth_t$	3.6496	13.1572
	(0.4382)	(1.4164)
$Top1_t$	35.4192	36.5768
	(1.4491)	(1.3371)
$TMTstock_t$	15.4644	27.3713
	(1.0184)	(1.6154)
$TMTpay_t$	17.2570***	20.7697***
	(3.0552)	(3.3121)
$Independent_t$	85.0572	90.0429
	(1.4997)	(1.4201)
SEO_t	21.8110	15.5034
	(1.1298)	(0.7508)
ICV_t	0.3083***	0.3795***
	(3.3073)	(3.0583)
Constant	137.0095	79.9841
	(1.2286)	(0.6278)
Industry	Yes	Yes
Year	Yes	Yes

续表

变量	(1) ICV_{t+1}	(2) ICV_{t+1}
Region	Yes	Yes
Observations	863	687
R^2	0.277	0.344
Adjusted R^2	0.222	0.280

6.6.2 内生性检验

6.6.2.1 Heckman 两阶段回归检验

为消除上市公司股权激励实施与否而产生的样本自选择问题，本章使用 Heckman 两阶段回归。Heckman 检验的第一阶段为逻辑回归，本章使用第 t+1 期是否实施股权激励（$Incentive_{t+1}$）作为逻辑回归中因变量，实施股权激励的样本取值为 1，反之则取值为 0。将影响公司是否实施股权激励相关因素作为自变量（Bettis et al.，2010），包括第 t 期公司规模、资产负债率、公司成长性、业绩波动率、第一大股东持股比例、机构投资者持股比例、高管现金薪酬以及持股比例、高管权力、公司年龄，具体变量解释见定义表。通过第一阶段逻辑回归得到逆米尔斯比率（Inverse Mills Ratio），将其加入到第二阶段的回归模型中，用于控制自选择偏差。

Heckman 回归结果如表 6-11 所示，股权激励合约中净利润增长率（$ANIPDI_t$）和净资产收益率（$AROEDI_t$）均在 1% 水平上与公司下一年内部控制质量（ICV_{t+1}）显著正相关，且系数有一定经济意义。说明在控制内生性问题后，假设的验证具有稳健性。

表6-11 Heckman两阶段检验

第一阶段	（1）	第二阶段	（1）	（2）
变量	Incentive $_t$	变量	ICV$_{t+1}$	ICV $_{t+1}$
Size$_{t-1}$	−0.0165	ANIPDI$_t$	2.6147***	
	（−0.4410）		（2.8113）	
Lev$_{t-1}$	−0.3466**	AROEDI$_t$		5.8715***
	（−2.4786）			（3.1762）
Growth$_{t-1}$	0.2610***	Size$_t$	1.6287	1.4592
	（5.0828）		（0.2920）	（0.2154）
Dev$_{t-1}$	0.1112***	Lev$_t$	−23.7486	−37.4540
	（4.1771）		（−0.7355）	（−0.9316）
Top1$_{t-1}$	−0.2234	ROA$_t$	−64.2416	−148.6321
	（−1.3537）		（−0.6986）	（−1.4157）
Institution$_{t-1}$	0.2788**	Growth$_t$	5.9164	16.8129
	（2.4577）		（0.4870）	（1.2237）
TMTstock$_{t-1}$	0.3884***	Top1$_t$	18.0394	28.2631
	（3.0229）		（0.6585）	（0.8703）
TMTpay$_{t-1}$	0.1925***	TMTstock$_t$	7.6758	14.5622
	（5.2782）		（0.4218）	（0.6913）
Independent$_{t-1}$	0.7840**	TMTpay$_t$	19.7019**	22.2983**
	（2.0224）		（2.4716）	（2.4733）
Age$_{t-1}$	−0.6765***	Independent$_t$	73.6676	77.0000
	（−7.5048）		（1.1109）	（1.0328）
		ICV$_t$	0.2313***	0.2676**
			（2.6420）	（2.3457）
		IMR$_t$	−16.8878	−21.1148
			（−0.7470）	（−0.8710）
Constant	−5.0705***	Constan$_t$	243.2506	195.1159

续表

第一阶段	(1)	第二阶段	(1)	(2)
变量	Incentive t	变量	ICVt+1	ICV t+1
	(-6.8216)		(1.3638)	(0.9172)
Industry	Yes	Industry	Yes	Yes
Year	Yes	Year	Yes	Yes
Region	Yes	Region	Yes	Yes
Observations	8768	Observations	803	628
		R^2	0.231	0.302
Pseudo R^2	0.1051	Adjusted R^2	0.154	0.210

6.6.2.2 两阶段工具变量回归检验

考虑到股权激励合约中的业绩目标与公司内部控制的显著关系可能由于公司其他特征影响所导致，因此为解决这一内生性问题，本书尝试寻找股权激励合约中业绩目标设定的工具变量。借鉴相类似研究（Chen et al., 2015; Kim et al., 2015），本书以股权激励公司所在同行业同板块其他没有实施过股权激励公司在实施股权激励公司公告草案当期的实际业绩均值作为业绩目标设定的工具变量。

另外，如表6-12所示，本书同时对工具变量进行识别不足检验（Underidentification test）和弱工具变量检验（Weak identification test）。识别不足检验结果均在1%上显著，说明工具变量与业绩目标设定这一内生变量显著相关。弱工具变量检验所有F值均大于10，证明不存在弱工具变量问题，即工具变量是有效的。

基于工具变量二阶段法，本章对假设重新进行了回归分析，如

表 6-12 的回归结果可知，使用工具变量后，股权激励合约中净利润增长率（ANIPDI$_t$）和净资产收益率（AROEDI$_t$）均在 1% 水平上与公司下一年内部控制质量（ICV$_{t+1}$）显著正相关，且系数有一定经济意义。说明在控制内生性问题后，假设的验证具有稳健性。

表 6-12　两阶段工具变量检验

变量	第一阶段		第二阶段	
	（1）	（2）	（3）	（4）
	ANIPDI$_t$	AROEDI$_t$	ICV$_{t+1}$	ICV$_{t+1}$
IVANIPDI$_t$	1.7796***		2.7389***	
	（9.0389）		（3.6222）	
IVAROEDI$_t$		1.4720***		2.4343***
		（8.9622）		（2.6385）
Size$_t$	0.1129	0.0097	1.2597	1.8136
	（0.4801）	（0.1851）	（0.2606）	（0.2764）
Lev$_t$	−0.5831	−0.3812*	−23.4977	−28.0908
	（−0.7378）	（−1.6719）	（−0.9019）	（−0.8667）
ROA$_t$	−0.6109	−0.8409	−61.7027	−82.5119
	（−0.1960）	（−1.0631）	（−0.9055）	（−0.9110）
Growth$_t$	1.1023**	−0.0772	5.6955	17.5408**
	（2.5511）	（−0.9604）	（0.7220）	（2.0527）
Top1$_t$	1.1255	−0.2107	31.0140	32.6433
	（1.2991）	（−0.5162）	（1.3957）	（1.2671）
TMTstock$_t$	0.5587	0.2674	12.7766	24.9350
	（1.2147）	（1.4254）	（0.9148）	（1.5644）
TMTpay$_t$	0.2442	0.2421**	17.4460***	21.7915***
	（1.1210）	（2.1748）	（3.2948）	（3.5792）
Independent$_t$	−2.4486	−0.9642*	60.4794	48.0579
	（−1.4159）	（−1.7512）	（1.1963）	（0.9070）
ICV$_t$	0.0042	0.0034**	0.2295***	0.2865***
	（1.4125）	（2.0073）	（2.9635）	（2.8931）

续表

变量	第一阶段		第二阶段	
	（1）	（2）	（3）	（4）
	$ANIPDI_t$	$AROEDI_t$	ICV_{t+1}	ICV_{t+1}
Constant	−4.8464	−3.7429	262.3777**	217.1034
	(−0.7379)	(−1.6332)	(2.2987)	(1.4201)
Industry	Yes	Yes	Yes	Yes
Year	Yes	Yes	Yes	Yes
Region	Yes	Yes	Yes	Yes
Observations	803	628	803	628
R^2	0.472	0.394	0.271	0.336
Adjusted R^2	0.446	0.382	0.213	0.265
Underidentification test			0.0076	0.0058
Weak identification test			74.03	78.42

6.7 本章小结

本章将股权激励业绩目标设定激励有效性的研究拓展到了内部控制领域，通过研究发现上市公司股权激励计划的实施，尤其是业绩目标设定的严格度是影响内部控制质量改进的一个关键治理因素。内部控制作为公司管理运行流程的重要环节，一直受到学术界广泛关注，而鲜有研究将股权激励与公司内部控制质量结合起来，本章研究为理解上市公司股权激励合约特征如何改进内部控制制度，提供了新的证据，从而揭示了股权激励合约特征产生激励效果的具体机制。

基于最优契约理论和管理者权力理论，本章研究发现股权激励实施后内部控制质量显著提高，有助于预期业绩目标的最终实现。证明高管在面临股权激励业绩目标压力时，会通过提升公司内部控制质量来保证预期业绩的顺利完成，从而获得股权收益，最终支持最优契约理论。

同时，本章基于不同合约特征，即不同股权激励类型和高管受激励强度来深入分析股权激励业绩目标设定对公司内部控制质量的影响。研究发现，使用限制性股票作为股权激励类型以及高管受激励强度更高时股权激励业绩目标更显著提高未来公司内部控制质量。然后，基于不同的外部治理特征，即从注册会计师审计质量、行业竞争程度以及地区法律监管三方面来分析对股权激励业绩目标与内部控制质量关系的影响。研究发现，注册会计师来自于中国注册会计师协会排名的四大会计师事务所、公司所处行业竞争程度越高以及公司所处地区法律监管环境越严格，股权激励业绩目标更显著提高未来公司内部控制质量。

接下来，由于当前关于内部控制研究的外延已从会计基础和审计进一步拓展到公司治理问题，因此本章的研究不仅局限于内部控制质量，进一步拓展到公司治理水平的研究。使用高管在职消费、公司信息透明度和公司违规来反映公司治理水平。从检验结果发现，股权激励业绩目标设定越严格可有效降低未来高管在职消费水平，并且提升公司信息透明度水平，降低公司违规的可能性，从而说明股权激励的实施也使公司治理得到了改善。

然后，本章检验了通过股权激励业绩目标设定的严格度激励高管提高公司内部控制质量，最终是否能够实现业绩目标的顺利完成。回归结果发现当股权激励业绩目标设定较严格时，高管会通过提高内部控制质量来完成业绩目标。而当股权激励业绩目标设定较低时，并不能有效激励高管改善公司内部控制质量，反而高管为了个人利益的实现，会选择更轻松的盈余操纵方式来实现业绩目标。

最后是稳健性和内生性检验。通过固定效应模型，更换业绩目标衡量方式以及使用 Heckman 两阶段、工具变量两阶段回归结果均没有改变，支持本章研究假设。

通过本章的实证检验，拓展了有关股权激励效果的研究，并且基于最优契约理论和管理者权力理论，通过对股权激励业绩目标设定的研究对两个理论的分析进行详细阐述，最终支持最优契约理论。并且，本章研究具有较高的实践意义。当实施股权激励公司高管面临较大业绩压力时，其不仅可以加大投资从而通过开源的方法提高净利润实现业绩目标，同时可以通过改善公司内部管理规范，提高内部控制质量，提高公司运行效率，而实现股权激励所设定的业绩目标。同时本书拓展了内部控制研究外延，进一步考察股权激励业绩目标设定对公司治理的水平的改善，并发现，在股权激励设置较严格业绩目标时，不仅提高了内部控制质量，同时提高了公司治理水平。

第 7 章 研究结论与展望

7.1 研究结论

2005 年 12 月,中国证券监督管理委员会颁布的《上市公司股权激励管理办法(试行)》首次明确上市公司股权激励计划需要遵循的制度原则,要求已完成股权分置改革的上市公司,可根据此管理办法实施股权激励计划。从而进一步完善了高管薪酬激励体系,通过股权激励计划的实施促使"经理人"向"合伙人"转变,更有效激励高管努力工作。2016 年 7 月,中国证券监督管理委员会颁布的《上市公司股权激励管理办法》(第 126 号令)正式确定了上市公司的股权激励计划实施规范,表明中国 A 股上市公司股权激励制度已趋于成熟。经过十多年的发展,股权激励制度已成为中国上市公司的重要公司治理机制。截止 2017 年底,已有 977 家上市公司成功实施了股权激励,一共公告了 1392 份股权激励草案,占总体 A 股上市公司的 29.78%。中国 A 股上市公司的股权激励制度不同于美国等国家流行的传统型股权激励,其为业绩型股权激励,即股权激励合约中需强制设定业绩目标,只有公司在考核期内实现业绩目标,受激励对象才能够成功行权或解锁股票。

通过对现有文献进行回顾，作者发现当前对股权激励的研究虽然较为广泛，但针对业绩型股权激励，尤其是合约中关键条款——业绩目标设定，仍鲜有研究。因此，本书选取 2006 年 –2017 年期间的沪深两市 A 股已成功实施股权激励的上市公司作为研究样本，对影响上市公司股权激励合约中业绩目标设定的前置影响因素以及后续激励效果进行详细研究。

首先，基于股权激励合约相关管理办法，股权激励合约由董事会下属薪酬委员会直接负责起草制定，然后报董事会以及股东大会审议通过方可实施。从而作为股权激励合约的制定者，董事会下属薪酬委员会对股权激励合约中业绩目标设定有直接影响。因此，本书首先将探讨薪酬委员会的特征如何影响股权激励合约中业绩目标设定的严格度，以及薪酬委员会在制定股权激励合约业绩目标时会受到哪些内外部环境的影响。

基于代理理论和资源依赖理论，通过对薪酬委员会中独立董事占比和财务背景董事占比来反映薪酬委员会的独立性和财务专业性，本书发现，薪酬委员会中独立董事占比越高，具有财务背景的董事人员占比越高，可以显著提高股权激励合约中业绩目标设定严格度。这说明，当薪酬委员会独立性较高并具备丰富财务专业能力，股权激励中业绩目标设定更严格，可更有效激励高管努力工作。另外，本书使用连锁董事人数占薪酬委员会总人数比例来反映薪酬委员会社会地位，发现当薪酬委员会社会地位较高时，可正向促进独立性和财务专业性与股权激励业绩目标严格度的相关关系。较高的社会地位使薪酬委员会在制定股权激励合约时更具话语权和权威，不受高管层权力的影响，使业绩目标更严格、激励更有效。在进一步研究中，首先基于薪酬委员会中独立董事亲自参会比例进行分组，本书发现只有当独立董事亲自参会比例较高时，即有充裕时间参与到公司事务决策，独立性、财务专业性以及社会地位与业绩目标间的关系显著为正。其次，基于高管股权激励强度进行分组回归，当高管股权激励强度较高时，薪酬委员会独立性、财务专业性以及社会地位与业绩目标间的关系显著为正。这说明，虽然高管会面临较高业绩压力，同时也会获得较高潜在收益。最后，基于机构投资者持股比例进行分组回归，发现当机构投资者持股比例较高时，公司薪酬委员会独立性、财务专业性以及社会地位与业绩目标间的关系显著为正。这说明，机构投资者的有效监督可提升薪酬委员会制定股权激励业绩目标的严格度。

在检验发现薪酬委员会对股权激励合约中业绩目标设定严格度有显著影响后，则又引发了下一个问题，股权激励合约中业绩目标设定是否严格对激励高管为公司利益最大化而努力的行为是否有差异，即严格的业绩目标设定是否能够更有效激励公司高管。通过对实践中实施股权激励计划公司的目的进行总结发现，股权激励计划的主要目的是通过吸引和激励有能力的高管从而提升公司投资创新和风险控制能力（吕长江和张海平，2011；李雪斌，2013）。从而本书也将从公司投资行为以及管理绩效两方面来研究股权激励合约中业绩目标设定的激励有效性。

一方面，基于中国上市公司股权激励政策背景，结合最优契约理论和管理者权力理论，对上市公司股权激励进行探讨，从合约业绩目标设定角度考察其经济后果，分析股权激励业绩目标设定对公司投资行为的影响。最终研究结论最终支持最优契约理论，股权激励业绩目标可有效提高公司的投资规模和投资效率，抑制非效率投资行为。因此，本章研究对关于股权激励与投资行为的文献进行了补充，并从合约设置角度进一步明确了实施股权激励的效果。接下来进一步细化公司投资行为，将公司投资行为划分为固定资产投资、长期股权投资和创新研发投资三种形式，检验股权激励业绩目标设定对不同投资行为的影响。研究发现，当存在业绩压力时，高管更倾向使用固定资产投资和长期股权投资这类稳健的投资方式。同时，由于公司的研发创新投资风险更大，收益周期长，一旦研发失败，会提高公司的费用成本，降低公司净利润，因此当高管面临业绩目标压力较大时，股权激励并不能有效激励高管提高研发投入。然后，基于不同公司情境，讨论对股权激励业绩目标设定与公司投资行为关系的进一步影响。分别从股权激励类型、高管受激励强度和公司未来业绩展望三方面进行分析，研究发现，使用限制性股票作为股权激励类型以及高管受激励强度更高时股权激励业绩目标更显著提高未来公司投资规模以及提高未来投资效率。而当公司未来业绩展望较为负面时，高管会降低新项目投资规模，降低了投资效率，抑制了业绩目标的有效激励。因此基于不同情境的研究，本章解释了当前实施股权激励的实际效果，同时解决了理论上的分歧。另外本书根据公司所处的生命周期将实施股权激励的公司分为成长型、成熟型和衰退型，通过分组回归发现，在成熟型公司中股权激励业绩目标的激励效果最有效，其次是成长型公司，而在衰退型公司中股权激励没有显著激励效果。最后，检验了通过股权激励业绩目标设定的严格度激励高管提高投资规模和投资效率，最终是否能够保证业绩目标的顺利完成。回归结果发现，当股权激励业绩目标设定较严格时，高管会通过提高投资规模和投资效率来完成业绩目标。而当股权激励业绩目标设定较低时，并不能有效激励高管为提升公司价值而努力，反而高管为了个人利益的实现，会倾向于选择更轻松的盈余操纵方式来实现业绩目标。

另一方面，基于最优契约理论和管理者权力理论，研究发现股权激励实施后内部控制质量显著提高，有助于预期业绩目标的最终实现，因此证明高管在面临股权激励业绩目标压力时，会通过提升公司内部控制质量来保证预期业绩的顺利完成，获得股权收益，支持了最优契约理论。同时，本书基于不同合约特征，即不同股权激励类型和高管受激励强度来深入分析股权激励业绩目标设定对公司内部控制质量的影响。研究发现，使用限制性股票作为股权激励类型以及高管受激励强度更高时，股权激励业绩目标更显著提高未来公司内部控制质量。然后，基于不同的外部治理特征，即从注册会计师审计质量、行业竞争程度以及地区法律监管三方面来分析对股权激励业绩目标与内部控制质量关系的影响。研究发现，注册会计师来自于中国注册会计师协会排名的四大会计师事务所、公司所处行业竞争程度越高以及公司所处地区法律监管环境越严格，股权激励业绩目标更显著提高未来公司内部控制质量。接下来，由于当前关于内部控制研究的外延已从会计基础和审计进一步拓展到公司治理问题，因此，本书的研究不仅限于内部控制质量，进一步拓展到公司治理水平的研究，使用高管在职消费、公司信息透明度以及公司违规来反映公司治理水平。从检验结果发现，股权激励业绩目标设定越严格可有效降低未来高管在职消费水平，并且提升公司信息透明度水平，降低公司违规的可能性，从而说明股权激励的实施也使公司治理得到了改善。最后，本书检验了通过股权激励业绩目标设定的严格度激励高管提高公司内部控制质量，最终是否能够保障业绩目标的顺利完成。回归结果发现当股权激励业绩目标设定较严格时，高管会通过提高内部控制质量来完成业绩目标。而当股权激励业绩目标设定较低时，并不能有效激励高管改善公司内部控制质量，反而为了高管个人利益的实现，会选择更轻松的盈余操纵方式来实现业绩目标。

7.2 政策建议

股权激励计划的实施完善了上市公司高管薪酬激励体系，更有效的激励高管为公司和股东利益最大化而努力。而中国 A 股上市公司股权激励制度要求强制设定业绩目标，即实施业绩型股权激励。通过本书的详细讨论发现，当前股权激励合约设置，尤其是业绩目标设定具有一定显著激励效果。然而，仍存在不合理问题，需要通过多方面共同努力进行改善。基于此，本书提出如下政策建议：

7.2.1 政策制定部门应完善股权激励合约制度，激励上市公司发挥自主性

自从证监会 2005 年 12 月颁布《上市公司股权激励管理办

法（试行）》，后续逐步出台各类条款政策完善股权激励制度。2016 年 7 月，颁布了《上市公司股权激励管理办法》（第 126 号令）正式确定了上市公司的股权激励计划实施规范。在不断完善的股权激励制度中，监管部门逐步放宽了对上市公司实施股权激励中业绩目标设定的要求。在 2016 年颁布的管理办法中，取消了公司业绩指标不低于公司历史水平且不得为负的强制性要求。从实践统计发现，近年来新实施股权激励的公司主要以净利润增长率为主要业绩目标，占比达到九成以上。虽然政策上对业绩目标设定门槛有所松动，但从现实来看公司所使用的业绩指标较为单一。然而，业绩目标设定单一，受激励高管为实现业绩目标，可能会出现一些损害公司和股东利益的行为。因此政策制定与监管部门应鼓励上市公司基于公司发展阶段、产品特征、市场状况等方面，设置灵活并且有针对性的业绩目标。同时可以将财务业绩目标与非财务业绩目标结合起来，从不同角度衡量激励效果，从而更有利于股权激励计划的有效实施。

7.2.2 上市公司在制定股权激励合约时，应着眼于公司整体价值提升

上市公司董事会下属薪酬委员会在制定股权激励合约具体条款时，应着眼于公司长期收益和价值的发展，同时应兼顾中小股东利益。随着股权激励制度被更多上市公司所熟悉，股权激励计划将成为上市公司持续的高管薪酬激励制度。当前上市公司实施一次股权激励计划的有效期为四到五年，在业绩目标设定较为宽

松的公司中，高管为了实现个人收益，可能会从事一些盈余管理等短期提升业绩的行为，而损害了公司利益。因此，上市公司应将股权激励计划作为公司固定制度，股权激励计划应持续实施。每一期的股权激励计划有效期可在四到五年，每期将结束时，薪酬委员会应根据当前公司发展情况，以及本期股权激励实施效果，着手制定下一期股权激励合约。从而保证股权激励的持续性，避免高管的短视行为，保护全体股东利益。另外，在每个股权激励考核期内，上市公司应及时披露业绩目标完成情况，以及公司通过哪些途径实现了利润等业绩的增长，从而使得外部投资者，尤其是中小股东可全面详细了解公司的发展情况，保证股权激励计划的有效性。

7.2.3　上市公司董事会应有效激励高管，保证实现业绩目标

高管作为股权激励的主要作用对象，需要在面临业绩目标压力下，努力发展好公司。通过本书的研究发现当业绩目标设定较严格，同时较严格的激励目标与高管受激励股票或期权份额相匹配时，可有效激发高管提高公司的投资规模和投资效率，同时提高公司的内部控制质量。因此高管不仅可以通过提高对外投资等开源方式来提升公司收入，从而提高净利润，同时可以通过完善公司的管理流程，降低不必要的成本费用支出，通过节流方式提高净利润。并且，在制定股权激励合约时，董事会下属薪酬委员会需要对合约条款对高管的激励效果有明确的认识和预期，以保证高管的个人收益与其所承担的风险相匹配，有效激励高管在实现个人收益的同时为公司和股东价值最大化而

努力。

7.3 研究局限

尽管本书尽可能深入地对上市公司股权激励合约中业绩目标设定的前置影响因素与后续激励效果进行理论分析和实证研究，但仍可能存在以下局限：

一方面，本书研究样本存在一定局限性。本书只关注了实施股权激励公司其业绩目标设定问题的研究。而从第三章描述性统计可知，当前已实施过股权激励的上市公司占比在三分之一左右，因此，大部分没有实施过股权激励的公司并没有关注到。虽然本书通过两阶段工具变量和 Heckman 检验，控制了可能存在的内生性问题以及样本自选择问题，但在未来的研究中仍需要延长样本观测时间，扩大研究样本量至大部分上市公司，来探讨股权激励合约中业绩目标设定的有效性问题。

另一方面，本书研究只关注了业绩目标设定条款，而没有涵盖股权激励所有条款。虽然业绩目标设定是业绩型股权激励合约的核心问题，也是本书着力关注的焦点，然而股权激励合约中仍有其他值得研究和探讨的条款。例如，有些公司会设定高管个人绩效条款，即高管不仅要实现公司整理业绩目标，同时要完成个人绩效，才能成功行权或解锁全部股票。因此，高管个人绩效也是约束高管行为的重要因素。然而，当前股权激励合约中，上市公司对于高管个人绩效的条款要求并没有详细披露，且公司之间也存在较大差异，因此本书并未对高管个人绩效进行讨论分析。

7.4 研究展望

本书的研究内容在未来还有值得进一步拓展的空间：

第一，进一步关注股权激励实施过程的研究。本书研究重点关注了股权激励合约设定问题以及其激励效果，而并没有关注股权激励实施过程。即股权激励在考核期间内的实施情况，高管实际行权或解锁股票情况，高管离职放弃行权或解锁股票情况等，均会影响股权激励在具体实施过程中的激励效果，因此可以拓展研究股权激励实施过程问题。同时，随着股权激励制度越发成熟，公司连续实施股权激励计划的样本也将逐渐增多，保证了股权激励的稳健性。因此可以对连续实施股权激励公司，即第一期股权激励计划完成后则开展第二期、第三期等股权激励计划的公司与只实施一期的公司进行对比研究。

第二，股权激励合约前置影响因素的拓展研究。本书研究重点关注影响股权激励合约设置的直接因素——薪酬委员会特征。而股权激励合约的设置还会受其他因素的影响，如公司战略规划、公司产品市场环境等，因此，可以拓展对前置影响因素的研究。即更深一步探究公司实施股权激励计划的内在动力，以及如何影响具体的合约设置。

第三，关注中介机构在股权激励合约中作用的研究。独立财务顾问或律师事务所在股权激励合约制定和实施中均起到重要作用，尤其是中介机构的专业性和独立性对其能力发挥有重要影响。因此，可以从公司聘请的中介机构特征等角度研究对股权激励合约设置或对后续实施效果的研究。

附表：变量定义

	变量名	变量含义	计算方法
第四章使用变量与定义	ANIPDI$_t$	公司净利润增长率差额	第 t 年实施股权激励公司草案中设定的业绩考核期内净利润几何增长率（扣除非经常性损益）减去 t−1 年公司该指标同行业、同板块其他公司实际均值
	AROEDI$_t$	公司净资产收益率差额	第 t 年实施股权激励公司草案中设定的业绩考核期内加权平均净资产收益率（扣除非经常性损益）减去 t−1 年公司该指标同行业、同板块其他公司实际均值
	IND$_t$	薪酬委员会独立性	公司第 t 年薪酬委员会中独立董事人数占薪酬委员会总人数的比例
	FIN$_t$	薪酬委员会专业性	公司第 t 年薪酬委员会中具有财务和金融背景的董事人数占薪酬委员会总人数的比例
	Social$_t$	薪酬委员会社会地位	公司第 t 年薪酬委员会中连锁董事比例高于行业中位数取 1，否则取 0
	Size$_t$	公司规模	公司第 t 年资产总额以 e 为底自然对数
	Lev$_t$	资产负债率	公司第 t 年负债总额除以资产总额
	Growth$_t$	公司成长性	公司第 t 年与第 t−1 年营业收入总额差值除以第 t−1 年营业收入总额
	Top1$_t$	第一大股东持股比例	公司第 t 年第一大股东持股份额除以公司总股本
	Power$_t$	两职合一	公司第 t 年总经理和董事长为同一人，则取值为 1，否则为 0
	Independent$_t$	独立董事比例	公司第 t 年独立董事人数除以董事会总人数

续表

	变量名	变量含义	计算方法
第四章使用变量与定义	Dev_t	公司业绩波动率	公司 t-3 至 t-1 年度营业收入标准差的自然对数
	$TMTpay_t$	高管薪酬	公司第 t 年高管现金薪酬总额的自然对数
	$TMTstock_t$	高管股权	公司第 t 年高管持股份额除以公司总股本
	$Institution_t$	机构投资者持股比例	公司第 t 年机构投资者持股份额除以公司总股本
	Age_t	公司年龄	公司第 t 年上市天数的自然对数
	DA_t	应计盈余管理	公司第 t 年采用修正的琼斯模型度量的操纵性应计盈余管理水平
	RM_t	真实盈余管理	公司第 t 年以修正的琼斯模型为基础,计量销售操控、生产操控和费用操控三个常见真实盈余管理行为的模型,然后将三个指标加总作为真实盈余管理水平
	$CCboard_t$	薪酬委员会人数	公司第 t 年董事会下属薪酬委员会总人数
第五章增加的变量与定义	INV_t	投资规模	公司第 t 年的投资规模,具体计算方法见正文 5.3.3 变量定义
	$Ainvest_t$	投资效率	公司第 t 年的投资效率,具体计算方法见正文 5.3.3 变量定义
	$FixedINV_t$	固定资产投资额	公司第 t 年新增固定资产投资额 / 期初总资产
	$EquityINV_t$	长期股权投资额	公司第 t 年新增长期股权投资额 / 期初总资产
	$R\&D_t$	创新投资额	公司第 t 年研发投入除以营业收入
	$Type_t$	股权激励类型	第 t 年授予股权激励类型是限制性股票,则为 1,股票期权则为 0
	$Intensity_t$	高管受激励强度	公司第 t 年实施股权激励计划中受激励高管股权激励强度大于行业中位数时为 1,否则为 0
	$Profit_t$	业绩展望	证券分析师对公司与股权激励业绩考核期相同区间内净利润的预测均值和第 t 年公司实际净利润计算预期净利润增长率(没有预期净利润指标用预期净资产收益率替代),当预期净利润增长率(预期净资产收益率)小于公司股权激励设置的净利润增长率(净资产收益率),则公司业绩展望为负,Profit 为 1,否则为 0

续表

	变量名	变量含义	计算方法
第五章增加的变量与定义	$Cash_t$	公司自由现金流	公司第 t 年自由现金流,基于谢德仁(2013)的方法计算自由现金流除以总资产
	ROA_t	总资产收益率	公司第 t 年净利润除以总资产
	$DNIP_t$	净利润增长率的实现程度	公司股权激励考核期第 t 年实际净利润增长率和股权激励合约中该项业绩目标的差额
	$DROE_t$	净资产收益率的实现程度	公司股权激励考核期第 t 年实际净资产收益率和股权激励合约中该项业绩目标的差额
第六章增加的变量与定义	ICV_t	内部控制质量	迪博数据库中第 t 年"内部控制指数"
	$Perk_t$	高管在职消费	公司第 t 年高管超额在职消费水平,具体计算方法见正文 6.5.2
	$Opec_t$	信息透明度	公司第 t 年之前三年内操纵性应计余绝对值之和,该指标的数值越低,表明公司信息透明度越高
	$Violate_t$	公司违规	公司第 t 年是否存在违规行为,存在则取 1,否则取 0
	$Big4_t$	注册会计师审计质量	公司第 t 年注册会计师来自于中国注册会计师协会排名的四大会计师事务所时,则 Big4t 取 1,否则取 0
	HHI_t	行业竞争程度	使用赫芬达尔—赫希曼指数计算公司第 t 年行业竞争程度。当行业竞争程度指标高于总体中位数时,HHIt 为 1,否则为 0。
	$Protect_t$	地区法律监管环境	使用樊纲等(2016)中国市场化指数中"市场中介组织的发育和法律制度环境"数据,公司第 t 年此指数高于总样本中位数,则 Protectt 为 1,否则为 0。

参考文献

[1] 陈汉文,周中胜.内部控制质量与企业债务融资成本[J].南开管理评论,2014,17(03):103-111.

[2] 陈效东,周嘉南,黄登仕.高管人员股权激励与公司非效率投资:抑制或者加剧?[J].会计研究,2016(07):42-49+96.

[3] 陈效东,周嘉南.非激励型高管股权激励、企业投资方式与控制人收益[J].管理评论,2016,28(05):161-174.

[4] 陈运森,王汝花.产品市场竞争、公司违规与商业信用[J].会计与经济研究,2014,28(05):26-40.

[5] 方红星,陈作华.高质量内部控制能有效应对特质风险和系统风险吗?[J].会计研究,2015(04):70-77+96.

[6] 韩岚岚,马元驹.内部控制对费用粘性影响机理研究——基于管理者自利行为的中介效应[J].经济与管理研究,2017,38(01):131-144.

[7] 黄宏斌,翟淑萍,陈静楠.企业生命周期、融资方式与融资约束——基于投资者情绪调节效应的研究[J].金融研究,2016(07):96-112.

[8] 黄政,吴国萍.内部控制质量与股价崩盘风险:影响效果

及路径检验［J］.审计研究，2017（04）:48-55.

［9］侯巧铭，宋力，蒋亚朋.管理者行为、企业生命周期与非效率投资［J］.会计研究，2017（03）:61-67+95.

［10］姜付秀，石贝贝，马云飙.董秘财务经历与盈余信息含量［J］.管理世界，2016（09）:161-173.

［11］黎文靖，孔东民.信息透明度、公司治理与中小股东参与［J］.会计研究，2013（01）:42-49+95.

［12］李强，杨东杰，刘倩云.增长期权创造视角下高管股权激励的效果检验［J］.管理科学，2018，31（01）:116-128.

［13］李万福，林斌，宋璐.内部控制在公司投资中的角色：效率促进还是抑制？［J］.管理世界，2011（02）:81-99+188.

［14］李维安，戴文涛.公司治理、内部控制、风险管理的关系框架——基于战略管理视角［J］.审计与经济研究，2013，28（04）:3-12

［15］李小荣，张瑞君.股权激励影响风险承担：代理成本还是风险规避？［J］.会计研究，2014（01）:57-63+95.

［16］李雪斌.股权激励机理研究［D］.财政部财政科学研究所，2013.

［17］梁上坤.股权激励强度是否会影响公司费用黏性［J］.世界经济，2016，39（06）:168-192.

［18］林乐，谢德仁，陈运森.实际控制人监督、行业竞争与经理人激励——来自私人控股上市公司的经验证据［J］.会计研究，2013（09）:36-43+96.

［19］林钟高，丁茂桓.内部控制缺陷及其修复对企业债务融

资成本的影响——基于内部控制监管制度变迁视角的实证研究［J］.会计研究，2017（04）:73-80+96.

［20］刘宝华，王雷.业绩型股权激励、行权限制与企业创新［J］.南开管理评论，2018，21（01）:17-27+38.

［21］刘浩，许楠，时淑慧.内部控制的"双刃剑"作用——基于预算执行与预算松弛的研究［J］.管理世界，2015（12）:130-145.

［22］刘井建，纪丹宁，王健.高管股权激励计划、合约特征与公司现金持有［J］.南开管理评论，2017，20（01）:43-56.

［23］刘启亮，罗乐，张雅曼，陈汉文.高管集权、内部控制与会计信息质量［J］.南开管理评论，2013，16（01）:15-23.

［24］刘玉廷，王宏.提升企业内部控制有效性的重要制度安排——关于实施企业内部控制注册会计师审计的有关问题［J］.会计研究，2010（07）:3-10+95.

［25］刘志远，刘倩茹.业绩型股票期权的管理层收益与激励效果［J］.中国工业经济，2015（10）:131-145.

［26］卢闯，孙健，张修平，向晶薪.股权激励与上市公司投资行为——基于倾向得分配对方法的分析［J］.中国软科学，2015（05）:110-118.

［27］逯东，王运陈，付鹏.CEO激励提高了内部控制有效性吗？——来自国有上市公司的经验证据［J］.会计研究，2014（06）:66-72+97.

［28］吕长江，张海平.股权激励计划对公司投资行为的影响［J］.管理世界，2011（11）:118-126+188.

[29] 吕长江, 郑慧莲, 严明珠, 许静静. 上市公司股权激励制度设计: 是激励还是福利?[J]. 管理世界, 2009 (09): 133-147+188.

[30] 权小锋, 吴世农, 文芳. 管理层权力、私有收益与薪酬操纵[J]. 经济研究, 2010, 45 (11): 73-87.

[31] 盛明泉, 张春强, 王烨. 高管股权激励与资本结构动态调整[J]. 会计研究, 2016 (02): 44-50+95.

[32] 宋迪, 戴璐, 杨超. 股权激励合约业绩目标设置与公司创新行为[J]. 中央财经大学学报, 2018 (08): 49-61.

[33] 宋建波, 文雯, 王德宏. 海归高管能促进企业风险承担吗——来自中国A股上市公司的经验证据[J]. 财贸经济, 2017, 38 (12): 111-126.

[34] 宋建波, 文雯. 董事的海外背景能促进企业创新吗?[J]. 中国软科学, 2016 (11): 109-120.

[35] 田利军, 陈甜甜. 企业内部控制、社会责任与财务绩效[J]. 重庆大学学报 (社会科学版), 2015, 21 (02): 75-82.

[36] 田轩, 孟清扬. 股权激励计划能促进企业创新吗[J]. 南开管理评论, 2018, 21 (03): 176-190.

[37] 汪健, 卢煜, 朱兆珍. 股权激励导致过度投资吗?——来自中小板制造业上市公司的经验证据[J]. 审计与经济研究, 2013, 28 (05): 70-79.

[38] 王曾, 符国群, 黄丹阳, 汪剑锋. 国有企业CEO"政治晋升"与"在职消费"关系研究[J]. 管理世界, 2014 (05): 157-171.

[39] 王栋, 吴德胜. 股权激励与风险承担——来自中国上市公司的证据 [J]. 南开管理评论, 2016, 19（03）:157-167.

[40] 王俊秋, 张奇峰. 信息透明度与经理薪酬契约有效性: 来自中国证券市场的经验证据 [J]. 南开管理评论, 2009, 12（05）:94-100+108.

[41] 王治, 张皎洁, 郑琦. 内部控制质量、产权性质与企业非效率投资——基于我国上市公司面板数据的实证研究 [J]. 管理评论, 2015, 27（09）:95-107.

[42] 吴育辉, 吴世农. 企业高管自利行为及其影响因素研究——基于我国上市公司股权激励草案的证据 [J]. 管理世界, 2010（05）:141-149.

[43] 肖淑芳, 刘颖, 刘洋. 股票期权实施中经理人盈余管理行为研究——行权业绩考核指标设置角度 [J]. 会计研究, 2013（12）:40-46+96.

[44] 肖淑芳, 石琦, 王婷, 易肃. 上市公司股权激励方式选择偏好——基于激励对象视角的研究 [J]. 会计研究, 2016（06）:55-62+95.

[45] 肖曙光, 杨洁. 高管股权激励促进企业升级了吗——来自中国上市公司的经验证据 [J]. 南开管理评论, 2018, 21（03）:66-75.

[46] 谢德仁, 陈运森. 业绩型股权激励、行权业绩条件与股东财富增长 [J]. 金融研究, 2010（12）:99-114.

[47] 谢德仁, 崔宸瑜, 汤晓燕. 业绩型股权激励下的业绩达标动机和真实盈余管理 [J]. 南开管理评论, 2018, 21（01）:

159-171.

［48］谢德仁，林乐，陈运森.薪酬委员会独立性与更高的经理人报酬—业绩敏感度——基于薪酬辩护假说的分析和检验［J］.管理世界，2012（01）:121-140+188.

［49］谢佩洪，汪春霞.管理层权力、企业生命周期与投资效率——基于中国制造业上市公司的经验研究［J］.南开管理评论，2017，20（01）:57-66.

［50］徐倩.不确定性、股权激励与非效率投资［J］.会计研究，2014（03）:41-48+95.

［51］杨增生，杨道广.内部控制质量与银行风险承担——来自我国上市银行的经验证据［J］.审计研究，2017（06）:105-112.

［52］叶陈刚，裘丽，张立娟.公司治理结构、内部控制质量与企业财务绩效［J］.审计研究，2016（02）:104-112.

［53］游家兴，李斌.信息透明度与公司治理效率——来自中国上市公司总经理变更的经验证据［J］.南开管理评论，2007（04）:73-79+85.

［54］余海宗，吴艳玲.合约期内股权激励与内部控制有效性——基于股票期权和限制性股票的视角［J］.审计研究，2015（05）:57-67.

［55］翟胜宝，徐亚琴，杨德明.媒体能监督国有企业高管在职消费么？［J］.会计研究，2015（05）:57-63+95.

［56］张超，刘星.内部控制缺陷信息披露与企业投资效率——基于中国上市公司的经验研究［J］.南开管理评论，2015，18（05）:136-150.

[57] 张传财, 陈汉文. 产品市场竞争、产权性质与内部控制质量[J]. 会计研究, 2017 (05): 77-84+99.

[58] 张嘉兴, 傅绍正. 内部控制、注册会计师审计与盈余管理[J]. 审计与经济研究, 2014, 29 (02): 3-13.

[59] 张萍, 葛玉洁, 曹洋, 施卫英. 公司治理和财务报告内部控制: 监管制度的比较——西方内部控制研究文献导读及中国制度背景下的展望 (三) [J]. 会计研究, 2015 (08): 86-92+97.

[60] 赵息, 张西栓. 内部控制、高管权力与并购绩效——来自中国证券市场的经验证据[J]. 南开管理评论, 2013, 16 (02): 75-81.

[61] 赵渊贤, 吴伟荣. 企业外部规制影响内部控制有效性研究——来自中国上市公司的经验证据[J]. 中国软科学, 2014 (04): 126-137.

[62] 郑登津, 闫天一. 会计稳健性、审计质量和债务成本[J]. 审计研究, 2016 (02): 74-81.

[63] 支晓强, 孙健, 王永妍, 王柏平. 高管权力、行业竞争对股权激励方案模仿行为的影响[J]. 中国软科学, 2014 (04): 111-125.

[64] 中国上市公司内部控制指数研究课题组, 王宏, 蒋占华, 胡为民, 赵丽生, 林斌. 中国上市公司内部控制指数研究[J]. 会计研究, 2011 (12): 20-24+96.

[65] 周开国, 应千伟, 钟畅. 媒体监督能够起到外部治理的作用吗?——来自中国上市公司违规的证据[J]. 金融研究, 2016 (06): 193-206.

[66] 宗文龙，王玉涛，魏紫. 股权激励能留住高管吗?——基于中国证券市场的经验证据[J]. 会计研究，2013（09）:58-63+97.

[67] Abernethy M A, Kuang Y F, Qin B. The Influence of CEO Power on Compensation Contract Design[J]. Accounting Review, 2015, 90（4）:1265-1306.

[68] Agrawal A, Mandelker G N. Managerial incentives and corporate investment and financing decisions[J]. The journal of finance, 1987, 42（4）: 823-837.

[69] Ajinkya B, Bhojraj S, Sengupta P. The association between outside directors, institutional investors and the properties of management earnings forecasts[J]. Journal of accounting research, 2005, 43（3）: 343-376.

[70] Altamuro, J. and Beatty, A. How Does Internal Control Regulation Affect Financial Reporting?[J]. Journal of Accounting and Economics, 2010, 49（1）: 58-74.

[71] Anderson R C, Bizjak J M. An empirical examination of the role of the CEO and the compensation committee in structuring executive pay[J]. Journal of Banking & Finance, 2003, 27（7）: 1323-1348.

[72] Armstrong C S, Jagolinzer A D, Larcker D F. Chief executive officer equity incentives and accounting irregularities[J]. Journal of Accounting Research, 2010, 48（2）: 225-271.

[73] Armstrong C S, Larcker D F, Ormazabal G, et al. The

relation between equity incentives and misreporting: The role of risk-taking incentives [J]. Journal of Financial Economics, 2013, 109（2）: 327-350.

［74］Armstrong C S, Vashishtha R. Executive stock options, differential risk-taking incentives, and firm value [J]. Journal of Financial Economics, 2012, 104（1）: 70-88.

［75］Arya A, Mittendorf B. Offering stock options to gauge managerial talent [J]. Journal of Accounting and Economics, 2005, 40（1）: 189-210.

［76］Ashbaugh-Skaife H, Collins D W, Kinney W R. The discovery and reporting of internal control deficiencies prior to SOX-mandated audits [J]. Journal of Accounting and Economics, 2007, 44（1）: 166-192.

［77］Ashbaugh - Skaife, H., D. W. Collins, and R. Lafond. The effect of SOX internal control deficiencies on firm risk and cost of equity [J]. Journal of Accounting Research, 2009, 47（1）: 1-43.

［78］Ashbaugh - Skaife, H., David Veenman, Daniel Wangerin. Internal control over financial reporting and managerial rent extraction: Evidence from the profitability of insider trading [J]. Journal of Accounting and Economics, 2013, 55（1）:91-110.

［79］Badolato P G, Donelson D C, Ege M. Audit committee financial expertise and earnings management: The role of status [J]. Journal of Accounting and Economics, 2014, 58（2-3）: 208-230.

［80］Balsam S, Jiang W, Lu B. Equity incentives and internal

control weaknesses [J]. Contemporary Accounting Research, 2014, 31（1）: 178-201.

[81] Banker R D, Huang R, Natarajan R. Equity incentives and long-term value created by SG&A expenditure [J]. Contemporary Accounting Research, 2011, 28（3）: 794-830.

[82] Barton D. Capitalism for the long term [J]. Harvard Business Review, 2011, 89（3）: 84-91.

[83] Beasley M S. An empirical analysis of the relation between the board of director composition and financial statement fraud [J]. Accounting review, 1996: 443-465.

[84] Bebchuk L A, Fried J M. Executive Compensation at Fannie Mae: A Case Study of Perverse Incentives, Nonperformance Pay, and Camouflage [J]. Journal of Corporation Law, 2005, 30（4）: 807-822.

[85] Bebchuk L A, Fried J M. Pay without performance: Overview of the issues [J]. Journal of applied corporate finance, 2005, 17（4）: 8-23.

[86] Bebchuk L A, Grinstein Y, Peyer U. Lucky CEOs and lucky directors [J]. The Journal of Finance, 2010, 65（6）: 2363-2401.

[87] Bebchuk L A, Fried J M. Pay without performance [M]. Cambridge, MA: Harvard University Press, 2004.

[88] Bentley MacLeod W. Optimal contracting with subjective evaluation [J]. The American Economic Review, 2003, 93（1）:

216-240.

［89］Benz M, Kucher M, Stutzer A. Stock Options: The Managers' Blessing: Institutional Restrictions and Executive Compensation［J］. University of Zurich Institute for Empirical Research in Economics. Working Paper, 2001.

［90］Berger P G, Ofek E, Yermack D L. Managerial Entrenchment and Capital Structure Decisions［J］. Journal of Finance, 1997, 52（4）:1411-1438.

［91］Bergstresser D, Philippon T. CEO incentives and earnings management［J］. Journal of financial economics, 2006, 80（3）: 511-529.

［92］Bertrand M, Mullainathan S. Agents with and without principals［J］. American Economic Review, 2000, 90（2）: 203-208.

［93］Bertrand M, Mullainathan S. Are CEOs rewarded for luck? The ones without principals are［J］. The Quarterly Journal of Economics, 2001, 116（3）: 901-932.

［94］Bertrand M, Mullainathan S. Enjoying the quiet life? Corporate governance and managerial preferences［J］. Journal of political Economy, 2003, 111（5）: 1043-1075.

［95］Bettis C, Bizjak J, Coles J, et al. Stock and option grants with performance-based vesting provisions［J］. The Review of Financial Studies, 2010, 23（10）: 3849-3888.

［96］Bhattacharyya S, Cohn J B. The temporal structure of

equity compensation [C]. 2010.

[97] Biddle G C, Hilary G, Verdi R S. How does financial reporting quality relate to investment efficiency? [J]. Journal of Accounting & Economics, 2009, 48(2-3):112-131.

[98] Blanchard O J, Lopez-de-Silanes F, Shleifer A. What do firms do with cash windfalls? [J]. Journal of financial economics, 1994, 36(3): 337-360.

[99] Boehmer, Ekkehart, Eric K. Kelley. Institutional Investors and the Informational Efficiency of Prices [J]. Review of Financial Studies, 2009, 22(9): 3563-3594.

[100] Bolton P, Mehran H, Shapiro J. Executive compensation and risk taking [J]. Review of Finance, 2015, 19(6): 2139-2181.

[101] Boone, Audra L., Joshua T., White. The Effect of Institutional Ownership on Firm Transparency and Information Production [J]. Journal of Financial Economics, 2015, 117(3): 508-533.

[102] Brick I E, Palmon O, Wald J K. CEO compensation, director compensation, and firm performance: Evidence of cronyism? [J]. Journal of Corporate Finance, 2006, 12(3): 403-423.

[103] Bruynseels L, Cardinaels E. The audit committee: Management watchdog or personal friend of the CEO? [J]. The Accounting Review, 2014, 89(1): 113-145.

[104] Camara A, Henderson V. Compensation under manipulation [J]. Available on Line, 2005: 1-55.

［105］Camara A. The pricing of relative performance-based incentives for executive compensation［J］. Journal of Business Finance & Accounting, 2001, 28（9-10）: 1115-1139.

［106］Carter M E, Ittner C D, Zechman S L C. Explicit relative performance evaluation in performance-vested equity grants［J］. Review of Accounting studies, 2009, 14（2-3）: 269-306.

［107］Chang X, Fu K, Low A, Zhang W. Non-executive employee stock options and corporate innovation［J］. Journal of Financial Economics, 2015, 115（1）: 168-188.

［108］Chava S, Purnanandam A. CEOs versus CFOs: Incentives and corporate policies［J］. Journal of Financial Economics, 2010, 97（2）: 263-278.

［109］Chen C J P, Jaggi B. Association between independent non-executive directors, family control and financial disclosures in Hong Kong［J］. Journal of Accounting and Public policy, 2000, 19（4-5）: 285-310.

［110］Chen, F., O. K. Hope, Q. Li, and X. Wang, Financial Reporting Quality and Investment Efficiency of Private Firms in Emerging Markets［J］. The Accounting Review, 2011, 86（4）: 1255-1288.

［111］Chen, G., M. Firth, D. N, Gao, and O. M. Rui. Is China's securities regulatory agency a toothless tiger? Evidence from enforcement actions［J］. Journal of Accounting and Public Policy, 2005, 24（6）: 451-488.

[112] Chen, Y., F. A. Gul, M. Veeraraghavan, and L. Zolotoy. Executive equity risk-taking incentives and audit pricing [J]. The Accounting Review, 2015, 90(6): 2205-2234.

[113] Chen, Y. S., S. Zhu, and Y. T. Wang. Corporate fraud and bank loans: Evidence from china [J]. China Journal of Accounting Research, 2011, 4(3): 155-165.

[114] Chen, Z., Y. Guan, and B. Ke. Are stock option grants to directors of state-controlled Chinese firms listed in Hong Kong genuine compensation? [J]. The Accounting Review, 2013, 88(5): 1547-1574.

[115] Cheng Q, Warfield T D. Equity incentives and earnings management [J]. The accounting review, 2005, 80(2): 441-476.

[116] Cohen J R, Hoitash U, Krishnamoorthy G, et al. The effect of audit committee industry expertise on monitoring the financial reporting process [J]. The Accounting Review, 2014, 89(1): 243-273.

[117] Coles J L, Daniel N D, Naveen L. Managerial incentives and risk-taking [J]. Journal of financial Economics, 2006, 79(2): 431-468.

[118] Conyon M J, He L. Compensation committees and CEO compensation incentives in US entrepreneurial firms [J]. Journal of Management Accounting Research, 2004, 16(1): 35-56.

[119] Core J E, Holthausen R W, Larcker D F. Corporate governance, chief executive officer compensation, and firm

performance1［J］. Journal of financial economics, 1999, 51（3）: 371-406.

［120］Cyert R M, Kang S H, Kumar P. Corporate governance, takeovers, and top-management compensation: Theory and evidence［J］. Management Science, 2002, 48（4）: 453-469.

［121］DeFond M L, Jiambalvo J. Debt covenant violation and manipulation of accruals［J］. Journal of accounting and economics, 1994, 17（1-2）: 145-176.

［122］DeFond, M. L., Hung, M. Investor protection and corporate governance: Evidence from worldwide CEO turnover［J］. Journal of Accounting Research, 2004（42）:269-312.

［123］Deumes, R. and Knechel, W.R. Economic incentives for voluntary reporting on internal risk management and control systems［J］. Journal of Theory and Practice, 2008, 27（1）: 35-66.

［124］Dhaliwal, D. S., O. Z. Li, A. Tsang, and Y. G. Yang. Voluntary nonfinancial disclosure and the cost of equity capital: The initiation of corporate social responsibility reporting［J］. The Accounting Review, 2011, 86（1）: 59-100.

［125］Dickinson, Victoria. Cash Flow Patterns as a Proxy for Firm Life Cycle［J］. The Accounting Review, 2011, 86（6）:1969-1994.

［126］Dittmann I, Maug E, Spalt O. Sticks or carrots? Optimal CEO compensation when managers are loss averse［J］. The Journal of Finance, 2010, 65（6）: 2015-2050.

［127］Easterbrook F H. Two Agency-Cost Explanations of

Dividends [J]. American Economic Review, 1984, 74（4）:650–659.

[128] Edmans A, Gabaix X. Is CEO pay really inefficient? A survey of new optimal contracting theories [J]. European Financial Management, 2009, 15（3）: 486–496.

[129] Efendi J, Srivastava A, Swanson E P. Why do corporate managers misstate financial statements? The role of option compensation and other factors [J]. Journal of Financial Economics, 2007, 85（3）: 667–708.

[130] Engel E, Hayes R M, Wang X. Audit committee compensation and the demand for monitoring of the financial reporting process [J]. Journal of Accounting and Economics, 2010, 49（1–2）: 136–154.

[131] Eriksson T. Managerial pay and executive turnover in the Czech and Slovak Republics [J]. Economics of Transition, 2005, 13（4）: 659–677.

[132] Fama E F, Jensen M C. Separation of ownership and control [J]. The journal of law and Economics, 1983, 26（2）: 301–325.

[133] Fang V W, Huang A H, Karpoff J M. Short selling and earnings management: A controlled experiment [J]. The Journal of Finance, 2016, 71（3）: 1251–1294.

[134] Feng M, Li C, McVay S. Internal control and management guidance [J]. Journal of Accounting and Economics,

2010, 48（2）: 190-209.

［135］Feng, M., Ge. W. L., Luo. S. Q., Shevlin. T. Why do CFOs Become Involved in Material Accounting Manipulations［J］. Journal of Accounting and Economics, 2011, 51（1）: 21-36

［136］Ferris S P, Jagannathan M, Pritchard A C. Too busy to mind the business? Monitoring by directors with multiple board appointments［J］. The Journal of finance, 2003, 58（3）: 1087-1111.

［137］Fich E M, Shivdasani A. Are busy boards effective monitors?［J］. The Journal of finance, 2006, 61（2）: 689-724.

［138］Forbes D P, Milliken F J. Cognition and corporate governance: Understanding boards of directors as strategic decision-making groups［J］. Academy of management review, 1999, 24（3）: 489-505.

［139］Garvey G T, Milbourn T T. Asymmetric benchmarking in compensation: Executives are rewarded for good luck but not penalized for bad［J］. Journal of Financial Economics, 2006, 82（1）: 197-225.

［140］Gerakos J J, Ittner C D, Larcker D F. The structure of performance-vested stock option grants［M］. Essays in Accounting Theory in Honour of Joel S. Demski. Springer New York, 2007: 227-249.

［141］Goergen M, Renneboog L. Managerial compensation［J］. Journal of Corporate Finance, 2011, 17（4）: 1068-1077.

[142] Goh B W. Audit committees, boards of directors, and remediation of material weaknesses in internal control[J]. Contemporary Accounting Research, 2009, 26(2): 549-579.

[143] Gormley T A, Matsa D A, Milbourn T. CEO compensation and corporate risk: Evidence from a natural experiment[J]. Journal of Accounting and Economics, 2013, 56(2-3): 79-101.

[144] Graham J R, Li S, Qiu J. Managerial attributes and executive compensation[J]. Review of Financial Studies, 2012, 25(1): 144-186.

[145] Guay W R, Core J E, Larcker D F. Executive Equity Compensation and Incentives: A Survey[J]. Social Science Electronic Publishing, 2003, 9(4): 27-50.

[146] Hartzell J C, Starks L T. Institutional investors and executive compensation[J]. The Journal of Finance, 2003, 58(6): 2351-2374.

[147] Hayes R M, Lemmon M, Qiu M. Stock options and managerial incentives for risk taking: Evidence from FAS 123R[J]. Journal of Financial Economics, 2012, 105(1): 174-190.

[148] Henry T F, Shon J J, Weiss R E. Does executive compensation incentivize managers to create effective internal control systems?[J]. Research in Accounting Regulation, 2011, 23(1): 46-59.

[149] Hermanson D R, Tompkins J G, Veliyath R, et al. The

compensation committee process [J]. Contemporary Accounting Research, 2012, 29（3）: 666-709.

[150] Heron R A, Lie E. Do stock options overcome managerial risk aversion? Evidence from exercises of executive stock options [J]. Management Science, 2016, 63（9）: 3057-3071.

[151] Heron R A, Lie E. Does backdating explain the stock price pattern around executive stock option grants? [J]. Journal of Financial Economics, 2007, 83（2）: 271-295.

[152] Hillman A J, Dalziel T. Boards of directors and firm performance: Integrating agency and resource dependence perspectives [J]. Academy of Management review, 2003, 28（3）: 383-396.

[153] Hogan, C. E., and Wilkins M S. Evidence on the Audit Risk Model: Do Auditors Increase Audit Fees in the Presence of Internal Control Deficiencies? [J]. Contemporary Accounting Research, 2008, 25（1）: 219-242.

[154] Hoitash R, Hoitash U, Johnstone K M. Internal control material weaknesses and CFO compensation [J]. Contemporary Accounting Research, 2012, 29（3）: 768-803.

[155] Hoitash U, Hoitash R, Bedard J C. Corporate governance and internal control over financial reporting: A comparison of regulatory regimes [J]. The accounting review, 2009, 84（3）: 839-867.

[156] Holmstrom B, Weiss L. Managerial incentives, investment and aggregate implications: Scale effects [J]. The Review of

Economic Studies, 1985, 52 (3): 403-425.

[157] Hope O L E K, Thomas W B. Managerial empire building and firm disclosure [J]. Journal of Accounting Research, 2008, 46 (3): 591-626.

[158] Indjejikian R, Matejka M. CFO fiduciary responsibilities and annual bonus incentives [J]. Journal of Accounting Research, 2009, 47 (4): 1061-1093.

[159] Jensen M C, Murphy K J. Performance Pay and Top-Management Incentives [J]. Journal of Political Economy, 1990, 98 (2): 225-264.

[160] Jensen M C, Meckling W H. Theory of the firm: Managerial behavior, agency costs and ownership structure [J]. Journal of financial economics, 1976, 3 (4): 305-360.

[161] Jensen M C, Murphy K J. CEO incentives—It's not how much you pay, but how [J]. Journal of Applied Corporate Finance, 2010, 22 (1): 64-76.

[162] Jensen M C. Agency costs of free cash flow, corporate finance, and takeovers [J]. The American economic review, 1986, 76 (2): 323-329.

[163] Jiang W, Rupley K H, Wu J. Internal control deficiencies and the issuance of going concern opinions [J]. Research in Accounting Regulation, 2010, 22 (1): 40-46.

[164] Johnson S A, Tian Y S. The value and incentive effects of nontraditional executive stock option plans [J]. Journal of Financial

Economics, 2000, 57 (1): 3-34.

[165] Kama I, Weiss D. Do Earnings Targets and Managerial Incentives Affect Sticky Costs? [J]. Journal of Accounting Research, 2013, 51 (1):201-224.

[166] Kaplan S N, Strömberg P E R. Characteristics, contracts, and actions: Evidence from venture capitalist analyses [J]. The Journal of Finance, 2004, 59 (5): 2177-2210.

[167] Karamanou I, Vafeas N. The association between corporate boards, audit committees, and management earnings forecasts: An empirical analysis [J]. Journal of Accounting research, 2005, 43 (3): 453-486.

[168] Kedia S, Rajgopal S. Neighborhood matters: The impact of location on broad based stock option plans [J]. Journal of Financial Economics, 2009, 92 (1): 109-127.

[169] Kim J B, Li Y, Zhang L. CFOs versus CEOs: Equity incentives and crashes [J]. Journal of Financial Economics, 2011, 101 (3): 713-730.

[170] Kim, Yongtae, Haidan Li, and Siqi Li. CEO equity incentives and audit fees [J]. Contemporary Accounting Research, 2015, 32 (2): 608-638.

[171] Kinney Jr W R, McDaniel L S. Characteristics of firms correcting previously reported quarterly earnings [J]. Journal of accounting and economics, 1989, 11 (1): 71-93.

[172] Klein A. Audit committee, board of director

characteristics, and earnings management [J]. Journal of accounting and economics, 2002, 33 (3): 375-400.

[173] Kobelsky K, Lim J H, Jha R. The impact of performance-based CEO and CFO compensation on internal control quality [J]. Journal of Applied Business Research, 2013, 29 (3): 913-934.

[174] Krishnan J. Audit committee quality and internal control: An empirical analysis [J]. The accounting review, 2005, 80 (2): 649-675.

[175] Kuang Y F, Qin B. Performance-vested stock options and pay-performance sensitivity [M]. Tilburg University, 2006.

[176] Kuang Y F, Suijs J. Incentive effects of performance-vested stock options [J]. Working paper, 2006.

[177] Ladika T, Sautner Z. Managerial short-termism and investment: Evidence from accelerated option vesting [J]. Working paper, 2018.

[178] Laksmana I. Corporate board governance and voluntary disclosure of executive compensation practices [J]. Contemporary accounting research, 2008, 25 (4): 1147-1182.

[179] Lipton M., Lorsch J W. A model proposal for improved corporate governance [J]. Business Lawyer, 1992, 48 (1): 59-77.

[180] Luo. W., Y. Zhang, and N. Zhu., Bank ownership and executive perquisites: New evidence from an emerging market [J]. Journal of Corporate Finance, 2011, 17: 352-370.

[181] Mehran H. Executive compensation structure, ownership, and

firm performance [J]. Journal of Financial Economics, 1995, 38 (2): 163-184.

[182] Mergenthaler R, Rajgopal S, Srinivasan S. CEO and CFO career penalties to missing quarterly analysts' forecasts [J]. Working Paper, 2012.

[183] Morse A, Nanda V, Seru A. Are incentive contracts rigged by powerful CEOs? [J]. The Journal of Finance, 2011, 66 (5): 1779-1821.

[184] Murphy K J. Executive compensation [J]. Handbook of labor economics, 1999, 3: 2485-2563.

[185] Myers S C, Majluf N S. Corporate financing and investment decisions when firms have information that investors do not have [J]. Journal of financial economics, 1984, 13 (2): 187-221.

[186] Newman H A, Mozes H A. Does the Composition of the Compensation Committee Influence CEO Compensation Practices? [J]. Financial Management, 1999, 28 (3):41-53.

[187] Peng, L., Roell, A. Manipulation and equity-based compensation [J]. The American Economic Review, 2008, 98: 285-290.

[188] Pfeffer J, Salancik G R. The external control of organizations: A resource dependence perspective [M]. Stanford University Press, 2003.

[189] Pinto, H., and M. Widdicks. Do compensation plans with performance targets provide better incentives? [J]. Journal of

Corporate Finance, 2014, 29: 662-694.

[190] Pollock T G, Chen G, Jackson E M, et al. How much prestige is enough? Assessing the value of multiple types of high-status affiliates for young firms [J]. Journal of Business Venturing, 2010, 25 (1): 6-23.

[191] Richardson S. Over-investment of free cash flow [J]. Review of accounting studies, 2006, 11 (2-3): 159-189.

[192] Salancik G R, Pfeffer J. A social information processing approach to job attitudes and task design [J]. Administrative science quarterly, 1978: 224-253.

[193] Shleifer A, Vishny R W. A survey of corporate governance [J]. The journal of finance, 1997, 52 (2): 737-783.

[194] Shleifer A, Vishny R W. Management entrenchment: The case of manager-specific investments [J]. Journal of financial economics, 1989, 25 (1): 123-139.

[195] Study Group on Directors' Remuneration, and S. R. Greenbury. Directors' remuneration [M]. London: Gee, 1995.

[196] Stulz R. Managerial control of voting rights: Financing policies and the market for corporate control [J]. Journal of Financial Economics, 1988, 20 (1-2): 25-54.

[197] Sun J, Cahan S F, Emanuel D. Compensation committee governance quality, chief executive officer stock option grants, and future firm performance [J]. Journal of Banking & Finance, 2009, 33 (8): 1507-1519.

［198］Tian Y S. Too much of a good incentive? The case of executive stock options［J］. Journal of Banking & Finance, 2004, 28（6）: 1225-1245.

［199］Vafeas N. Further Evidence on Compensation Committee Composition as a Determinant of CEO Compensation［J］. Financial Management, 2003, 32（2）:53-70.

［200］Walker D I. Evolving Executive Equity Compensation and the Limits of Optimal Contracting［J］. Social Science Electronic Publishing, 2011, 64（2）:611-674.

［201］Wang X. Increased Disclosure Requirements and Corporate Governance Decisions: Evidence from Chief Financial Officers in the Pre - and Post - Sarbanes - Oxley Periods［J］. Journal of Accounting Research, 2010, 48（4）: 885-920.

［202］Williamson O E. The economics of discretionary behavior: Managerial objectives in a theory of the firm［M］. Prentice-Hall, 1964.

［203］Yermack D. Good Timing: CEO Stock Option Awards and Company News Announcements［J］. Journal of Finance, 1997, 52（2）:449-476.

［204］Zhang Y, Zhou J, Zhou N. Audit committee quality, auditor independence, and internal control weaknesses［J］. Journal of accounting and public policy, 2007, 26（3）: 300-327.